멀리 구름 속에 들어간 지리산 영봉

항일독립전쟁의 영웅 김동식 장군

항일독립전쟁의 영웅 김동식 장군

1905년~1910년 한국의병전쟁사

항일독립전쟁의 영웅

김동식 장군

서정기 엮음

살림터

머리말

　일본의 한국침략은 우리의 고급문화를 말살하고 우민화(愚民化)하는 작업으로부터 시작하였다. 그리하여 1907년 음력 2월 이등박문은 도덕학(道德學)으로 박사(博士)를 뽑는 경의과(經義科)를 설치하지 못하게 하며 도학(道學)을 구학(舊學)으로 지목, 서당(書堂) 폐쇄령을 내려서 강제퇴출시켰다. 그리고 이른바 신학(新學)을 장려했는데, 신학교에서도 우리나라의 역사 교과서와 정치학 교육은 엄금시켜 가르치지 못하게 하여 우리 학생으로 하여금 인간의 도리와 역사적 사명, 시대적 과제에 대한 의식이 전혀 없는 망국노(亡國奴)만을 40여 년간 양성하였다.

　그 결과 개방망국(開放亡國)은 개화진보(開化進步)로 둔갑하였고, 이미 근대화한 동방예의지국(東方禮義之國)은 사색당쟁(四色黨爭)의 타락한 봉건국가로 전락했으며, 늠열(凜烈)한 항일독립전쟁(抗日獨立戰爭)은 시대조류를 망각한 완고한 양반(兩班)과 유생(儒生)들의 기득권 수호를 위한 몸부림으로 치부당하였다. 역사에 대한 인식이 이 지경에 이르렀으므로 해방독립을 맞은 지 반세기가 지났어도 1905년부터 1910년에 이르는 5년간의 우리나라 망국사(亡國史)가 아직도 공백(空白)으로 남아 있을 뿐만 아니라, 학계를 비롯한 일부에서는 도리어 계몽기(啓蒙期)라고 주장하고 있을 만큼 우리의 현실은 비참하기까지 하다.

대한제국(大韓帝國)은 언제 멸망했는가? 국가를 성립하는 기본요건이 영토와 국민과 주권임은 고금이 일반일진대 주권을 상실하는 순간이 곧 나라가 망하는 날이라는 건 역사가 증명하는 일이다. 그렇다면 대한제국은 1905년 을사5늑약을 파기, 환수하지 못한 날이 바로 멸망의 국치일(國恥日)이다. 하물며 1907년 정미7늑약으로 국토를 방위하고 주권을 수호하는 군대를 해산당함에 이르러서는 나라가 망하지 않았다고 주장할 사람이 과연 있을 것인가. 그렇다면 헤이그밀사사건 이후 고종(高宗)이 퇴위당하고 순종(純宗)이 등극한 데 이르러서는, 그것이 우리 민족을 기만하기 위한 하나의 허수아비 괴뢰정부에 지나지 않은, 곧 매국노의 정권이며, 따라서 우리에게는 일본통감부와 더불어 타도의 대상임이 분명하다. 따라서 1910년 한일합병은 잔무정리를 위한 요식행위에 지나지 못하며, 때문에 경술국치(庚戌國恥)를 담론하는 것은 아무런 의미도 없는 공허한 자기변명의 잡설에 불과한 것일진대 누가 감히 나라가 멸하는 암흑기를 개명(開明)의 계몽기(啓蒙期)라고 왜곡, 호도하는가? 그리고 파락호와 무뢰배 및 약삭빠른 출세주의자를 헌병보조원, 경찰밀정, 일본군 정탐꾼, 통역관, 변장대로 채용하여 매국노, 일진회 회원, 자위대와 함께 날뛰게 한 것을 민중해방이라고 궤변하는가?

사람이 인륜도덕의 대의(大義)를 파악하지 못하고 지엽말단만 파고들면 미로에 빠지고, 전체를 조망하지 못하고 부분만 살피면 아집에 사로잡히게 마련이다. 그러므로 본말과 선후가 뒤집힌 근 백년의 역사를 아직까지도 바로잡지 못하고 있는 안타까운 우리 학계의 폐단도 그 근원은 일본의 식민지교육이 도덕과 역사와 정치에 대하여 무지한 지식인을 양성했던 영향이 크다고 하겠다.

우리는 지금 일본의 역사왜곡 사실을 알고만 있을 뿐 하나도 바로잡지 못하고 있다. 산림학자양반(山林學者兩班)을 문관이나 무관의 관료양반(官僚兩班)으로 혼동하고, 의병의 일본군토벌과 일본군의 의병습격을 반대로 의병의 일본군습격과 일본군의 의병토벌로 오용하고 있으며, 심지어 의병의 포고문이나 상소문도 제대로 번역하지 못했을 뿐만 아니라 또한 안중근(安重根) 장군의 하얼빈가(歌)까지도 변조된 것을 교재로 삼고 있는 현실이니 나머지는 말할 필요도 없다. 이러한 상황에서 어찌 항일독립전쟁의 위대한 성전(聖戰)이 제대로 평가될 것이며, 그 시대의 전설적 영웅들의 업적이 인정받을 것인가?

나는 이에 근세 100년의 학문타락을 애도하며, 분연히 『춘추(春秋)』의 직필을 들어 항일독립전쟁의 영웅 김동식(金東植) 장군의 전기를 씀에 먼저 의병전쟁의 전모를 파악하기 위하여 통시적으로 조망할 수 있는 편년체 역사서술법을 도입하였다. 또 전국적으로 통일적인 조직개요를 파악하기 위하여 당시 13도민군의 활동상을 기술하는 데는 전기체 역사서술법을 적용하였으며, 또한 구체적인 사건개요를 살피기 위하여 중요한 포고문과 상소문, 교지, 협약문을 자세히 번역하여 수록함과 동시에 의병의 활동상을 주체적 사관으로 기술하였다. 그리고 20세기 아시아를 몰락케 한 책임의 소재를 분명히 밝히고, 21세기의 새로운 아시아를 건실하는 이정표를 세우려고 노력했다.

이러한 역사를 엮을 수 있었던 것은 내가 『춘추(春秋)』를 연구했고, 매천(梅泉) 황현(黃玹)이가 『매천야록(梅泉野錄)』을 후세에 남겼기 때문이다. 만약에 매천이 의병전쟁의 일지를 기록하지 않았다면 그 전모를 살필 수 없었을 것이다. 물론 그 당시 항일독립전쟁의 사실을 1913년에 일본군 조선주차사령부가 편집한 소위 『조선폭도토벌지(朝鮮暴徒討伐誌)』가 없는 것은 아니지만, 그것은 의병의 활약상을 10분의 1 내지 100분의 1로 축소하여 우리 민족의 기개를 꺾는 선전물로 만든 것이기 때문에 역사왜곡의 표본으로서 아무런 가치가 없기에 나는 거의 인용하지 않았다.

일본제국주의의 침략기에 분연히 궐기하여 항일독립전쟁을 수년간 계속하며 장렬하게 전사했거나, 총탄이 떨어져 포로가 되어 순절했거나, 또는 감옥에서 일생을 마쳤거나 혹은 왜적의 감시를 피하여 숨어살았던 위대한 장군과 용사들은 거의 모두 우리의 유림(儒林) 선배요 우리 민중의 조상(祖上)이었다. 때문에 나는 그분들을 모두 현창(顯彰)하려고 노력했지만 그래도 약 30만 명에 이르는 13도민군 장병들의 이름을 모두 밝혀 표창할 수 없는 것이 한으로 남는다. 부디 이 책의 출간으로 모든 선열(先烈)의 이름과 공적이 청사에 올라 길이길이 기려지기를 애타게 기원한다.

그 동안 식민지사관의 횡포로 위대한 선열의 많은 후손들이 받은 역사적 학대는 실로 감당할 수 없는 것이었기에, 끝으로 김동식 장군의 손녀요 김봉환 의병장의 딸이며 김기원 애국지사의 동생인 김소화(金小花) 여사의 시를 소개한다.

경김의 문중법도 엄절한 충효의(忠孝義)
이 홀로 지키려면 부귀야 있고없고
정미년 구국운동 3대가 목숨 바쳐
통분한 한을 품고 유혈로 가셨으니

흘러간 옛 추억이 생사간에 허덕이며
원한 속에 흘린 눈물 한강수 이루었네
혹독한 연월일이 70을 넘나드니
이 생명 다할진대 우리 조상 비할소냐

신께서 오시어 소원을 도우시면
찬란한 역사책으로 천만년 살고지고
물려받은 영광 속에 내 생애 머물러서
그 정신 받들어 영원히 빛내리라.

나는 이 시를 읽고 세 번 탄식하고, 1992년 6월 국립묘지 애
국지사묘역에 이장한 김동식 장군의 묘에 비명을 엮어주었나
니 다음과 같다.

반만년 유구한 역사정신이여
충신효자 빛나는 금수강산일세
원나라의 침략에 40년간 싸웠고
임진왜란엔 의병전쟁 7년이어라
억울하고 비통한 구한말의 일제침략
8도에서 의병이 봉기했도다
지리산을 넘나들며 왜적 무찌른 3년
항일독립군의 선구자 김동식 장군이여
나라에 생명 바친 정의의 깃발이로세
거룩하고 깨끗한 민족의 얼넋
아들 손자 이은 장엄한 불꽃 찬란하도다.

그러고도 10년이 지나서야 이 책을 탈고하니, 너무 늦어 만

시지탄(晩詩之歎)을 금할 수 없다.

단기 4334년 3월 1일
동양문화연구소 소장 서 정 기

목 차

1. 충효절의를 지킨 김동식 장군

바람도 일어나지 않고
수레도 달리지 않지만
도성으로 가는 길 바라보니
마음도 애달퍼라

바람도 나부끼지 않고
수레도 뛰지 않지만
도성으로 가는 길 바라보니
마음이 쓰라리도다

그 누가 고기를 삶으려는가
큰 가마솥을 씻어주리
그 누가 서녘으로 가려는가
좋은 소식 전해 주소

　이　시는 『시경(詩經)』의 회풍(檜風)에　나오는　비풍(匪風)　편
으로 세상이　어지러운　암흑시대에　그　누군가　혁명의　기치를
높이 들면 적극 협조하여 거들어 주겠다는 뜻을 담고 있다. 우
리나라의　산림학자양반(山林學者兩班)과　유생(儒生)들이　병자

호란(丙子胡亂) 이후 300여 년 동안, 그리고 19세기 말 일본의 침략기에 충효절의(忠孝節義)를 지키면서 애송하던 시이다.

　　조선왕조 고종 13년(1876년), 일본 침략세력은 자신들의 강요로 병자수호조약이 체결되고 개항이 이루어지자 이를 조선을 병탄하기 위한 기회로 적극 활용하며 그 마각을 점차 노골적으로 드러내기 시작하였다. 1895년에 들어서는 갑오개혁을 강요하고 일본의 반대세력인 명성황후[閔妃]를 시해하는 등 수단과 방법을 가리지 않고 조선의 강토를 뒤흔들며 복제의 개정, 단발령의 실시, 개항장의 확대를 힘으로 밀어붙였다.

　　한국을 강점하기 위해 일본은 국제적인 환경도 치밀하게 활용하였다. 1902년 영국과 영일공수동맹을 맺고, 1905년 러일전쟁에서 승리하자 미국과 즉각 "미국은 필리핀을 지배하고 일본은 한국을 지배한다"는 내용을 담은 가쓰라-태프트밀약을 맺어 한국에 대한 국제적인 지배권을 획득하였다. 일본은 이를 바탕으로 제2차 한일협약(을사늑약)을 강압하여 억지 조인시킴으로써 대한제국은 독립국의 주권을 빼앗기고 일제의 보호국 체제로 전락하게 되었다. 가쓰라-태프트밀약에 대한 『브리태니커 백과사전』의 기록은 당시의 사건을 다음과 같이 밝히고 있다.

　　가쓰라-태프트밀약

　　1905년 7월 29일 일본 총리 가쓰라 다로(桂太郎)와 미국 루스벨트 대통령의 특사인 육군장관 W.H. 태프트 사이에 맺어진 비밀협약. 1905년 6월 러일강화회의가 열리게 되자, 그해 7월 루스벨트 대통령의 직접 지시를 받은 태프트는 필리핀 방문 전에 일본에 들러 가쓰라와 회담하여, 미국의 대필리핀 권익과 일본의 대조선 권익을 상호 교환조건으로 승인하였다. 협약 내용은 첫째, 미국과 같은 친일적인 나라가 필리핀을 통치하는 것이 일본에 대하여 유리하며, 일본은 필리핀에 대한 어떠한 침략적 의도를 갖지 않으며, 둘째, 극동의 평화유지는 일본·미국·영국 정부의 상호 양해를 달성하는 것이 최선의 길인 동시에 유일한 수단이며, 셋째, 미국은 일본이 한국에서 보호권을 확립하는 것이 러일전쟁의 논리적 귀결이며 극동의 평화에 직접적으로 공헌할 것으로 인정한다는 것이었다. 이 비밀협정은 20세기 초 미국의 동아시아대륙정책의 기본 방향에서 나온 것으로, 미국은 러시아와 일본 간에 포츠머스 강화회담이 열리기에 앞서 이미 한국에 대한 태도를 밝히고 있었다. 즉, 러일전쟁이 발발한 후 루스벨트 대통령은 "1900년 이래 한국은 차지할 능력이 없으므로 미국은 한국에 대해 책임을 져서는 안 되며, 일본이 한국을 지배하여 한국인에게 불가능했던 법과 질서를 유지하고 능률 있게 통치한다면 만인을 위해 보다 좋은 것이라고 생각한다."고 피력하고 일본의 조선 지배를 승인하였다. 이 비밀협정에 의해서 미국의 한국문제 개입의 가능성을 배제시킨 일본은 같은 해 8월에 제2차 영일동맹, 9월에 포츠담조약을 체결함으로써 한국에 대한 국제적 지배권을 획득하였다. 이를 바탕으로 일본은 조선에 대해 을사조약을 강요했으며, 미국은 이를 적극 지지했다. 이 협정의 내용은 1924년까지 양국이 극비에 붙였기 때문에 세상에 알려지지 않았다.(1993년 한국어판, 『브리태니커 백과사전』 84쪽)

이렇게 을사늑약을 체결한 일본은 곧바로 1906년 2월 통감부를 설치하였고, 이등박문이 초대 통감으로 부임하여 강압적 통감정치를 펼쳤다. 이로써 대한제국은 정치적으로 예속당하고 경제적으로 침탈당하며 군사적으로 점령당하고 외교적으로 봉쇄당하는 비참한 운명이 되었다.

1907년 7월 24일 밤에 강제로 체결된 한일신약(韓日新約, 소위 정미7늑약)과 그 부속 비밀각서에 의해 마침내 대한제국의 군대도 해산되기에 이르렀다. 이에 한국은 나라를 지키고 국민을 보호할 군대가 없어 포악한 일본의 침략군이 우리 강토를 유린하는 데도 두 손 놓고 지켜볼 수밖에 없는 처지였다.

일본의 불법 침략자들은 1907년 7월, 1개 사단을 수비대라는 명목으로 한국의 각 지역에 증강 배치하기 시작하여 소위 제12여단과 기병 1개 연대를 주둔시키고, 총기 6만여 정을 7월 31일 용산병기창에 비축하였으며, 또한 헌병 6천 명과 경찰 5천 명을 곳곳에 배치하여 무력침략의 체제를 갖추고 대한제국의 명운을 재촉하였다.

이렇게 되자 나라가 망하는 현실을 통탄한 이 땅의 의열 남아들이 분연히 궐기하여 총칼을 뽑아들고 관군을 대신하는 민군(民軍)을 편성, 왜적 수비대와 헌병과 경찰을 토벌하면서 장렬하게 반격하였다. 양반과 유생(儒生)을 주축으로 애국관료와 농민, 상인 그리고 포수가 단결하여 전국 방방곡곡에서 일제히 토벌전을 개시한 것이다.

민군은 왜적에게 심대한 타격을 주었다. 미곡 수출을 막고 외래상품의 유통을 저지하며 납세를 거부하고 토지대장을 불태우며 일본인 대농장 및 일본인 지주의 소작료 징수원을 처단하여 일본인 지주들과 상인들을 일본군 보호구역으로 추방하고 동양척식주식회사 설립을 반대하는 혁혁한 전공을 세웠다.

1907년 8월부터 1909년 10월까지 2년 2개월에 걸쳐 3천여 회의 왜적 토벌에서, 1만여 명의 일본군과 2만여 명의 친일파를 도륙하고 17,779명의 대한민군이 전사하였으니, 일찍이 세계의 의병사에 그 유례가 없는 치열한 토벌작전을 전개하였던 것이다.

이 장렬한 왜적토벌작전에 참가한 병력이 연 30여만 명이요, 그 토벌을 직접 지휘한 대장으로 8도에 이름을 떨친 의병장이 수천 명에 이르렀다. 그 가운데 많은 열사가 망국의 한을 안고 이름도 남기지 않은 채 정의의 화신, 나라의 충혼이 되어 순국하였다.

나라가 멸망의 길로 들어서자 더 이상 앉아서 보고만 있을 수 없었던 김동식 장군은 마침내 1907년 8월 20일 경기도 안성에서 민군을 편성하여 왜적 토벌작전에 들어갔다. 학문과 사상의 연원이 뚜렷하여 이 시대 민군의 모범이요 민족의 사표였던 김동식 장군은 충청, 전라, 경상 3도를 오가며 신출귀몰한 작전으로 용맹을 떨치며 우뚝한 전공을 세워나갔다. 왜적들도 이런 김동식 장군의 활약에 두려움을 느끼고 다음과 같은 기록을 남기고 있다.

"1907년 9월 상순 광주(光州) 부근에서 곡성(谷城), 담양(潭陽), 창평(昌平), 옥과(玉果)에 걸쳐 민심이 험악해지기 시작했다. 10월에 이르자 드디어 한 부대의 의병은 순창 우체국을 습격 약탈하고 15일에는 약 200의 의병이 동복(同福) 순사주재소를 습격, 19일에는 구례(求禮) 및 영광(靈光)의 헌병분견소가 습격당했는데 이 폭도의 수괴(首魁)는 김동식(金東植), 고광순(高光洵) 등으로 전라남북도에 있어서 의병의 선구자(先驅者)였다."(朝鮮駐屯軍司令部 편, 『朝鮮暴徒討伐誌』 제4편 제2장 4. 전라남북도 및 그 부근에 있어서의 토벌 : 『독립운동사자료집』 3)

"9월 전라도에서 봉기하였던 김동식(金東植), 고광순(高光洵)의 무리는 1907년 10월 경상남도로 진출하여 거창(居昌), 안의(安義) 부근에서 기세를 올리고 있었다. 진주(晋州) 경무 고문의 격파가 여의치 않아 진해만(鎭海灣) 중포병대대(重砲兵大隊)를 산청(山淸) 안의(安義) 방면으로 파견하고 남원(南原) 수비대를 안의 방면으로 급행시켜 그와 책응케 했다."(朝鮮駐屯軍司令部 편, 『朝鮮暴徒討伐誌』 제4편 제3장 3. 경상남도 및 그 부근에 있어서의 토벌 : 同上書)

"진안(鎭安) 부근에 의병 약 3백이 집결해 있다는 보고에 접한 전주(全州) 수비대는 20일 특무조장(特務曹長) 이하 30명을 파견하여 해당 지역을 조사하였으나 발견하지 못하고 다시 용담(龍潭), 삼가(三街), 고산(高山) 부근을 수색하다가 22일 심원암(深院庵) 부근에 의병집합의 보고를 얻고 동지로 향하여 전진중 의병 약 1백과 만나 이를 공격 그 15명을 사살하고 남방으로 궤주시켰다.

이 폭도의 수괴(首魁)는 김동식(金東植), 이석용(李錫庸)인데 그 출몰은현(出沒隱現)이 대단히 교묘하였으니 그들이 어느 지역을 토벌하려고 할 때에는 미리 그 시일을 약속하고 일제히 집결하여 토벌하고 군사작전이 끝나면 다시 집합할 장소와 시일을 정한 다음 몇 사람씩 분산하여 양민(良民)으로 가장하였기 때문에 우리 일본군의 예봉(銳鋒)을 벗어나는 것을 상례로 하고 있었다."(朝鮮駐屯軍司令部 편, 『朝鮮暴徒討伐誌』 제4편 제3장 4. 전라북도 및 그 부근에 있어서의 토벌 : 同上書)

"작년 10월 경상남도 지리산 부근을 근거로 한 수괴(首魁) 김동식(金東植), 고광순(高光洵)이 인솔하는 폭도는 진주파견대

(晋州派遣隊)에 의하여 그 소굴을 전복당하고 고광순 이하 약간을 잃어 일시 그 지방은 정온 상태로 돌아갔다. 그러나 본년에 들어서자 김동식 의병대장은 의연 지리산 부근에 잠복하여 교묘하게 그 종적을 감추면서 은근히 그 세력부식에 노력하고 있었고, 또 의병대장 기삼연(奇三衍)은 전라남도 함평(咸平), 담양(潭陽) 부근에서 활동을 개시 그 세력이 만만치 않았다."(朝鮮駐屯軍司令部 편, 『朝鮮暴徒討伐誌』 제5편 제2장 6. 경상남도 및 전라남도에 있어서의 토벌 : 同上書)

김동식 장군은 호영양남민군(湖嶺兩南民軍)의 선구자로서, 지리산의 거대한 준령과 계곡에 본영을 설치하고 장장 3년에 걸쳐 최전선에서 문무(文武)를 겸전한 탁월한 지도력으로 항일독립전쟁을 이끌었다. 13도민군(十三道民軍)의 위대한 지도자였던 이인영(李麟榮), 허위(許蔿), 이강년(李康秊) 장군과 더불어 민군전쟁(民軍戰爭)의 영웅이었으며, 그 혁혁한 전공으로 일본군 한국침략사령부를 공포 속으로 몰아넣었을 뿐만 아니라 일본정부에도 큰 두려움과 고민을 안겨주었다.

김동식 장군의 가계(家系)

김동식 장군은 조선왕조 철종 5년(1854년) 1월 14일 경기도 안성군 읍내면 석정리에서 태어났다. 본관은 경주이고 호는 석성(石井)이며 사는 천식(千植)이요 이명은 수신(修臣)이다. 고조는 휘(諱)가 노영(魯榮)이고 자가 문언(文彦)이며, 증조는 휘가 찬희(瓚喜)요 자가 여승(汝勝)이고, 조는 휘가 상준(商俊)이요 자가 준명(俊明)이다. 아버지는 휘가 윤제(允濟)요 자는 윤걸(允杰)이고, 어머니는 김해 김씨이다.

김동식 장군은 어려서부터 기골이 장대하고 성품이 순결하여 사랑을 받았으며 학문을 함에 정주학(程朱學)을 위주로 하고 송자(宋子)의 춘추정신(春秋精神)을 흠모하여 일찍이 과거 공부를 포기하고 도학(道學)에 정진하기로 뜻을 세우니 주변 사람들이 크게 기대하였다. 약관에 관례를 행하고 결혼을 하였는데 부인 진주 강씨와 사랑과 공경을 다하였으며 21세(1874년)에 아들 봉환(鳳煥)을 낳았다.

25세(1878년)되던 해 7월 21일 아버지의 상을 당함에 그 슬픔과 예절을 다하여 출입을 삼가면서 3년의 복을 입었는데 아버지의 복을 벗기도 전에 어머니 김해 김씨가 또 작고하였다. 그리하여 전후 4년간 오로지 예법책만 읽으면서 근신하며 굴건제복(屈巾制服)을 벗지 않고 안방에 들어가지 않으며 죄인으로 자처하여 하늘을 보지 않으니, 고을 사람들이 효자라고 칭찬하며 산림학자로 존경하였다. 항상 사서삼경(四書三經)과 소학(小學), 주자가례(朱子家禮) 그리고 율곡 선생의 격몽요결(擊蒙要訣)을 돌아가며 읽으니, 원근에서 배우려는 이가 찾아와 서당에 제자가 가득하였다.

집안에 약간의 농지가 있었으므로 이것을 경작하여 의식을 자급하였으며, 대단히 청빈하게 살면서도 제사나 손님을 대접함에 지극히 예절을 갖추어 공경하여 양반가문의 명예를 지키려고 노력했다.

시대가 크게 변하여 양이(洋夷)가 침범하고 일제가 날뛰는 어지러운 시국이 되었으나 김동식 장군은 조금도 흔들림이 없이 공자의 가르침만이 인간이 가야 할 바른 길임을 설파하면서 끝까지 단발령을 거부하고 외래상품을 배척하며 동방예의 지국의 전통문화를 고수하였다.

장군이 43세 되던 해, 조정에서 임금을 황제라 칭하며 국호를 대한제국으로 고치고, 광무(光武) 원년(1897년)이라는 연호를 세우면서 영은문(迎恩門)을 헐고 청나라 연호를 폐지하며, 삼전도에 있던 병자호란의 치욕적인 항복비를 철거하여 청나라의 종속에서 벗어났다. 이에 장군은 불의와 불법은 반드시 패망하고 역사는 정의의 편이라고 하면서 크게 기뻐하였다.

46세에 손자를 보았는데, 새 나라를 건설하는 기초가 되라는 뜻으로 원기(元基)라고 이름을 지어서 앞날을 축복하였다.

김동식 장군의 학통(學統)

김동식 의병장은 산림학자양반 출신이다. 충효절의를 생명처럼 소중히 지키면서 인류문명을 선양하고 국가의 정체성을 사수하는 산림학자양반의 학통은 병자호란 이후에 새롭게 일어난 조선유학의 정통 학풍이다.

병자호란(1627년)으로 나라의 기운이 꺾이자 인조(仁祖)는 결국 청(淸)나라에 항복하고 말았다. 이때 주화파(主和派)는 국가유지를 명목으로 조정에 들어가 벼슬을 하였으나, 척화파(斥和派)는 오랑캐에 종속한 정권에서 벼슬을 하는 것은 치욕이라고 생각하여 벼슬을 단념하고 초야의 산림 속에 숨어 학문에만 전념하였다.

오로지 청나라를 멸하고 명(明)나라를 광복해서 나라의 원수를 갚고 삼전도에서 항복했던 치욕을 씻을 방법을 강구하던 효종은, 즉위(1650년)하자 초야에 은둔한 김장생, 김집, 송시열, 송준길 등을 대거 등용하여 북벌(北伐)의 큰 계획을 세웠다. 하지만 이 계획은 김자점의 밀고로 무산되었으며, 계획에 참가했던 신하들은 모두 해임되어 산림으로 돌아갔다.

효종은 이에 굴하지 않고 10년 뒤에 다시 송시열을 등용하여 북벌사업을 추진하였으나 뜻밖에 승하, 그 웅대한 뜻과 거대한 사업은 산림학자의 짐으로 남게 되었다.

이에 다시 초야로 돌아온 사람은, 임금과 아버지의 원수는 갚지 않을 수 없고 효종대왕의 뜻은 받들지 않을 수 없다는 신념으로 충효절의의 학문을 갈고 닦았다. 그리하여 세상 사람들이 그들을 "있는 힘을 다하여 임금과 어버이를 섬기고 마음을 다하여 충성과 효도를 지향하는 양반(竭力勤事君親曰兩이요 盡心切志忠孝曰班이라)"이라고 일컬었으니, 이는 조선에만 있는 독창적인 개념이었다.

대저 양반의 일반적 개념은 문관과 무관을 통칭한 관료계급을 지칭하는 말이다. 그러나 조선왕조는 문반과 무반의 특권신분을 법으로 타파하고 모든 관료에 있어서 4품 이상을 대부(大夫), 5품 이하를 사(士)로 부르도록 국법으로 정하니 사회적 관심이 양반보다도 사대부로 옮겨가게 되었다.

그러므로 고려시대의 관료양반은 특권신분을 누리는 귀족계급을 지칭하는 것으로 상민(常民)과 구별하는 용어였지만, 조선왕조 후기의 양반은 초야에 살면서 첫째, 도학(道學)을 숭상하고 둘째, 청렴(淸廉)한 지조를 지키며 오랑캐를 물리치고, 문명세계를 건설하기 위하여 멸청복명(滅淸復明), 복수설치(復讐雪恥)를 도모하는 반외세 자주세력이었으니 오랑캐에게 협력하는 호로(胡虜 또는 胡奴)와 구별하는 용어이다. 따라서 관학(官學)의 스승을 교수, 학사(學士), 박사라고 지칭하고 그 제자를 학생(學生)·유학(幼學)이라고 호칭하였으나, 이와 구별하기 위하여 사학(私學)의 스승을 산림학자 또는 양반이라 부르고 그 제자를 유생(儒生)이라고 일컬어 특별히 존경하였던 것이다.

　조선의 산림학자양반과 유생의 기개는 천하의 정의를 자임하여 춘추대의(春秋大義)를 설파하고 유교의 도통(道統)이 동방으로 건너왔다는 사문동래(斯文東來)의 소중화(小中華)사상으로 충만하여 동방예의지국(東方禮義之國)을 건설하였다.

　김동식 장군은 이러한 산림학자양반의 국풍(國風)과 가풍(家風)을 이어받아 향리에 서당을 열어서 훈장을 자임하여 서민자제를 교육하였을 뿐만 아니라, 사창(社倉)과 대동계(大同契)를 조직하여 대중과 더불어 살면서 가정윤리를 강조하고 국가기강의 쇄신을 역설하였다.

　국가가 어지러운 때에 부귀하게 사는 것은 부끄러운 일이므로 사치와 방탕을 엄금하고 검소질박한 생활 속에서 단아한 선비의 행실이나 고결한 군자의 품격을 갖추려고 노력하였으니, 관혼상제(冠婚喪祭)를 엄중히 받들어 예법이 아니면 보지 않고 예법이 아니면 듣지 않고 예법이 아니면 말하지 않고 예법이 아니면 움직이지 아니하였다.

김동식 장군의 사상

　김동식 장군은 외국의 침략세력을 분쇄하고 국가의 주체성을 확립하는 독립사상으로 충만해 있었다.

　병인양요(1866년)에 양헌수 장군이 강화도 정족산성에서 프랑스 군대를 격파하고 이어 신미양요(1871년)에 어재연 장군 등이 강화도 광성보에서 미국 군대와 사투를 전개하여 미국 함대를 구축한 영광시대에 소년기를 보낸 김동식 장군은 어려서부터 민족자주독립 의식이 대단히 강하였다.

특히 효종대왕과 송시열 선생이 은밀하게 계획한 북벌사업의 일환으로 숙종이 축조했던 북한산성, 남한산성, 수원성, 그리고 강화도의 정족산성과 광성보, 초지진, 덕진진 등의 요새가 국가를 수호하는 보루임을 인식하고 문무의 겸비를 주장하였다. 그리하여 소년시절부터 예악(禮樂)뿐만 아니라 사어(射御)를 익히고 또한 서수(書數)를 배우는 데도 게을리하지 않았다.

갑오년(1894년)에 동학농민전쟁이 일어나서 척양(斥洋) 척왜(斥倭)를 주장하고 6월에 이 땅에서 청일전쟁이 일어나며 다음 해 을미년에는 8도의병대장 유인석(柳麟錫) 장군이 의병을 일으켜 국모를 시해한 원수를 토벌하는 국내외의 불안한 정세하에서, 예절과 음악에만 전념하는 것은 나라를 지키는 대비책이 아니므로 스스로 병법을 익히고 지리를 연구하였는데, 특히 『육도삼략(六韜三略)』과 『손오병법(孫吳兵法)』, 『소서(素書)』, 『심서(心書)』, 『삼국지연의』 등을 정밀하게 연구하였다.

그 가운데서도 『육도삼략』을 자세히 연구하였으니, 장론(將論), 선장(選將), 장위(將威), 여군(勵軍), 군세(軍勢), 기병(奇兵), 군용(軍用), 삼진(三陣), 질전(疾戰), 군략(軍略), 동정(動靜), 절도(絶道), 약지(略地), 임전(林戰), 돌전(突戰), 적강(敵强), 소중(少衆), 분험(分險), 분합(分合), 연사(練士), 교전(教戰) 편과 상략(上略), 중략(中略), 하략(下略)을 모두 달통하여 요점을 제자들에게 가르치고 실습까지 하였다.

그리고 황석공(黃石公)의 『소서』를 제자들에게 집중적으로 가르쳤는데, 그 가운데 가장 강조하여 거듭 암송케 했던 내용은 다음과 같다.

"현인(賢人)이나 군자(君子)는 흥망성쇠하는 도(道)에 밝고,

성공하고 실패하는 운수에 능통하고, 치세(治世)와 난세(亂世)의 형세를 살피어 나아가고 물러가는 이치에 달통한다. 그러므로 잠복하여 살면서 도덕을 가지고 그 때를 기다린다. 만약 때가 닥쳐서 실행하면 능히 인민의 책무를 다하고 기회를 얻어 출동하면 절대의 공을 이루나니 만약 그 때를 만나지 못하면 죽을 뿐이다. 이래서 그 도덕이 지극히 높고 이름이 후대에 존중받게 되니라.

마음씨는 멀리 사랑하고, 신망은 모든 사람을 똑같이 대하며 의기(義氣)는 민심을 얻으며, 재능은 역사를 꿰뚫으며, 현명함은 부하를 밝게 살피면 이것은 준수(俊秀)한 인물이다. 행실은 모범이 되고, 지혜는 의심쩍은 일을 밝게 판결하며, 신망은 하여금 약속을 지키게 하며, 청렴함은 하여금 재물을 나누게 하면 이것은 호방(豪放)한 인물이다. 직책을 맡아 폐하지 않으며, 의리를 지켜 배반하지 않으며, 혐의를 받고도 구차하게 벗어나지 않으며, 이익을 보고도 구차하게 얻지 않으면 이것은 걸출(傑出)한 인물이다.

기호품을 끊어버리고 욕구를 금하는 것은 누를 끼치지 않은 방법이요, 잘못을 뉘우치고 악한 짓을 안 하는 것은 허물을 없애는 방법이요, 술을 적게 먹고 여색을 멀리하는 것은 오명(汚名)이 없는 방법이요, 싫은 것을 피하고 의심을 멀리하는 것은 의심받지 않은 방법이요, 널리 배우고 절실하게 묻는 것은 지식을 넓히는 방법이요, 행실은 높으면서도 말은 안 하는 것은 몸을 닦는 방법이요, 공경하고 검소하며 겸손하고 간략한 것은 자기 자신을 시키는 방법이요, 깊이 계신하여 멀리 생각하는 것은 궁박하지 않은 방법이요, 어진 이와 친하고 정직한 사람과 벗하는 것은 쓰러짐을 붙드는 방법이요, 가까이하며 용서하고 돈독하게 실행하는 것은 사람을 모으는 방법이요, 인재를 선임하고 유능한 사람을 쓰는 것은 임무를 완수하는 방법이요, 악한 사람에게 성내고 참소를 물리치는 것은 혼란을 그치게 하는 방법이요, 옛일을 생각하고 오늘날을 징험하는 것은 유혹당하지 않은 방법이요, 먼저 법도를 헤아리고 뒤에 실제로 확인하는 것은 긴급사태에 대응하는 방법이요, 변통방법을 예상하고 비상하게 처리하는 것은 능숙하게 해결하는 방법이요, 입을 다물고 회의의 결정에 따르는 것은 허물이 없는 방법이요, 확고한 신념으로 용감하게 진격하는 것은 전공을 세우는 방법이요, 부지런하고 착하게 사는 것은 끝을 보존하는 방법이다."(『素書』第一章, 第二章, 第三章)

그리고 중봉(重峰) 조헌(趙憲) 선생이 왜란(倭亂)에 대비하여 매월 제자와 가솔들에게 피난행군을 실시했던 것을 본받아 가족을 이끌고 피난하는 행군을 연습하고, 제자를 이끌고 깊은 칠장산(七長山) 속에 들어가 생식하는 법을 가르쳤다.

갑진년(1904년)에 러일전쟁이 일어나고 다음해에 을사늑약이 체결되어 병오년(1906년) 3월에 민종식(閔宗植) 의병대장이 홍주에서 기병하고 4월에 면암(勉菴) 최익현(崔益鉉) 의병대장이 호남에서 의병을 일으키므로 가세하려고 하였으나, 곧 자파하였기에 이에 미치지는 못하였다.

나라의 독립이 자주국가로 발전하지 못하고 일제의 총독정치로 전락하니, 이는 문화적 역량이 부족해서가 아니라 국방력이 허약해서 주권을 지키지 못한 데 그 이유가 있었다. 때문에 이러한 난세에는 모든 지식인이 떨치고 일어나서 국토수호의 사명을 완수해야 된다고 생각한 김동식 장군은, 출신신분이나 문벌을 가리지 않고 뜻이 있는 지사와 국가의 장래를 밤낮으로 걱정하였다.

그리하여 군자금을 마련하기 위해 전답을 팔고 집을 줄여서 자금을 만들어 안성유기공장의 제품을 위탁 생산하여 전국에 보급하는 도매상점을 열었다. 여기에서 상당한 돈을 벌었으므로 약간의 총검을 구입하여 비밀리에 제자들에게 총기의 사용법을 익히고 무예를 단련시켰다.

특히 김동식 장군은 제자들에게 택견 등의 호신술을 정밀하게 가르쳤으니, 정의는 불의에게 져서는 안 되는 것이므로 끝까지 살아서 최후의 승리를 쟁취하려면 반드시 남보다 100배의 공부를 하여야 된다고 역설하였다.

그리고 문(文)은 정도를 밝히는 것이요 무(武)는 기도(奇道)를 쓰는 것이니 군사비밀은 쥐도 새도 모르게 하고 윤리와 도덕은 천하가 알도록 자세히 설파하여야 된다고 누누이 강조하였다.

2. 암흑으로 가는 개방

　김동식 장군의 구한말 시국에 대한 인식은 산림학자양반과
유생의 견해와 완전히 일치하였다. 오랑캐의 간교한 속임수에
농락당하여 개방(開放) 망국으로 치닫게 된다는 사실을 의심하
지 않았다.

　그리하여 화서(華西) 이항로(李恒老) 선생이 주창한 위정척
사론(衛正斥邪論)에 의한 척화전수(斥和戰守)의 대책을 지지하
였고, 대원군이 섭정하여 파행적인 외척의 세도정치를 종식하
여 왕권의 복원을 도모하는 것도 찬성하였다. 그러나 대원군이
고종 8년(1871년)에 서원철폐령을 반포하여 전국에 사액서원
47개소만 남기고 도봉서원, 화양서원, 만동묘(萬東廟)를 비롯하
여 600여 개의 서원과 사우를 훼철, 산림학자양반과 유생의 기
세를 꺾은 것은 나라의 원기를 해체하는 불행한 사건으로 인
식하였다.

　이로 인해 민족자주세력이 점점 위축되고 개화파가 나타나
병자수호조약(1876년)이 체결되더니, 급기야 갑신정변(1884년)
이 일어나서 개화파에 의한 변복령이 내려지고 갑오경장(1894
년)을 단행하였으나, 마침내 왜적에 의한 국모시해(國母弑害)
라는 전대미문의 을미사변(1895년)을 야기하였다.

　일본군부대신 안동수(安駉壽)의 통고를 받은 삼포오루(三浦

梧樓)는 철저한 계획하에 8월 20일(陽 10월 8일) 인시(寅時)에 일을 벌이도록 사주하였다. 제1진은 한성신보사(漢城新報社) 부대 50명으로 지휘자는 동사장 안달겸장이고, 제2진은 훈련대 제1대대 500명으로 지휘자는 참령 우범선, 제3진은 일본경찰대 10여 명으로 군부대신 고문 강본류지조와 일본인 거류지 경비 서장 적원경부, 제4진은 일본군수비대 500명으로 지휘자 육군 소좌 마옥원무본, 제5대는 훈련대 제2대대 500명 지휘자 참령 이두황이고 합류자는 이주회·구연수 등 5인이며, 통솔자는 일 본공사 무관겸 군부고문관 훈련대 최고책임자 육군중좌 남뢰 행언(楠瀬幸彦)이었다. 문정창(文定昌)이 밝힌 전말의 진상은 다음과 같다.

"1,600명으로 편성된 이 흉도(兇徒)의 일단은 8월 20일 날이 밝기 전에 시장에 가는 장꾼들의 주시를 받아가면서 행진을 계속하여 광화문에 이르러 일부 폭도들이 사다리를 놓고 담을 넘어 문안으로 침입하여 수문장을 살해하고 문을 열고 대궐로 진입하려고 하므로 이때에 시위대(侍衛隊) 연대장 홍계훈(洪啓薰)이 1중대를 이끌고 출동하여 건춘문(建春門)으로부터 남쪽 으로 돌아 광화문 동쪽 성벽 아래 군사를 배치하여 땅에 엎드 려서 정확한 사격을 가하니 흉한(兇漢)들이 낭패하여 아직 대 궐로 진입하지 못한 후반부가 어지럽게 도주하기 시작하자 이 때에 광화문 서편의 일본군 조선 침략본부수비대가 뛰어나가 (일본군 조선침략부대는 갑오년 왕권강탈 이래 여기에 수비대 를 설치했다) 패주하는 흉도들을 독전하여 응전함에 시위대 선두에서 칼을 휘두르며 지휘하던 대장 홍계훈이 적탄에 맞아 순사(殉死)하였다.

이때 경복궁에서는 이미 본 바와 같이 일본공사의 동의를

얻어 민씨(閔氏) 종친의 우두머리 민영준(閔泳駿)을 궁내대신
(宮內大臣)으로 임명하고 지난밤에 소수의 척신이 전임 궁내대
신 이경식(李耕植), 총신(寵臣) 정병하(鄭秉夏) 등과 축하연을
베풀어 달콤하게 마시고 즐긴 뒤였다. 대궐문 밖의 총성에 놀
라 침상에서 일어난 민비(閔妃)가 당황하여 사유를 물으니 정
병하가 답하되 '일인(日人)이 대궐에 들어와도 성궁(聖躬)이 안
전함에는 변함이 없을 것이니 안심하시라.'고 하므로 평소에
예민하던 민비도 한 달 전에 일본공사 정상형(井上馨)이 왕실
의 안전을 누누이 보장한 사실 등을 상기하면서 피신하려 하
지 아니하였다 한다."(李瑄根 著, 『韓國史』 現代篇, 599쪽)

"200명의 병력으로 천여 명의 적과 선전하던 시위대가 그
대장을 잃고 낭패하니 흉도들이 침입하여 근정전(勤政殿)을 거
쳐 경회루(慶會樓) 동편으로 북상하여 왕의 거소인 건청궁(乾
淸宮)에 출현하므로 미국인 교관(敎官) 다이가 지휘하는 시위
대가 영격하여 수10분간 싸우다가 중과부적(衆寡不敵)으로 다
수의 사상자를 내고 패주하니 완전히 무방비상태에 빠진 건청
궁을 일본침략군 수비대가 물샐 틈 없이 포위하여 출입문을
감시하고 강본류지조(岡本柳之助)의 선도하에 한성신보사원 40
명과 낭인(浪人) 15명이 일본도(日本刀)를 빼들고 일제히 건청
궁에 난입하고 그 일부는 궁왕이 거하시는 곤영전(坤寧殿)에
침입하여 미리 작성해 온 왕후척폐조서(王后斥廢詔書)안을 제
시하고 윤허할 것을 강요하니 왕이 그들의 심한 협박에도 불
구하고 재가하지 아니하였다."(F.A. Mackenzie, 『The Tragedy
of Korea』, p. 62~64)

"이러는 동안 일대의 흉도들이 왕후의 거실에 침입하여 그

들을 저지하는 전 궁내부대신 이경직을 살해하고 놀라서 달아
나는 궁녀들의 머리채를 잡아 휘두르고 구타하면서 왕후의 소
재처를 말하라고 강박하였으나 궁녀들은 신음하고 통곡하면서
'모른다'고만 외쳤다. 각 방에 뛰어들어간 흉한들은 궁녀의
머리채를 끌고 나오는 등 수라장을 이루었으며 특히 강본류지
조는 방의 한쪽 구석에 숨어 있는 작은 여인을 발견하자 머리
채를 붙잡고 왕후가 아니냐고 물으니 그 여인이 아니라고 밝
히고 몸을 빼서 마루 아래로 도망가려 하던 찰나에 한 칼에
찍어 살해하였으며, 그리하여 왕후를 찾지 못한 그들은 이러한
동작으로서 무고한 궁녀 3인을 살해하였다."(前上書)

"이때 흉도 중촌순웅(中村楯雄)은 곤녕전 한복판 깊은 방에
숨으려고 들어가는 민비를 발견하고 그 머리채를 움켜잡아 쓰
러뜨리고 칼로 내리치니 달려온 일본인 폭도 적승현(荻勝顯)이
다시 칼로 찍어 아직 절명하지 않은 민비를 흩이불로 싸서 송
판에 담아 일단 궁전의 뜰에 옮겨 놓고 모든 궁녀를 끌어내어
그가 과연 민비인가를 신문하여 이를 확인한 뒤에 왕비시해의
증거를 남기지 않기 위하여 그 몸에 석유를 쏟아 붓고 장작더
미를 에워 쌓은 다음 송두리째 불사르되 타오르는 불꽃에 계
속 석유를 퍼부어 태워버리고 몇 조각의 뼈만을 남겼으며(韓
國京城駐劄隊 歷史秘本, 1963년 8월 20일자 大韓日報 기사, 韓
沽劤 敎授「역사와 진상의 거리」) 그리하여 그들은 또한 끝없
는 잔인성을 발휘하여 그 유골을 경복궁 내에 있는 연못에 던
져버렸다."(乂定昌 著, 『近世日本의 朝鮮侵奪史』 제3편 제4장
3. 閔妃의 弑害와 그 屍體의 燒, 棄)

이로 인하여 나라의 체통은 여지없이 무너져 버렸는데도 김

홍집 내각은 삭발까지 강요하였다. 이에 분개한 전국의 젊은 유생이 상소로 항의하고 의병을 일으켰는데, 특히 의암 유인석 의병대장을 중심으로 한 의병대는 악랄한 친일도당을 처단하는 데 앞장섰다. 김동식 장군은 이를 적극 지지하여 그 격문을 제자와 주변 인사에게 자세히 설명하였으니, 그 격고팔도열읍(檄告八道列邑)의 격문을 번역하면 다음과 같다.

격문(檄文)을 팔도의 고을에 알림

아, 우리나라 8도의 동포들이여, 온 나라가 죽어가는 땅에 버려두리까? 그대의 할아버지와 그대의 아버지가 5백 년을 살아남은 백성이 아님이 없거늘 우리나라와 우리 가족을 위하여 한두 사람의 의사(義士)가 없는가? 슬프고 슬프도다 운인가 명인가!

아름다운 우리 한국은 개국 초기부터 모두 옛날의 위대한 왕법을 준수하여 천하가 모두 소중화(小中華)라고 일컬었으니 민간의 풍속은 요(堯)·순(舜) 시대와 하(夏)·은(殷)·주(周) 3대에 가까우며 유교(儒敎)의 학술은 정자(程子)와 주자(朱子)를 비롯하여 여러 현인을 스승으로 삼아서 필부필부의 어리석음으로도 다같이 예의를 숭상하여, 임금과 아버지가 위급하면 반드시 달려가서 구원할 마음이 있었으니 옛날 임진왜란에 의병을 일으켰던 선비는 한이 없었고 병자호란에 순절(殉節)한 신하도 또한 많았기 때문에, 대개 중국은 청(淸)나라 오랑캐가 짓밟아 버렸지만 다행히 우리나라는 병자호란의 뒤끝이 깨끗하여 비록 해외의 조그마한 땅에 지나지 않지만 천하가 어지러운 암흑시대에 군자(君子)의 도덕을 지키는 역할을 하였도다.

슬프고 슬프도다, 그 누가 알겠는가? 외국과 통상하자는 논의는 실로 이 시대에 나라를 망하게 하는 근본이 되는 것을, 관문을 열고 외적을 받아들이면 소위 대대로 임금을 섬긴 신하들이 달갑게 외적의 앞잡이가 될 것이므로, 이를 죽음으로 저지하여 살신성인(殺身成仁)의 정신을 가지고 이에 상소하는 선비들은 강대국의 세력에 의존하는 수치를 면하자는 것이로다.

어리석은 송(宋)나라가 금(金)나라의 화해를 위장한 무력침공책을 헤아리지 못함으로써 멸망했던 것처럼 왜적의 위장화해정책을 믿었다간 옛날 춘추시대에 노(魯)나라에만 주(周)나라의 예법을 보존했던 것처럼 오늘날 우리나라에만 남아 있는 주례(周禮)를 온전히 지키기 어려울 것이로다.

이러한 까닭으로 초야에 필부의 한미한 신분으로도 한갓 나라가 쇠약해지는 것을 뼈저리게 탄식했더니 마침내 갑오년 6월 20일 밤에 이르러서는 다시없는 우리 조선 3천리 강토의 종묘(宗廟)와 사직(社稷)이 위기일발의 순간에 처했으되, 그 누가 송나라 이약수(李若水)가 흠종(欽宗)을 껴안고 말렸던 것처럼 하였으며 주현(州縣)의 목사와 현령들이 모두 관록을 받아먹으면서도 당(唐)나라 안진경(顔眞卿)이 국난에 의병을 모집했던 것처럼 떨치고 일어나는 것을 보지 못했도다. 옛날에 변변하지 못한 고려(高麗)가 고구려를 계승함에도 오히려 수치라고 여겼는데, 하물며 이제 당당한 정통 국가로 일본에 의탁하게 되니 어찌 통분하지 않으리오.

슬프도다, 저 섬나라 오랑캐 추장의 조약에 대한 신의와 법적 논리는 처음부터 말할 것도 없으려니와 오직 너희들 역적 도배의 이마와 발꿈치와 모발이 무엇의 덕으로 살았는가? 원통함을 어찌하리오!

국모를 시해한 원수에 대하여 이미 이를 갈았거늘 더욱 참혹한 일은 임금의 존엄하심이 또한 머리를 깎이게 되니 변복령으로 관을 부수고 옷을 찢긴 나머지 또 이렇게 망측한 재앙을 당하므로, 하늘땅이 극도로 번복하여 우리가 각각 타고난 떳떳한 양심을 간직하지 못하는 까닭에 우리 부모가 주신 몸을 짐승처럼 만드니 이게 무슨 사변이며, 우리 부모가 주신 머리털을 잡초처럼 베어버리니 이게 무슨 변고인가?

요(堯)·순(舜)·우(禹)·탕(湯)의 제왕의 전통이 오늘에 이르러 끊어졌고, 공자(孔子)·맹자(孟子)·정자(程子)·주자(朱子)의 성현의 학맥을 다시 보존할 사람이 없게 되었도다.

장안(長安)의 부로(父老)가 다투어 한(漢)나라 관리의 위엄 있는 거동을 사모하고 신정(新亭)의 영웅호걸이 부질없이 초(楚)나라 죄수의 눈물만 흘리는 상황이므로 임금과 신하, 아버지와 아들이 마땅히 성을 등지고 결사전을 각오하는 마음이 있거늘, 하늘땅의 귀신이 어찌 암흑을 몰아내고 밝은 도덕을 일으키는 이치가 없으리오? 춘추시대에 제(齊)나라의 관중(管仲)과 같은 인물이 없으면 우리가 그 오랑캐의 옷을 입을 것이니, 추악한 무리를 목베임에 그 누가 한쪽을 도우려는가?

무릇 우리 제로(諸路)의 충의로운 사람은 다같이 이에 당에 조정에서 배양한 인물이므로 환난을 회피하는 것은 죽음보다도 더욱 괴로운 일이고 앉아서 멸망당하기를 기다리는 것은 차라리 토벌하여 싸우는 것만 같지 못하니, 비록 만 분의 일이라도 도우면 사람은 백배의 용기를 더하는 것이므로 원수들과는 하늘 아래에 같이 살지 않겠다는 결심으로 더욱 와신상담의 사상을 간절하게 가져라.

이 시대는 얼마나 위기인가? 우리 민족이 짓밟히고 으깨어져서 아주 결딴이 나는 운명을 면하기 어려운 순간이다. 우리는 문화인이 오랑캐로 변화되었다는 말은 듣지 못하였나니 만

일 우리가 오랑캐가 된다면 그 어찌 세상에 나설 수 있겠는가? 그렇게 되면 공적으로나 사적으로나 온전하게 살아갈 희망이 없나니 불행하거나 행복하거나 한결같이 죽을 사(死)자의 신표를 간직하라.

말을 잡아 피를 입에 바르고 함께 원수를 토벌할 것을 맹세하였나니 성공과 실패, 운수의 좋음과 나쁨은 우리가 예측할 바가 아니다. 현재의 정세에서 최선책을 선택하여 이에 의병을 일으켰나니, 일의 가볍고 무거움과 책임의 크고 작음을 여기에서 분별하라.

민중의 마음이 모두 따르나니 어찌 일백 신령의 아름다운 보우가 없으리오. 국운이 다시 열리고 장차 사해가 길이 맑아지는 날을 볼 것인즉 어진 사람은 대적할 자가 없다는 인자무적(仁者無敵)을 의심하지 말라.

법관이 체포하여 재판으로 처형하기를 어찌 기다리겠는가? 이에 감히 먼저 의병을 일으키고 마침내 이로써 인민에게 포고하나니, 위로 공경(公卿)으로부터 아래로 사서인(士庶人)에 이르기까지 그 누군들 애통하고 절박한 뜻이 없으리오!

지금은 참으로 위태롭고 급박하여 사느냐 죽느냐의 갈림길이므로 각자 거적자리에 자고 창을 베개로 삼으면서 또한 모두 끓는 물이나 물 속이라도 뛰어들어 어려움을 피하지 말고 우리 강토의 재창조를 기약하여 하늘의 태양을 다시 밝게 한다면 어찌 다만 한 나라에만 공이 되리오. 실로 이것은 자손만대에 떳떳함이 있을 것이다.

이와 같이 격서를 보내 밝게 깨우쳐 타일렀는데도 이후에 혹시 군령을 어기고 군법을 지키지 않은 사람은 즉시 반역의 무리와 같은 안건으로 처리하여 단호히 의병을 이동하여 먼저 토벌할 것이니 각각 마땅히 폐부에 새기고 잘못한 뒤에 후회

하는 일이 없도록 해서 작은 정성이라도 모두 써서 다함께 나
라를 지키는 대의를 펴자. 을미년 12월 일 충청도 제천에서
의병장 유인석은 삼가 격서를 보내노라.

　김동식 장군은 이 격서를 해설할 때면 의기가 음성에 넘쳐
서당의 서까래가 쩡쩡 울리고 눈에서 안광이 번쩍이는 것 같
았다. 특히 자기보다 12세나 연장이며 상복을 입고 있는 몸인
데도 제자들의 권유를 물리치지 않고 의병대장으로 취임한 의
암 유인석 장군의 애국정신에 탄복하였다.
　그리고 왜적과 관군이 유인석 의병을 습격하면서 먼저 제천
향교(堤川鄕校)와 충주향교(忠州鄕校) 등을 불질러 태운 죄악
을 지적하고 일제의 유림말살정책의 만행을 규탄하였다.
　또한 나라의 혼을 말살하려는 일제의 음모와 정책을 거부하
고 제자들에게 의관을 바꾸거나 단발을 하지 못하게 하고 집
안이나 이웃 사람에게도 단발을 하지 않도록 엄중히 타일렀다.

3. 대한제국의 독립

　고종 13년(1876년) 2월 한일수호조규(韓日修好條規 : 丙子修好條約)를 조인한 이래 조선은 쇄국에서 개방으로 외교정책을 바꾸고 개화를 서둘렀다. 부산, 인천, 원산을 개항하고 신사유람단을 일본에 파견하여 신문물을 시찰하게 하면서 고종 19년(1882년) 4월에 한미수호조규(韓美修好條規), 한영수호조규(韓英修好條規)를 조인하고 5월에는 한독수호조규(韓獨修好條規)를 조인하였다.

　그리고 고종 21년(1884년) 윤5월에는 이탈리아와 한이수호조규(韓伊修好條規)를 조인하고 또 러시아와 한아수호조규(韓俄修好條規)를 조인하였으며, 고종 23년(1886년) 3월에는 프랑스와도 한불수호조규(韓佛修好條規)를 조인하였다.

　이리하여 철도, 항해, 금광, 탄광을 비롯하여 산림, 어업, 상업 등의 많은 이권이 열강에 넘어갔다.

　개방과 개화를 통하여 물밀듯이 쏟아져 들어온 외래문명은 국가 내부의 모순을 첨예화하여 보수세력과 개화세력의 갈등을 증폭시켰고, 한편으로 무력으로 이권쟁탈을 노리는 열강의 각축은 더욱 심화되었다.

　그리하여 유(儒), 불(佛), 선(仙)을 배합한 동학(東學)으로 서학(西學)에 대항하려는 동학농민전쟁(東學農民戰爭)이 고종 31

년(1894년) 1월에 전북 고부에서 일어나게 되었다. 농민군은 장성에서 관군을 격파하고 전주를 점령하니 조선조정에서는 청국에 반란진압을 위한 출병을 요청하였다. 이에 청군이 조선에 출병하면 일본도 출병할 수 있다는 천진조약에 의해 일군이 출병, 청군이 아산에 도착하던 6월 12일에 일군도 인천에 상륙하여 7천 명의 대병력이 조선정부의 반대에도 불구하고 서울에 진입하였다.

사태의 심각성을 인식한 조선조정은 전주성에서 전봉준과 협상하여, 이대로 봉기가 계속되면 조선은 청군과 일군 사이의 각축장이 되고 만다고 설득하여 6월 11일 전주화약을 맺은 다음 반란진압을 이유로 양군의 철군 및 출병중지를 요구하였다.

조선정부의 철군요구에 청국은 즉시 찬성하였으나 일본은 적극 반대하면서 오히려 청국에게 조선의 내정개혁을 공동지도할 것을 제안하였다. 청국이 거절하자 일본해군은 선전포고도 없이 청국함대를 기습하여 청일전쟁을 일으켰다.

일군은 청군을 격파하고 1895년 1월에 위해위(威海衛)를 점령하며 3월에는 팽호도(澎湖島)를 점령한 뒤 4월에 청일간 하관조약(下關條約)을 체결하였다. 이로써 청나라는 일본에 요동반도(遼東半島)와 대만(臺灣), 팽호도를 할양하고, 조선의 독립을 승인하였다.

이는 병자호란(1636년) 이래 청나라에 종속했던 260년간에 걸친 치욕의 세월을 마감하는 것이기도 했다. 비록 자력으로 쟁취한 것은 아닐지라도 국제정세의 변화를 실감하는 새 시대의 희망이 넘쳤다.

더욱이 열강의 외교적 영향력으로 일본이 요동반도를 청나라에 반환하자 조선은 열강의 세력균형을 이용하여 나라의 독립을 유지할 수 있을 것으로 인식하였다. 그리하여 안으로 즉각 갑오경장(1894년)을 단행하여 내정을 개혁하면서 11월 17일을 개국 505년 1월 1일로 하고 양력을 쓰기로 하면서, 청나라 연호를 폐지하고 연호를 세워 건양(建陽)이라 하고 영은문(迎恩門)을 헌 뒤 삼전도비(三田渡碑)를 철거하여 땅에 묻었다.

다음해 정유년(1897년)에는 국호를 대한제국(大韓帝國)으로 바꾸고 연호를 광무(光武) 원년으로 정하여 10월에 황제(皇帝) 즉위식을 거행함으로써 당당한 독립국의 체제를 갖추었다. 그리고 열강의 승인을 받아 각국에 공사를 파견하고 외교관계를 수립, 청나라에 종속한 반독립국가의 위치에서 완전한 자주독립국가로 새 출발하였다. 그리하여 일백 관료의 연봉제도를 정하고, 또 13도의 지방제도를 개혁하여 감사(監事), 유수(留守)를 비롯하여 안무사(按撫使), 통제사(統制使), 병사(兵事), 수사(水使), 방어사(防禦使), 감리(監理), 부윤(府尹), 목사(牧使), 부사(府使), 군수(郡守), 서윤(庶尹), 판관(判官), 현령(縣令), 현감(縣監), 경력(經歷), 감목관(監牧官), 첨사(僉使), 영장(營將), 중군(中軍), 우후(虞侯), 만호(萬戶), 권관(權官), 별장(別將) 등의 관직을 모두 혁파하고 전국을 23부(府) 331군(郡)으로 나누어 부(府)에는 관찰사(觀察使) 1인, 참서관(參書官) 1인, 경무관(警務官) 1인 그리고 주사(主事), 총순(總巡) 등의 직을 두고, 군(郡)에는 군수(郡守)를 두었으니 한성부(漢城府)에는 11군(郡), 인천부는 12군, 충주부는 20군, 홍주부(洪州府)는 22군, 공주부는 27군, 전주부는 20군, 남원부(南原府)는 15군, 나주부(羅州府)는 16군, 제주부(濟州府)는 3군, 진주부(晋州府)는 21군, 동래부(東萊府)는 10군, 대구부는 23군, 안동부(安東府)는 16군, 강릉부(江陵府)는 9군, 춘천부는 13군, 개성부는 13군, 해주부는 16군, 평양부는 27군, 의주부(義州府)는 13군, 강계부(江界府)는 6군, 함흥부는 11군, 갑산부(甲山府)는 2군, 경성부(鏡城

府)는 10군이었다.

그리고 군제(軍制)를 개혁하여 대장(大將), 부장(副將), 참장(參將), 정령(正領), 부령(副領), 참령(參領), 정위(正尉), 부위(副尉), 참위(參尉) 등의 관등을 두고 육군(陸軍)을 먼저 편성하여 훈련대(訓練隊)라고 이름하였으며, 서울에는 친위대(親衛隊), 평양과 전주에 진위대(鎭衛隊)를 설치하였다. 이어 해군을 창설해서 대원수부(大元首府)를 설치하고 황제가 육해제군을 직접 통솔하고 황태자가 원수(元帥)가 되어 군무를 관장하였다. 각 부(府)와 항(港)에 재판소를 설치하여 감금(監禁), 징역(懲役), 유배(流配), 처고(處絞) 등의 법을 제정하고, 학교를 설립하여 사범학교, 어학교(語學校), 법률학교, 사관학교(士官學校)를 세워 청소년을 선발하여 입학시켰으며, 또 서울에 관립소학교를 증설하고 지방에 공립소학교를 세웠다.

또한 공용문서의 체제를 바꾸어 정부의 하달문서를 훈령(訓令), 지령(指令)으로 고치고, 지방의 상부에 보고문서를 질품(質稟), 보고(報告), 청원(請願)으로 정했으며, 주민에게 알리는 문서를 고시(告示)라고 하여 국한문을 혼용토록 하였다.

이어 내각(內閣)을 폐지하고 다시 의정부(議政府)로 호칭하여 의정(議政) 1인, 참정(參政) 1인, 찬정(贊正) 5인, 참찬(參贊) 1인을 두었다. 그리고 우체국을 설치하고 철도사(鐵道司)를 설치하였다.

이러한 나라의 위상제고는 멸청복명(滅淸復明), 설치복수(雪恥復讐)를 주장했던 산림학자양반의 숙원을 성취한 것이므로 일대 쾌사가 아닐 수 없었으나, 또한 지나치게 비대한 일본의 영향력에 대한 의구심을 떨칠 수 없었기 때문에 한편으로 일본에 대하여 각성을 촉구함과 동시에 민족단결을 호소하였다.

특히 김동식 장군을 비롯한 양반과 유생은 조정의 개혁이

보존해야 할 미풍양속은 바꾸면서도 버려야 할 관행과 고쳐야
할 산업구조 등에는 아무런 변화가 없는 것을 걱정하면서 새
나라 건설의 초기에 국론의 분열로 국력이 더욱 분산하는 현
실을 개탄하였다.

4. 일본의 본격적인 침탈

개방개혁의 바람을 타고 자주독립한 대한제국은, 그러나 출발부터 안으로는 국민통제력을 가지지 못했고, 밖으로는 국제세력을 통제할 힘이 없었다.

개방개화에 대한 정리된 이념이나 정책이 없었던 대한제국 정부는 전체 인민의 욕구를 충족할 정책을 개발하지 못하고 수시로 이해득실에 따라서 친청파, 친일파, 친로파를 등용함으로써 정책의 일관성을 잃어버렸다. 개화개방에 반대한 양반과 유생은 각지에서 의병을 일으켜 저항하였으며, 개방에는 반대하나 개혁에는 찬성한 동학농민전쟁의 잔여세력도 산간에서 투쟁을 계속하는 가운데 친일세력을 표방한 일진회와 개화세력을 표방한 야소교가 급속도로 만연하여 목소리를 높임으로써 국론이 극도로 분열하였다.

또한 동아시아의 국제정세는 청나라의 퇴조로 일본의 북진정책과 러시아의 남진정책이 정면으로 부딪혀서 실력대결이 불가피한 상황이었다.

러시아가 독일, 프랑스와 연합하여 요동반도를 반환하도록 일본에게 위협하고 이어 러시아군대가 봉천(奉天)을 점령하니 일본은 광무 6년(1902년) 1월 영일공수동맹(英日攻守同盟)을 맺은 다음 광무 8년(1904년) 2월 8일 인천(仁川)과 여순(旅順)

에 있는 러시아함대를 기습공격하여 전쟁을 도발하였다.

대한제국정부는 즉각 대외중립을 선언하였으나 일본은 이를 무시하고 2월 23일 대한제국에 강요하여 한일의정서(韓日議定書)를 맺게 하였으니, 그 요지는 다음과 같다.

제1조, 한일 양제국(韓日兩帝國)은 항구불역(恒久不易)의 친교를 확보유지하여 동양의 평화를 확립하고자 하므로 이후로 한국정부는 당연히 일본정부를 확실히 믿고 모든 정치적 개혁문제에 관하여 충고하는 바가 있으면 모두 들어서 따라야 한다.

제3조, 일본정부는 한국의 독립 및 그 영토보전에 대하여 확실히 보장한다.

제4조, 한국이 만약 제3국의 침해를 당하거나 혹 내란을 만나면 일본정부가 임시로 필요한 조치를 집행할 수 있으며, 한국정부는 일본정부의 행동에 대하여 완전편의 행사권을 허락한다. 일본정부는 이 조항의 목적을 달성하고자 함에 모든 군략상 필요한 지점을 전부 임시로 수용한다.

이 한일의정서는 노골적으로 일본의 무력침탈의 목적을 나타낸 것이다. 이미 한국에는 유인석 의병대장이 국모복수(國母復讐)와 단발령과 복제개혁에 반대하여 저항을 계속하고 있었고, 동학농민전쟁의 잔여세력이 상존하여 저항하고 있었기 때문에 일본군의 증강을 주장할 구실이 얼마든지 있었던 것이다.

그러나 일본은 3월에 특파대사 이등박문을 한국에 보내 국제적 여론을 무마하기 위한 위장책으로 고문정치를 선택, 8월 22일 제1차 한일협약(韓日協約)을 강제로 체결하여 외국인 용병의 길을 열고 각 부의 요직에 일제가 추천한 사람을 앉혀서 고문정치를 실시함으로써 대한제국의 정치와 행정은 실질적으로 일본의 이익을 대변하는 기구로 전락하였다.

그리고 일본은 한국을 일본의 식민지로 만들기 위해 원야(原野), 산림(山林), 강해(江海), 제언(堤堰) 등에 소재한 황무지를 일본에게 차여(借與)하도록 강요하였다. 이에 한국정부는 일본의 강요를 이기지 못해 일본상인 장삼등길(長森藤吉)에게 허락하였으니, 그 계약안은 대략 다음과 같다.

1. 한국 내부(內部 : 내무부)에 소속한 토지 및 관용토지로 개간하지 않은 것은 모두 장삼등길에게 주어서 자본을 모아 개간토록 한다.

2. 장삼등길이 개간한 이상의 토지를 개량한 이후에 종식(種植), 축목(畜牧), 어렵(漁獵) 등의 유리한 사업을 모두 장삼등길에게 전권관리하게 하고 또한 완전사용권을 가지게 한다.

3. 개간하여 5년간은 조세를 납부하지 아니한다. 5년 이후에 만약 경영하는 사업이 이미 이익이 있으면 현재 이미 개간한 토지와 동률의 세금을 한국정부에 납부한다. 단 천재(天災), 시변(時變), 수한(水旱)과 같은 것을 만나 수확이 부족하면 그 조세를 감면하거나 면제한다.

4. 본 계약은 각부의 관계기관을 경유하여 이미 완성된 이후로부터 기산하여 모두 50년간을 만기로 하고, 50년의 만기가 지난 뒤에는 협의하여 다시 계속한다.

이 계약사실이 발표되자 전의관(前議官) 정기조(鄭耆朝), 전참봉(前參奉) 최동식(崔東植), 유생(儒生) 김기우(金箕佑)·정동시(鄭東時) 등이 이에 반대하여 항의저지운동을 전개하면서 13도에 통문을 보내니, 전국의 양반과 유생이 일제히 서울에 모여 규탄대회를 열어 날마다 수만 명이 운집하므로 급기야 일본은 이 계약을 철회하기에 이르렀다. 김동식 장군도 제자들과 함께 이 대회에 5월부터 6월까지 참가하였다.

일이 이렇게 되자 일본은 숭례문(崇禮文)으로부터 한강에 이르기까지를 군용지로 결정하고 경계의 표지판을 세워 우리나라 사람의 접근을 금지하며 대한제국의 내정개혁안을 강요하여 황제의 허락을 받아냈다. 그 내용은 대략 다음과 같다.

1. 한국이 재정을 정리하고자 함에 따라 특별히 탁지부(度支部) 내에 감독(監督)을 설치하여 일본인 목하전종태랑(目賀田種太郎)을 초빙하여 채운다.

2. 재정을 정리하기 위한 비용은 일본이 차관명목으로 한국에 대여하여 제1기에 300만 원을 대여한다.

3. (생략)

4. 장차 한국의 구제도로 있었던 전환국(典圜局)은 폐지하고 별도로 백동화폐(白銅貨幣)를 만들어 대치하여 화폐제도를 확립한다.

5. 한일화폐동맹을 체결하여 일본정부에서 주조한 모든 화폐 및 초폐(鈔幣)를 한국에서도 일률적으로 통용한다.

6. 특별히 중앙은행을 설립하여 징수한 조세 및 기타 공금에 대한 각 사무를 맡아서 관리한다.

7. (생략)

8. 과거 외교사무를 처리함에 합당성을 잃었으므로 특별히 외부고문을 설치하여 영원히 일본정부의 추천을 받아들여야 하며, 현재 추천한 미국인 전니손(田尼遜 : 스티븐슨)으로 채운다.

9. 한국정부는 장차 일체의 외교사무 및 해외 한국인을 보호

하는 사무를 모두 일본정부에 위탁한다. 이 규약을 실시한 뒤에는 즉시 전에 파견하여 각국에 주차한 공사(公使)와 영사(領使)를 모두 소환해야 한다.

10. 한국은 각국의 공사를 소환할 때에 각국에서 파견하여 온 주한공사도 또한 동시에 철거하여 물러가며, 오직 머물러 있는 외국 영사는 경내에서만 주찰(駐紮)한다.

11. 재정을 정리하려고 하는 까닭으로 장차 한국은 군비를 축소하여 막대한 비용을 절약한다. 이에 앞서 전국 2만 명의 병력 정원을 마땅히 1천 명 내외로 감원하여 서울을 수비하는 군대를 제외하고 각 지방의 병정은 일제히 철거하여 물러간다.

12. 한일병기동맹(韓日兵器同盟)을 체결하여 현재의 군기(軍器)를 정리한다.

13. 궁성을 정숙히 하고 임금의 옆에 추악을 제거하며 무녀(巫女), 복축(卜祝)을 엄금하여 무릇 일체 잡배는 궁정의 출입을 허락하지 아니한다.

14~23. (생략)

24. 현재 결정한 탁지(度支), 외교의 두 고문관을 제외하고 다시 총고문관을 설치하지 아니한다. 이보다 먼저 초빙한 외국 고문은 모두 해면하여 방출한다.

25. (생략)

이 개혁안은 한국정부를 거의 유명무실하게 만든 올가미로서 임권조(林權助)가 끈질기게 강요하여 누차 협의를 강행함으로써 약간의 수정이 있었지만 거의 모두 허락하는 사태에 이르렀다.

이러한 상황에서 일본인은 군산항과 목포항을 거점으로 호남평야의 농장을 대대적으로 구입하면서 식민지토대를 구축하

고, 일본 육군대장 장곡천호도는 서울에 와서 머물며 사령부를
세우고 일진회와 결탁하여 사회혼란을 조장했다.

임권조와 장곡천호도는 이를 기화로 정부를 협박하여 한국
의 경찰권을 일본군대가 접수한다고 19조를 반포하였으니, 곧
범법자가 있으면 모두 일본사령관의 손을 거쳐서 직접 형사상
의 처분을 하겠다는 내용이었다. 그 제4조에서 말하기를 당파
를 결성하여 일본에 반항하거나 혹 일본군대에 항의하여 대적
한 사람, 제15조에 말하기를 회사를 만들어 결집하거나 혹 신
문, 잡지, 광고, 혹 다른 수단으로 치안질서를 문란케 하는 사
람, 제17조에 말하기를 일본군사령부의 명령을 위반한 사람이
라고 하였으니, 결국 서울의 치안권은 일본헌병대가 완전히 장
악한 사태에 이르렀다.

1905년 1월 일본군은 여순(旅順)을 함락하고 3월에 봉천(奉
天)을 점령한 뒤 5월에 한일해협에서 러시아함대를 격파하였
다. 그리하여 그해 9월에 러시아와 일러강화조약(日露講和條
約)을 체결, 러시아는 동3성(東三省) 철도를 일본에게 양여하
고 요동으로부터 철병하며, 화태도(樺太島)의 반쪽까지 일본에
넘겨주었다. 러시아군 40만과 일본군 17만 명이 전사한 러일전
쟁이 끝남으로써 이에 일본은 극동의 패권을 장악하게 되었다.

일본은 러일전쟁을 기화로 대한제국을 침탈하려는 본격적인
작업에 들어가서 이미 전국의 우편, 전신, 철도 등의 건설사업
을 장악하였고, 서울의 동명(洞名)을 개정하였으며, 하천 자유
항해권을 강점하였다. 그리고 제주도 어획권을 일본인에게 주
도록 만들고, 화폐개혁과 무역자유로 일본상인의 이익을 보장
하였으며, 한편 일진회로 하여금 합방론을 제창하도록 교사하
였다. 이리하여 정치, 군사, 외교뿐만 아니라 경제, 사회적으로
도 부단한 공작을 강행하였던 것이다.

　나라의 운명이 이처럼 풍전등화와 같아지자 김동식 장군은
나라의 장래를 크게 걱정하고, 유림이 떨치고 일어나 반외세
자주화투쟁을 선도해야 된다고 역설하면서 국민의 대오각성을
촉구하였다.

5. 일본이 을사5협약을 강행

　일본제국주의는 아시아의 평화를 보장하고, 새로운 시대발전을 추구하여 인류문명에 기여하기보다는 일본의 독점적 이익을 추구하여 초강대국을 건설하는 데에만 광분하였다. 그리하여 광무 9년(1905년) 9월, 러시아와 전쟁을 끝내자마자 즉각 10월에 이등박문을 대사로 보내 소위 을사보호조약의 체결을 강요하였다.

　10월 14일 서울에 들어온 이등박문은, 15일 대한제국 황제폐하를 알현하고 일본군주의 친서를 봉정하였으니, 대략 번역하면, "짐은 동양의 평화를 유지하기 위하여 대사를 특별히 파견하오니 한결같이 대사의 지휘를 받아야 하리다."고 위협하고, 또 "국제적 방어는 곧 짐이 반듯이 공고하게 지킬 것이요 황실(皇室)의 안녕은 곧 짐이 반드시 보증하리다.…"고 회유하였다.

　그리고 이등박문은 18일 인천항으로 갔다가 19일 서울로 돌아와서, 오후 3시에 서기관 국분상태랑(國分象太郎)과 제실심사국장(帝室審査局長) 박용화(朴鏞和)와 더불어 황제폐하를 알현하고 5대조약안을 제출하여 상주하였다.

　그러나 대한제국 황제는 거절하면서 말하기를, "짐이 듣건대 근일에 보호조약 등의 논설이 각 신문에 시끄럽게 전파하였으나 짐은 작년에 귀국 군주가 선전포고하는 글에서 한국의 독립을 지키기 위한다는 등의 구절 및 한일의정서에 독립은 보증한다는 구절이 명문으로 뚜렷이 있으므로 이러한 뜬소문을 믿지 않았으며, 또한 금번에 귀하가 대사의 명을 받고 왔기 때문에 매우 다행한 일로 환영하였거늘 이제 이러한 요구는 실로 뜻밖이니 어찌 평소에 생각이나 하였겠느냐!" 하고 접수를 거절하였다.

그럼에도 이등박문은 두번 세번 요청하기를 그치지 않으면서 말하기를, "이것은 외신(外臣 : 이등박문)이 자의적으로 요청한 것이 아니옵고 실로 일본정부의 명령을 받들고 왔사오니 이 조약을 인준받게 되면 비단 양국의 행복뿐만 아니라 동양의 평화를 영원히 유지할 것이오니 청컨대 속히 인준하여 허락하옵소서."라고 졸랐다.

이에 황제폐하가 말하기를, "조종(祖宗) 이래로 나라의 규범을 세워서 무릇 큰 일이 있으면 정부의 대소관리 및 원임대신(原任大臣) 및 재야유현(在野儒賢)과 신사(紳士), 인민(人民)의 의견을 반드시 널리 모으고 살펴 물어서 결정하였으니 짐 한 사람이 마음대로 결단할 바가 아니다."고 단호히 거절하였다.

그럼에도 이등박문이 또 상주하기를, "인민이 제멋대로 논의하면 마땅히 일본 병력으로 진압평정할 것이오니 폐하께서는 특별히 양국의 사귀는 정분을 생각하시어 즉각 처분을 내리소서." 하며 악착같이 졸랐다.

황제폐하가 말하기를, "만약 이 조약을 허락하면 문득 이에 나라를 망치는 것이다. 짐이 차라리 국가 사직을 위하여 죽을지언정 결단코 허락할 수 없다."고 결연히 거절하므로, 마침내 과단성 있게 처리하지 못하고 미루기만 하다가 4~5시간이 흘러간 뒤에 파하고 이등박문이 물러갔다.

다음날인 20일 오후 3시에 이등박문이 참정대신 이하 각 대신 및 경리원(經理院)의 경(卿) 심상훈(沈相薰)을 주한일본대사관으로 초청하여 역시 5조약을 제출하면서 여러 가지 방법으로 간청하였다. 이에 각 대신이 힘써 불가함을 말하며 저녁때가 지나도록 힐문하여 변증하니, 밤이 깊어서야 파하고 돌아와서 즉각 모두 같이 대궐에 이르러 보고하였다.

21일 오후 2시에는 이등박문이 공사 임권조(林權助)로 하여금 각 대신을 주한일본공관으로 초청하여 5조약의 조인을 간절히 요구하였으나 각 대신이 역시 반대하니 임권조가 어전회의(御前會議)를 개최할 것을 요청하였다. 각 대신이 사양하고 돌아와 입궐하니 임권조가 뒤를 따라 이르러 와서 여러 대신이 마침내 어전회의를 개최하였으나, 모두 부(否)자를 쓰니 임권조가 옆에서 열심히 주시하고 있었다.

회의를 마치고 파하니 일본 헌병들이 대궐로 들어와서 수옥헌(漱玉軒)을 철통같이 포위하며 총칼을 빽빽이 늘어 세웠다. 곧이어 장곡천과 이등박문이 일시에 따라 들어와서 다시 회의를 개최할 것을 요청하였다. 한규설(韓圭卨) 참정(參政)이 불가함을 고집하자 이등박문이 즉시 한 참정의 손을 잡고 온갖 말로 간청하면서 또한 이재극(李載克) 궁내부(宮內府) 대신으로 하여금 폐하를 알현할 것을 요청하였다.

마침 황제폐하가 편도선염증을 이유로 들며 사절하였다. 그러나 이등박문이 강력히 요청하자 폐하가 말하기를, "알현할 필요가 없다. 정부로 가서 대신과 더불어 협의하여야 하리라." 하였다. 이등박문이 물러나와서 말하기를, "폐하께서 이미 조약을 협의하라고 허락하셨으니 즉시 다시 회의를 열어야 한다."고 주장하면서, 마침내 스스로 정부주사(政府主事)를 불러 해당 안건의 초안을 상정하라고 명령하였다.

참정 한규설이 한결같이 반대하자 법부대신 이하영(李夏榮)과 탁지부대신 민영기(閔泳綺)가 부(否)자를 썼다. 외부대신 박제순(朴齊純)도 또한 부(否)자를 쓰고 부(否)자 밑에다 주(註)를 달아 다시 쓰기를, "우건의 자구를 조금 변경하여 고칠 것 같으면 마땅히 인준하겠다.…"고 하였다. 이등박문이 이를 보고 말하기를 "무슨 어려움이 있으리까." 하고 붓을 잡아 두세 곳을 지우고 고쳤다.

그러고는 또다시 논의하게 하자 한 참정 및 법부와 탁지부 양 대신이 또 부(否)자를 썼는데 나머지는 일제히 가(可)를 썼다. 한규설 참정이 몸을 일으켜 폐하를 배알하려고 하자 들어가지 못하게 막고 끝내 협실(夾室)로 밀어넣고는, 얼마 있다가 추원수일(萩原守一)이 일본 순찰병을 인솔하여 한규설 참정을 옹위하여 수옥헌 협방(夾旁)에 구치하고 좌우에 파수병을 세웠다.

이등박문이 들어가 한규설 참정을 위협하고 유혹함이 이르지 않음이 없었으나 한 참정이 정색하고 대답하기를, "나는 이 몸을 이미 나라를 위하여 죽기로 결심하였거늘 다시 무슨 말을 하리오." 하자 이등박문이 분노하여 말하기를, "황제의 칙령이 있으면 어떻게 하겠소." 하였다. 한 참정이 말하기를, "국가사직이 중대하고 임금은 가볍다고 맹자(孟子)가 말하였으니 비록 황제의 칙령이 있어도 단연코 받들 수 없다."고 하였다. 이에 이등박문이 대노하여 말하기를 "그렇다면 불충한 신하로다." 하고 마침내 궁내부 대신 이재극으로 하여금 주청케 하며 말하기를, "한규설은 황제의 칙령도 받을 수 없다고 말하니 이것은 대불충이므로 그 관직을 파면할 것을 요청하나이다." 하고 또 박제순으로 하여금 외부(外部)의 관인(官印)을 가져오라고 하면서 말하기를, "참정이 비록 날인하지 않을지라도 이것은 처음부터 관계가 없는 것이니 그밖에 남아 있는 여러 대신의 인장만 찍어도 된다."고 하여 이에 일제히 날인하자 장곡천과 이등박문이 드디어 물러갔다. 그 동안에 하룻밤이 지나서 22일 오전 2시가 되었다.

이등박문은 대한제국 황제가 윤허하지 않았고 참정 한규설이 분명히 거부했음에도, 도리어 한규설 참정을 파면하고 3년의 유배형으로 보복하며 5조약의 조인을 기정사실화하여 공표 강행하였으니, 그 내용을 번역하면 다음과 같다.

을사협약(乙巳協約)

1. 이후로 한국의 외교사무는 일본 동경의 외무성을 경유하여 그 감리와 지휘를 받아야 된다. 또 한국 신민(臣民)으로 외국에 있는 사람의 이익은 일본의 외교대표자 및 영사로 하여금 일체 보호하게 한다.

2. 한국과 다른 나라 사이에 현존하는 조약을 완전히 실행할 책임은 모두 스스로 일본이 담당한다. 또 한국정부는 이제부터 만약 일본정부의 중개를 경유하지 않으면 국제적 성질을 가진 어떠한 조약도 아울러 허락하지 않을 것을 약속한다.

3. 일본정부는 그 대표자로 하여금 통감(統監) 1명을 한국의 황실대궐 아래에 두고 외교사항을 전담하여 관리하며 서울에 주재하고 아울러 친히 스스로 한국황실 내에서 배알할 권리를 가진다. 또 일본정부는 한국의 개항장 및 기타 일본정부가 필요하다고 인정한 곳에 이사관(理事官)을 두며 그 권리가 있는 곳에는 통감의 지휘 아래 지난날에 영사의 임무를 장악하여 일체의 직권을 집행하며 아울러 본 협약의 조항을 실행하기 위하여 일체의 필요한 사무를 장악하여 처리한다.

4. 한일 두 나라 사이에 현존하는 조약은 본 협약의 조항에

저촉하는 것을 제외하고는 전부 그 효력이 계속한다.

5. 일본정부는 한국황실의 유지와 안녕과 존엄을 보증한다.

광무 9년 11월 17일 외부대신 박제순 ㊞
명치 38년 11월 17일 특명전권대사 임권조 ㊞

극악무도한 야만적 방법으로 대한제국의 독립자주권을 강탈한 일제는, 즉각 비상령을 내리고 헌병과 경찰을 동원하여 거리를 순찰하면서 소위 5조약에 서명한 내부대신 이지용(李址鎔), 외부대신 박제순(朴齊純), 군부대신 이근택(李根澤), 학부대신 이완용(李完用), 농부대신 권중현(權重顯) 등의 가옥을 보호하였다.

이에 황성신문(皇城新聞) 주필 장지연(張志淵)이 일본의 기만적 강탈행위를 자세히 보도함과 동시에 「시일야방성대곡(是日也放聲大哭)」이라는 논설을 게재하여 일본공사관의 검열도 거치지 않고 바로 배포하였다. 사건의 전말을 알게 된 전국민은 방방곳곳에서 수천, 수백 명씩 떼를 지어 모여 타도 일본, 5조약 파기, 5적 처단을 외치며 일제의 악독한 행위를 규탄하고 강요한 조약은 무효임을 선언하였다. 또한 이등박문은 우리나라를 망친 원수이므로 반드시 복수할 것을 결의하였다.

김동식 장군은 소위 을사한일협약체결의 전말을 자세히 확인하고, 즉각 5늑약은 황제폐하가 윤허하지 않았고 참정(參政)과 법부와 탁지부대신이 거부하였으므로 당연히 원인무효이기 때문에, 정부는 즉각 협약의 파기를 선언하고 이등박문과 장곡천을 축출함과 동시에 소위 5늑약에 서명한 5적(五賊)을 처단해야 됨을 주장하면서 주자(朱子)의 문뢰유감(聞雷有感) 시를 써서 제자들과 주변 사람들에게 해설하였다.

그 누가 신령한 도끼로 완고한 음기(陰氣)를 쳐부수나
땅이 쪼개지고 산이 열려 마귀(魔鬼)가 숲속에서 쫓겨가도다
우리도 원컨대 임금이 천지조화의 원칙을 본받아
일찍 영웅적 결단을 내려서 민심에 답하소서
誰將神斧破頑陰
地裂山開鬼失林
我願君王法天造
早施雄斷答群心

　김동식 장군은 이러한 내용을 담은 상소문을 지은 뒤 제자
들과 함께 상경하여 상소문을 대궐에 올리고 전국 각지에서
상경한 수만 명의 양반, 유생과 함께 20여 일을 대궐 앞에서
시위하니, 일제가 헌병과 기마병으로 해산시키려고 하였으나
흥분한 양반과 유생의 기개에 눌려 감히 접근하지 못했다.
　그리하여 김동식 장군은 집으로 내려와서 제자들을 모아놓
고 결연한 목소리로 송(宋)나라 충신 문천상(文天祥)의 정기가
(正氣歌)를 강의하였다.

　하늘땅에 정기(正氣)가 있으니 뒤섞이어 삼라만상에 주었다
네
　아래로 내려와서 물과 산이 되고 위로 올라가 해와 별이 되
었다네
　사람에 대하여는 호연지기(浩然之氣)라고 하나니 질편하여
우주에 사득하도다
　나라의 정치가 깨끗하고 공평할 때는 화평한 기운이 밝은
조정에 뿜어 나오고
　시대가 곤궁하면 절의가 이에 나타나 하나하나 역사책에 기

록되도다

제(齊)나라에는 태사(太史 : 史家)의 죽간(竹簡 : 책)이 있고, 진(晉)나라에는 동고(董孤)의 사필(史筆)이 있네

진(秦)나라에는 장량(張良)의 쇠뭉치가 있고, 한(漢)나라에는 소무(蘇武)의 절의(節義)가 있도다

3국시대에 엄안(嚴顔) 장군의 머리가 있고 진(晉)나라의 혜소(稽紹) 시중(侍中)의 피가 있으며

당(唐)나라 장순(張巡)의 이빨이 있고 또 안고경(顔杲卿)의 혀가 있으며

후한(後漢)시대에는 관영(管寧)이 요동에서 썼던 모자가 있어 깨끗한 지조가 얼음과 눈보다도 매섭고

촉한(蜀漢)시대에는 제갈량(諸葛亮)의 출사표(出師表)가 있어 귀신도 장렬함에 흐느꼈으며

동진(東晉)에는 조적(祖逖)이 강을 건너 정벌하며 노를 치니 강개한 기상이 오랑캐를 무찔렀고

당(唐)나라 수실(秀實)이 홀(笏)로 역적을 내려치니 역적의 머리가 깨어졌도다

이 기운이 세상에 널리 퍼져서 늠연한 기개가 만고에 있으므로

마땅히 그 해와 달을 꿰뚫거늘 죽고 삶을 어찌 논하리오

땅이 지탱함도 이 기운에 의지하여 섰고 하늘의 기둥도 이 기운에 의지하여 높도다

삼강(三綱)이 실로 운명을 매달고 도의(道義)의 뿌리가 된다네

아, 운수가 곤궁하여 천한 몸이 참으로 힘이 없어

남쪽에서 포로로 잡혀 그 관(冠)을 쓰고 북쪽의 연경(燕京)으로 실려 갈제

끓은 가마솥에 빠져죽기를 달갑게 여겼으나 구해도 얻을 수
없어

컴컴한 감옥에 귀신 번뜩이고 봄날에도 적막하고 어둑어둑

소와 천리마(千里馬)가 한 마구간에 같이 있고 닭집에 봉황
(鳳凰)이 살아가도다

하루아침에 안개와 이슬을 맞아 병이 드니 몸이 해골처럼
되었네

이와 같이 추위와 더위를 두 해 겪으니 일백 가지 병이 저
절로 물러가누나

아~ 낮고 습한 감옥이 나에게는 안락국(安樂國)이니

어찌 다른 방법이 있으랴, 음양(陰陽)이 변화하여 흐르는 세
월은 훔칠 수 없는 것

이 밝은 진리가 있는 것을 생각하고 우러러 하늘을 보니 뜬
구름이 희도다

아득하고 아득한 내 마음의 근심 푸른 하늘이라도 어찌 다
함이 있으리

철인(哲人)의 시대가 멀어졌어도 아름다운 전형(典型)은 이
전부터 있었나니

들창문에 책을 펴고 읽음에 옛날의 도의(道義)가 얼굴을 비
추도다.

김동식 장군은 감개하여 눈물을 흘리는 제자들을 바라보며,
이제 우리가 가야만 할 길이 정해졌으니 냉정하게 나라의 자
주독립을 되찾을 현명한 대책을 강구하라고 하였다.

6. 을사5협약에 대한 국민들의 분노

5백 년간 유교(儒敎)의 진리를 숭상하여 춘추대의(春秋大義)를 나라의 기강으로 받들어 왔던 이 땅의 지성은 이등박문의 야만적 행위를 결단코 용납할 수 없었다.

춘추대의가 수십 조이지만 공자(孔子)가 가장 중대하게 여긴 것은 첫째 존왕천패(尊王賤霸)로 문덕(文德)으로 다스리는 왕도정치(王道政治 : 王은 大의 뜻임)를 존중하고 힘과 술수로 다스리는 패도정치(覇道政治)를 천시하는 것이며 둘째, 내하외이(內夏外夷)로 문명한 예절문화를 중심으로 하고 오랑캐의 야만 행위를 배척하는 것이며 셋째, 포선폄악(褒善貶惡)으로 효자와 충신 및 열녀를 표창하고 난신적자(亂臣賊子)를 징계하는 것이다. 더욱이 공자는 요맹(要盟)은 불맹(不盟)이라고 단언하여 강요로 맺은 맹약은 원인무효이기 때문에 맹약이 아님을 변증하였으니, 소위 을사5조약을 강행한 일본의 행위는 춘추대의에 모두 저촉된 것인즉 천인공분하는 대사건으로 인식하였다.

그리하여 전 참판(前參判) 홍만식(洪萬植)이 나라가 망한 것을 비분강개하여 독약을 마시고 여주에서 순절(殉節)하였고, 특진관(特進官) 조병세(趙秉世)는 양평으로부터 서울에 와서 각국의 공관에 이등박문이 늑약(勒約)한 사실을 통고하였으니 그 내용을 번역하면 다음과 같다.

　"우리나라가 세계 속에서 자주독립한 것은 천하가 아는 바입니다. 일본은 우리나라에 대하여 마관조약으로부터 오늘날 일러전쟁이 개전할 때까지 선전포고문과 한일의정서에서 우리의 독립과 영토를 보전한다고 말하지 않음이 없었으며 각국에 성명한 것도 또한 천하가 아는 바이고 역시 귀국 공사도 아는 바입니다.

　이번에 일본대사와 공사가 하나의 조약 초안을 가지고 우리나라 궁중으로 들어와서 강제로 조약문에 도장을 찍었으니, 그 조약문의 뜻인즉 일본통감부를 우리나라에 설치하여 우리나라의 외교를 일본에 이전한다는 것입니다. 이렇게 될 것 같으면 독립이 변질하여 종속하는 땅이 되니, 종속하는 땅은 마침내 멸망으로 끝날 것입니다.

　우리나라 황제폐하가 인준하는 허락을 내리지 않았고 참정대신이 굳게 고집하여 거부하였으나 일본대사가 위압적으로 협박하면서 헌병을 인솔하여 궁궐을 포위하고는 두려워서 동요한 몇 명의 신하에게 핍박하며 가부(可否)를 물어서 서명하게 하였으니, 처음부터 일반적인 격식을 갖추지 못했고 강제로 외부(外部)의 관인을 가져다가 찍게 하고 물러가면서 말하기를 조약이 확정되었다고 주장합니다.

　오늘날 저 천하의 대체적인 형세가 약소국으로 열강의 사이에 처하여 스스로 온전함을 얻은 것은 다름이 아니라 믿는 바가 이웃 나라의 우의(友誼)이며 의지하는 바는 공법(公法)입니다. 삼가 살피건대 공법회통(公法會通) 제405장에 말하기를 "조약을 협의한 사람이 혹 핍박을 받았다면 그 조약은 역시 폐지해야 된다."고 하였습니다.

　그렇다면 조약을 의논하여 정하는 법은 임금의 허락을 받아 신하들이 협의하여 논의해서 양국이 화합적으로 타결해야만 바야흐로 조약이라고 할 것이요 위압적으로 공갈협박해서 제재를 가하였다면 비록 조약을 했더라도 무효이거늘, 그 어찌 압제를 받아 마음대로 그들이 하는 바를 입다물고 있으리까.

일본이 우리나라에 대하여 강대국임을 믿고 약소국을 능멸하니 이미 이것은 법도를 벗어난 행위이며 하물며 우리나라와 귀국 공사는 우호조약을 체결한 지 몇 해가 되었는데 이에 마음대로 외교권을 탈취하여 옮기려고 하니, 이는 비단 우리나라만 능멸한 것이 아니고 이에 귀국 공사도 능멸한 행위입니다.

귀 공사가 우리나라에 주차하고 있으니 의리에 동포와 같거늘 사람에게 빼앗김을 당하여 직접 우호교류하는 길을 행할 수 없다면 이는 단지 우리나라만 위험하고 절박한 고통과 번민일 뿐만 아니라 참으로 귀 공사의 체면과 권한에도 손상이 있는 문제입니다.

이제 많은 사람들이 그 억압을 당하고도 이론적으로 밝힐 줄을 알지 못하므로 나 자신이 원로대신이기에 우리나라의 선례(先例) 사실을 종합적으로 헤아리고 국무회의에 참여하여 들어서 나라의 주권을 회복하려고 노력하면서 이에 감히 글월을 봉투에 담아 우러러 알리오니, 귀 공사가 하여금 각 공관에 사실을 비추어 조사하여 이웃 나라의 우의와 공법에 따라 의리에 마땅히 좌시할 수 없다는 뜻으로 회의를 통지해서 즉각 회동담판하여 그 늑약을 부인하여 우리나라로 하여금 주권을 잃지 않도록 하고 멸망에 이르지 않게 하시면 우리나라는 참으로 큰 은혜를 입고 천하가 모두 의거라고 칭송할 것입니다.

말씀이 뜻을 다 표현하지 못했사오니 널리 살펴주시기를 바랍니다."

조병세는 이어 일본공사 임권조에게 편지를 보내 일본정부에 건의하여 5조약의 취소를 요청하라고 요구하고, 또한 일백 관료를 인솔하여 5적을 처단할 것을 상소하였다.

이에 이등박문은 이 조약을 시행하기 위하여 거금 300만 원을 가지고 두루 내외요로에 뇌물을 주어 조약의 성립을 기정사실화하려고 광분하면서 조병세를 체포하여 정동헌병소에 구속하였다.

11월 4일, 시종무관장(侍從武官長) 민영환(閔泳煥)이 조병세를 대신하여 소수(疏首)가 되어 일백 관료를 인솔하고 상소를 올린 다음 국민에게 고하는 글과 각국공사에게 알리는 글을 남기고 순절(殉節)하였으니 그 글을 번역하면 다음과 같다.

국민에게 고(告)함

아~, 나라의 수치와 국민의 모욕이 이제 여기에 이르렀도다. 우리 인민의 운명이 장차 생존경쟁 속에서 모두 멸망하게 되었도다. 무릇 살기를 노리는 자는 반드시 죽고, 죽기를 기약한 자는 사는 것이니 여러분들이 어찌 알지 못하리요. 나는 한갓 한번 죽음으로써 우러러 황제의 은혜에 보답하고 우리 2천만 동포형제에게 사죄하려고 한다. 나는 죽어도 죽지 않을 것이니 땅 속에서 제군을 도울 것을 약속한다.

다행히 우리 동포가 천배 만배로 더욱 분투노력하여 이에 의지력과 기개를 굳세게 가지고 그 학문에 힘써 단결하고 협력해서 우리나라의 자유독립을 회복하면 죽은 사람이 저승에서라도 마땅히 웃음을 머금을 것이다.

아~, 소금이라도 실망하시 말라. 우리 내한세국 2천만 동포에게 영결을 고하노라.

각국 공사에게 고함

나는 나라를 위함에 잘하지 못하여 나라의 형세와 인민의 운수가 이에 여기에 이르렀으니 한갓 한번 죽어서 황제의 은혜에 보답하고 2천만 동포에게 사죄한다. 죽은 사람은 그만이려니와 우리 2천만 인민의 운명이 장차 생존경쟁 속에서 모두 멸망하게 되었으니 귀 공사가 어찌 일본의 행위를 알지 못하리까.

귀 공사각하가 다행히 천하의 공의(公議)를 중대하게 생각하고 돌아가 귀국 정부와 인민에게 보고하여 우리나라의 자유독립을 도와주면 죽은 사람도 저승에서 마땅히 웃음을 머금고 하례할 것입니다.

아~ 각하는 우리 대한을 가볍게 보거나 우리 인민의 진심에서 나온 정성을 오해하지 마시오.

특진관 조병세(趙秉世)가 일본헌병대에서 석방되어 민영환이 순절했다는 말을 듣고 국민에게 고하는 글을 남기고 역시 순절하였으니, 그 유언을 번역하면 다음과 같다.

국내 인민에게 영결을 고함

내가 죽음에 임하여 국내 인민에게 경고하노라. 아~ 강대국 이웃이 맹약을 배신하고 역적이 나라를 팔았으니 5백년 종묘(宗廟)와 사직(社稷)의 위태로움이 백척간두에 있는 것 같으며 2천만 생령(生靈)의 운명이 장차 노예가 되리로다. 차라리 나라와 함께 죽을지언정 차마 오늘날의 이와 같은 수치와 모욕을 당하겠는가.

이것은 지사(志士)가 피로 얼굴을 씻고 충신이 눈물을 삼켜야 될 순간이다. 나는 충성심과 의분에 감격하여 역량을 살피지 않고 상소문을 올리며 대궐문에서 소리치며 장차 훔쳐간 국권을 되찾고 낭떠러지에 서 있는 생령(生靈)을 구하려고 하였으나 일이 뜻대로 되지 아니하여 대세가 이미 지나갔으니, 오직 한번 죽어서 위로 국가에 보답하고 아래로 민중에게 사죄한다.

그러나 죽은 사람에게는 남은 한이 있나니 국가의 세력을 회복하지 못하고 황제의 근심을 해결하지 못한 것이다.

오직 우리 전국 동포는 내가 죽은 것을 슬퍼하지 말고 각자 분발하여 더욱 충의(忠義)에 힘써 나라를 도와서 우리나라 독립의 기초를 공고히 하여 춘추시대에 월(越)나라 임금 구천(勾踐)이 오(吳)나라 임금 부차(夫差)에게 회계산(會稽山)에서 패전했던 수치심을 가지고 와신상담(臥薪嘗膽) 노력하여 복수해서 치욕을 씻으면 나는 비록 저승에서라도 춤을 추며 기뻐할 터이니 그 일을 각자 힘쓰시오, 그 일을 각자 힘쓰오.

원로대신 조병세와 홍만식, 민영환 제공이 순절했다는 소문을 듣고 평양징상대(平壤徵上隊) 상등병(上等兵) 김봉학(金奉學)이 칼로 배를 찌르고 자결하니 광무 9년 11월 6일이었다. 일본이 소위 을사보호조약을 강제로 체결하기 하루 전에 각 부대의 양총(洋銃)을 모두 수거하여 비밀리에 그 방아쇠의 격발기를 가지고 가버렸기 때문에 한 사람의 일본인도 처단하지 못하게 되자 말하기를, "우리들을 병사(兵士)라고 호칭하거늘 나라가 망하였는데 한 사람도 죽음으로 투쟁하지 않으며 한갓 국록만 훔쳐먹으면 되겠는가? 어찌 각자 주먹을 닐러 한 놈의 일본인이라도 껴안아 물어뜯어 죽이지 않으리오." 하고 마침내 영문을 나가서 칼을 배에 대고 뛰어서 땅에 쓰러지니 칼이 등으로 나와서 죽었는데 나이가 35세였다. 이에 황제가 듣고 관원을 보내 제사를 지냈으니 그 제문을 번역하면 다음과 같다.

"때는 바야흐로 광무 9년 세차(歲次) 을사(乙巳)년 11월 경오삭(庚午朔) 9일 무인(戊寅) 황제가 신(臣) 예식원 장례(禮式院 掌禮) 이창선을 보내 증법부참서관(贈法部參書官) 김학봉(金學奉)의 묘에 치제(致祭)하여 강신주를 따르고 말하나니 국사가 위태롭고 절박함에 충신의 의분이 격렬하여 다른 것을 돌아볼 겨를이 없이 생명을 가볍게 버려서 절개를 세우니 국가를 위한 대의(大義)가 해와 달과 밝음을 다투도다. 몸은 군인의 자리에 있었으나 한결같은 생각은 위대하였나니 높고 큰 붉은 정성은 옛날에도 있지 않았도다. 이에 죽어서 떠나가니 가상하고 가상하도다. 어떻게 찬미하리요, 충신의 집 앞에 정문(旌門)을 세우는 예법이 있도다. 치제(致祭)하여 강신주를 따르는 의식을 거행하니 신령은 거기에 이르러 머물라."

이어 학부 주사(學部主事) 이상철(李相哲)이 비분강개하여 자살하니 나이가 30세로 노모가 있었다. 또 인력거꾼이 종일 통곡하다가 자살하는 등, 일제의 강제 보호조약에 반대하여 온 나라 국민이 일손을 놓고 비분강개하면서 물끓듯 하였다. 특진관(特進官) 박기양(朴箕陽)이 의정(議政) 이근명(李根命)을 애써 권유하여 일백 관료를 거느리고 조정에서 5적을 토죄하고 조약을 파기할 것을 연일 요청하니 일본군 한국침략군사령부가 박기양을 구속하고 협박하며 말하기를, "조정에서 요청하려면 그대 스스로 할 것이지 어째서 이근명 의정을 종용하였는가." 박기양이 분노하며 말하기를 "우리나라의 법이 상신(相臣)이 아니면 일백 관료를 인솔하여 조정에서 임금에게 요청할 수 없기 때문에 내가 이 의정을 일어나도록 하였다." 하고는 끝내 입을 다물고 7~8일을 굶으니 석방하였다.

전 첨사(前詹事) 이상설(李相卨)이 울분을 이기지 못하여 죽을 방법이 없자 이에 종로 보신각(普信閣)에 올라가 앞에 모인 군중을 향하여 통곡하면서, 국가가 몰락한 이유와 신하는 마땅히 죽어야 되는 의리를 낱낱이 밝히고 땅으로 몸을 던지니 돌에 부딪혀 쓰러지면서 머리가 깨어져 피가 솟아 혼절하였다가 열흘 만에 소생하였다.

전 참정(前參政) 최익현(崔益鉉)이 현감을 통하여 봉소(封疏)를 올리니 상소문이 11월 3일에 황제가 열람하였는바, 그 글을 번역하면 대략 다음과 같다.

"생각하옵건대 난신(亂臣)과 적자(賊子)가 어느 시대엔들 없으리오마는 어찌 금번 외국과 조약하는 문서에 마음대로 관인을 찍은 박제순, 이지용, 이근택, 이완용, 권중현 같은 자가 있으리요, 당초에 저 일본대사가 이미 이 조약을 성립시키려고 왔다면 우리 정부가 반드시 알지 못할 이치는 없었을 것이며, 이미 알고서도 온 나라에 깨우쳐 인민에게 반드시 죽음으로 지켜야 되는 의리를 보이지 않고 이에 회의를 밤중에 사람이 알지 못하는 때에 열었으니 그 행위를 보면 나라를 팔아먹는 일이 이미 7~8분은 이루어졌고, 회의석상에 임하여 폐하께서 비록 곤란하고 절박하더라도 능히 한 번 황제의 위엄을 진동하여 마치 토로장군(討虜將軍) 손권(孫權)이 조조(曹操)를 토벌함에 칼로 책상을 찍으면서 강화론(講和論)을 물리치고 정벌을 결정했듯이 하시고, 참정(參政)과 여러 대신들이 능히 생명을 버리고 죽음으로 통렬하게 배척하기를 마치 선정(先正) 김상헌(金尙憲)이 병자호란에 남한산성에서 청나라에 항복하는 문서를 찢어버리듯이 하여 하여금 머리는 베어가도 조약은 성공할 수 없음을 보였더라면, 저들이 비록 군대로 위협하여 강제로 압박할지라도 응당 어찌하리까.

항차 각국 공관의 이목이 옆에서 보고 있고 우리나라 선비들이 분발하여 일어난다면 저들이 또한 어찌 모두 죽일 수 있으리까? 설사 저들이 스스로 흉측한 포악을 그치지 않고 감히 대포를 쏘아 도전할지라도 그 머리를 굽히고 마음을 낮추어 치욕을 당하며 오명을 뒤집어쓰고 사는 것보다는 차라리 일제히 기개와 힘을 드날려 임금과 신하, 아버지와 아들이 성곽을 등지고 한번 싸워서 국가사직을 위하여 같이 죽어 북지왕심(北地王諶)의 말처럼 하는 것이 낫지 않으리오.

돌아보건대 이에 계획을 먼저 정하지 않고 무서워서 벌벌 기고 두려워서 부들부들 떠니, 폐하가 비록 윤허하지 않았지만 마침내 부드럽고 나약하고 공손하고 기뻐하는 태도를 면하지 못함이 있으며, 비록 참정(參政)이 진실로 거절하였지만 겨우 가(可)자만 쓰지 않았을 뿐이므로 이래서 왜적이 감히 강제로 협박하고 박제순 등 여러 역적이 감히 마음대로 허락한 빌미가 된 것입니다.

그렇다면 박제순 이하 여러 역적은 평소 왜적의 창귀(倀鬼 : 범에게 물려서 죽은 사람의 귀신이 범에게 붙어다니며 범의 심부름꾼이 된 마귀)로서 나라를 팔아먹는 재주꾼이 되어 꺼림이 없고 어려워함이 없어 편안히 여겨 조금도 괴이하게 여기지 않으니, 이것은 진실로 만 번을 찍어 능지처참을 하여도 오히려 남은 죄가 있는 것입니다.

한규설에 이르러서도 자신이 정부의 우두머리가 되었으면서 이미 시초에 사건을 깊이 생각하지 않았고 또 그 부하들을 바르게 이끌지 못했으니 또한 어찌 직책을 더럽힌 죄를 면하리까.

또한 저 왜적은 그 조금 강성한 것을 믿고 뜻이 교만하고 기세가 넘쳐 이웃 나라를 겁탈하여 원수를 맺는 것으로 능사를 삼으며, 맹약을 어기고 조약을 파괴하는 것으로 장기를 삼아서 같은 한문(漢文)을 사용하는 대의(大義)를 생각하지 않고 각국의 공론(公論)을 돌아보지 않으면서 오로지 병탄하고자 하여 방자한 행동으로 기탄없이 날뛰는 것이 참으로 하루 아침이나 하루 저녁에 나타난 현상이 아니요, 이에 하여금 여러 해 동안 경영해서 이루어진 것인즉 그 형세가 단지 여기에서 그치지 않을 것입니다.

저들이 마관조약(馬關條約)으로부터 일본이 러시아에 선전포고하는 글에 이르기까지 모두 우리의 독립 및 영토를 보전하겠다고 말한 것이 몇 번입니까. 그들은 우리나라의 이익을 점용하고 약탈하면서 움직이면 한일 양국의 교린우의를 더욱 밀접하게 한다고 일컬음이 또한 몇 번입니까.

인민이 오히려 아직 망하지 않았고 각국의 공사가 오히려 아직 돌아가지 않았을 때에 계약문서가 다행히 폐하의 인준허락과 참정의 인가가 나오지 않았은즉, 저들이 소지한 것은 단지 여러 역적이 강요에 의하여 조인한 허위계약서에 지나지 않으므로 마땅히 먼저 급히 5적의 머리를 베어 그 나라를 팔아먹은 죄를 바로잡으며, 외부대신을 골라 세워서 빨리 일본대사관에 조회(照會)하여 그 강요한 맹약은 맹약이 아닌 허위계약서를 되찾아 찢어버리고 또 급히 각국 공관에 통지하여 다같이 한자리에 회의를 열어서 일본이 강대함을 믿고 약소국을 능멸한 죄악을 설명해야 합니다.

이렇게 하면 폐하의 심사와 인민의 진정한 소원이 천하에 밝게 퍼져서 만국의 인민으로 하여금 또한 우리 임금과 신하의 본심을 알게 하여, 분발하여 떨쳐 일어나는 공력으로 망하는 운명을 바꾸어 존립케 하고 죽음을 되돌려 소생시킬 수 있을 것입니다.

오늘날 이에 한결같이 두려워서 움츠리기만 할 따름이라면 두려워하는 것은 망하는 것뿐이니 이제 이미 망하였거늘 다시 무슨 두려움이 있으리까. 가령 이로 인하여 저들의 분노를 더할지라도 폐하는 홀로 위대한 명(明)나라 의종(毅宗) 황제가 국가사직을 위하여 죽은 의리를 듣지 못했나이까.

또한 폐하께서는 박제순 등 5적을 어떻게 생각하십니까. 저들은 비록 외세를 빙자하여 임금과 아버지를 협박하였지만 오히려 우리나라의 신하요 아들입니다. 이제 만약 한번 호령을 내리시면 만민공동의 원수를 처단하는 의리로써 사법부에서 형벌을 주기를 기다릴 것도 없이 역적의 시체가 이미 거리에 진열될 것입니다.

신은 이 망극한 보도를 듣고도 질병으로 거의 죽을 지경이라 들것에라도 실려 대궐로 달려가서 의리를 다하는 소원을 펼 수 없으므로 억지로 약간의 정성을 모아 글월로 바꾸어 혈성을 아뢰면서 머리를 돌려 북쪽을 바라보니 눈물이 비오듯 하노이다.”

이 상소문에 대한 황제의 비답(批答)은 대단히 애매하였으니 말하기를, “경(卿)의 근심하고 분노한 정성으로 진실로 이러한 말이 있을 줄 알았으며 또한 스스로 짐작하여 헤아린 것이 있나니, 대신(大臣)의 연명상소에 비답한 내용을 보면 거의 헤아려 알 것이다.”고 하였다.

이에 최익현은 14일에 다시 두번째 상소문을 올렸으니, 그 내용을 번역하면 다음과 같다.

“신은 엎드려 비답(批答)을 받아 받들어 읽고 당혹하였으니 짐작하여 헤아린 것이 있다고 말씀하신 것은 의심컨대 결정을 못하신 말로 그 사람들에게 죄를 줄 수도 죄를 주지 않을 수도 있다는 중간이라는 뜻입니까. 5적과 같은 자는 위로 국가사직을 편안케 하기 위하여 죽은 성스러운 임금의 가르침을 의식하지 않았고, 아래로 참정이 진실로 거절한 각료의 논의를 인정하지 않으면서 마음대로 조종(祖宗)이 서로 전한 강토와 인민을 한밤중에 종이쪽지로 왜적에게 넘겨주었으니, 이것은 곽개(郭開)나 진회[秦檜 : 남송의 정치가로 고종 때 재상이 되어 금나라의 위력을 두려워하여 화의를 주장하였고, 악비(岳飛)를 비롯한 주전파를 모살하였음]도 하지 않은 바이거늘 박제순 등이 하였으니, 이는 그 죄가 비록 다섯 수레로 찢어죽이고 그 10족을 도륙해도 오히려 귀신과 사람의 분노를 씻기에 부족합니다. 대저 무슨 의심이 있어서 임금의 말씀이 느릿느릿함이 이에 이와 같습니까.

이미 대소신하와 서민대중들이 분개해서 주먹을 불끈 쥐고 시끄럽게 떠들며 역적의 머리를 베일 것을 요청할 뿐만 아니라 상소문이 줄을 잇고 편지가 쌓이며 또 대신(大臣)과 재신(宰臣) 및 미미한 벼슬아치나 낮은 계급의 병졸과 인력거꾼이 죽음으로 간한 사람이 목덜미와 등이 서로 바라보듯이 빈번함은 황제의 지극한 뜻을 돌리지 못함을 근심한 것이 아니리까.

신은 목을 뻗치고 주목하면서 폐하가 한번 분노하는 위엄을 보려고 기다린 지 오래 되어도 들리지 아니하니, 신은 또한 의심컨대 폐하가 5적을 죽여야 함을 알지 못한 것은 아니나 특별히 공론이 크게 일어나기를 기다려서 나라 사람들과 더불어 함께 죽이는 것이 낫기 때문이고 역적을 애호하여 차마 죽이지 못한 것이 아니며, 저들을 비호하는 일본의 세력이 두려워서 감히 죽이지 못한 것이 아니라고 생각했습니다.

어찌 천지, 조종(朝宗), 귀신, 초목, 내외 국민이 이 역적을 원수로 여기지 않음이 없는데 오직 폐하만 원수로 여기지 않을 이치가 있으리까. 어언 간에 날이 흘러가고 달이 바뀌어 수 10여 일이 지났으나 끝내 역적을 죽이라는 명령을 듣지 못할 뿐만 아니라 이에 도리어 더하여 나아가 역적을 정부의 장관이 되게 하고 또한 가끔 여러 신하에게 권유하여 하여금 화합하라고 하시니 신은 이에 가슴을 치고 발을 구르며 목이 메도록 하늘을 외치며 슬퍼하나이다.

아~, 폐하는 진실로 이 역적들을 죽여야만 하는 죄가 없다고 생각하십니까, 참으로 이 역적들을 애호할 만해서 그들로 하여금 벼슬에 나아가게 하고 그들로 하여금 화합하라고 하셨습니까. 그들이 진실로 폐하의 큰 원수가 되지 않으므로 천지, 조종(祖宗), 귀신, 초목, 내외 국민의 희망을 모두 돌아보지 않으십니까. 아니면 또한 그들이 역적이 되고 원수가 되지만 곧 저들을 비호하는 일본의 세력이 두려워서 감히 죽이지 못합니까.

가령 저들을 끼고 도는 일본이 진실로 두렵다고 하더라도 이제 폐하가 두려워하는 바가 과연 무엇입니까. 폐하는 국가가 있습니까, 토지가 있습니까, 인민이 있습니까. 국가가 없고, 인민이 없다면 폐하가 두려워한 것은 곧 명예와 공경을 잃을까를 두려워하는 것에 지나지 못합니다. 저 역신들이 그 이익을 더하려는 것이 있다면 폐하가 비록 더할 수 없는 높은 작위와 많은 봉록을 더 주더라도 저들이 어찌 일본의 대훈신(大勳臣)이 되는 것을 마다고 하여 폐하로 그 이익을 삼지 않으리요. 역적을 죽여도 면하지 못하고 역적을 죽이지 않아도 또한 면하지 못한다면 차라리 역적을 죽여서 천지, 조종(祖宗), 귀신, 초목, 내외 국민의 소망이나 통쾌하게 할 일입니다.

폐하가 두려워한 바가 어떤 일입니까, 또한 저들이 말한 바 통감(統監)이라는 자가 오래지 않아 들어올 것인데 길에서 듣기로 장차 경복궁(景福宮)을 줄 것이라고 하니, 이것은 폐하가 다만 나라가 없고 땅이 없고 인민이 없을 뿐만 아니라 아울러 또한 집도 없는 것입니다. 아~, 비통합니다. 폐하가 40년간 임금노릇을 하고도 어찌하여 집없는 사람이 되었습니까.

문득 또한 폐하가 하신 바를 알 수 없는 것이 있나니 대저 저 민영환(閔泳煥), 조병세(趙秉世), 홍만식(洪萬植)은 혹 원로대신으로서, 혹 정부의 중신으로서 혹 향리에 있는 퇴직관료로서 생명을 깃털처럼 가볍게 버렸고, 이상철(李相哲), 김봉학(金鳳學)은 혹 낮은 관리로 아래에서 복무하고 혹 말단의 졸병인데도 이에 능히 나라가 망하는 것을 부끄러워할 줄을 알아서 하루 아침에 생명을 버렸으니, 이들은 그 정충대의(精忠大義)가 해와 달처럼 빛나므로 폐하가 진실로 포장(襃奬)한 것은 잘한 일입니다.

그러나 이미 죽은 사람들을 충신으로 인정했다면 죽은 사람들이 죽은 이유는 과연 무엇입니까, 그들은 역적을 토죄하려고 해도 되지 않고 임금을 간하여도 듣지 않으므로 3천리 강토와 수천만 생명이 멸망의 구렁텅이로 떨어지는 것을 차마 볼 수 없었기 때문입니다. 그렇다면 무릇 저 5적들이 역적이 됨을 폐하도 또한 그렇지 않다고는 말하지 못할 것입니다.

아, 곽공[郭公 : 이름은 적(赤)인데 춘추시대에 조(曹)나라 희공(僖公)이다. 오랑캐가 조나라를 침략하여 포로로 잡아갔던 적을 임금으로 세우니 꼭두각시였다. 『춘추(春秋)』 장공 25년조 참조]이 좋다고 하라면 좋다고 하고 싫다고 하라면 싫다고 하다가 나라를 망쳤던 일을 어찌 폐하에게서 다시 보리라고 생각이나 했으리오.

아, 오늘날은 임금과 신하와 백성이 함께 멸망하는 순간입니다. 비유하면 장차 운명하려고 하는 사람에게는 일백 가지 약을 받아들이지 않고 오직 한 가지 써볼 것은 독삼탕(獨蔘湯)이 있나니, 남은 한이나 없도록 하는 것처럼 그가 반드시 죽을 것을 분명히 알면서도 이 한 가지 한이 뒷날에 남는다면 어찌 거듭 비통하지 않으리까.

역적을 토죄하여 죽이고 각국 공사를 불러 합동설명회를 열며 허위조약문서를 도로 찾는 것이 이제 마땅히 시도할 독삼탕(獨蔘湯)입니다.

그러므로 이에 폐하를 대단히 두렵게 하여 말하였지만 그 내용은 이에 하늘의 대원칙이고 땅의 근본 뜻이니 그만둘 수 없는 일입니다. 한(漢)나라와 당(唐)나라가 오랑캐에 대하여 중립(中立)하여 쉽게 행했던 바이니 폐하는 또 무엇을 의심하리까.

신은 또 흘러 전하여 미치는 바를 듣건대 폐하가 여러 신하에게 권유하여 하여금 역적과 더불어 화합하여 좋게 지내라고 한 것은 폐하의 본의에서 나온 것이 아니고 이에 사이에서 주선한 사람이 있다고 하는데 알지 못합니다만 과연 그렇습니까. 사실이라면 이 역적은 오히려 박제순, 이지용의 무리보다도 더욱 심한 역적이라고 할 것입니다. 급히 이 역적의 목을 베어서 간악한 꾀를 잘라버려야 마땅합니다. 이것도 할 수 없다면 이제 폐하는 모두가 조정의 신하로 하여금 역적이 되라고 가르쳐도 금지시키지 못할 것이니 신은 그윽이 폐하를 위하여 통석(痛惜)해 합니다.”

이어 경연관(經筵官) 곽종석(郭鍾錫)과 전지평(前持平) 전우(田愚)가 상소하였으며, 영유군수(永柔郡守) 박용관(朴容觀)과 시흥군수(始興郡守) 김종국(金宗國)이 사직하고 돌아갔다. 진남포(鎭南浦) 사람들이 5적을 토죄하려고 도모하다 사전에 발각되어 일본 헌병대에 14명이 체포당했다.

1905년 11월 21일 민영환을 용인(龍仁)에 장사지냄에 임금이 친히 계단을 내려와서 멀리 보내며 경례를 표시하였고, 각국의 공사와 영사 등이 와서 조문하여 관을 어루만지며 비통해 하고, 위로 관료로부터 아래로 방방곡곡의 하인, 아낙네, 걸인까지 나와서 길을 메우고 통곡하며 보내니 소리가 들판에 가득하였다.

일본은 대한제국의 외부(外部)를 폐하고 그 업무를 일본 동경으로 가져간 다음 그 자리에 통감부(統監府)를 설치하여 12월에 학원정길(鶴原定吉)이 총무장관으로 먼저 와서 이등박문이 오기를 기다림과 동시에, 각 항구에 이사청(理事廳)을 설치하고 또 일진회(一進會)로 하여금 국민신보(國民新報)를 창간하게 하여 왜풍(倭風)보급과 여론조작에 힘썼다.

전 승지(前承旨) 유도성(柳道成)이 안동(安東)에서 만인소(萬人疏)를 올리기 위하여 통문(通文)을 가지고 상경하고, 전 승지(前承旨) 이중태(李中泰)가 홀로 상소문을 올리기 위하여 서울에 왔으나 모두 일본 헌병에게 발각되어 구속당했다.

최익현이 유회(儒會)를 노성(魯城) 궐리사(闕里祠)에 설치하고 의병을 일으켜 왜적을 토벌할 대책을 강구하니, 영남의 정재규(鄭載奎)와 호남의 기우만(奇宇萬) 등이 호응하였다.

11월 30일에 전 대사헌(前大司憲) 송병선(宋秉璿)은 시호(諡號)를 청하지 말고 예장(禮葬)을 받지 말며 입던 옷으로 염(斂)하라고 유언하면서 약을 마시고 순절(殉節)하였다. 송병선은 전후 두 번에 걸쳐 상소를 올리고 또 유소(遺疏)와 인민에게 고하는 글과 문인(門人)에게 알리는 글을 남겼으니, 번역하면 다음과 같다.

아~, 난신적자(亂臣賊子)가 사람과 가정과 나라를 망하게 하는 것이 어느 시대에는 없으리오만 천지개벽 이래로 어찌 박제순, 이지용, 이근택, 이완용, 권중현과 같이 지극히 사납고 아주 모진 행위가 있으리오.

대저 3천리 강역(疆域)은 역대 조상의 토지요, 백천만 인민은 역대 조상의 아들이므로 비록 폐하의 존귀함으로도 오히려 사사롭게 자의적으로 남에게 양여할 수 없거늘, 하물며 폐하에게 신하된 자가 어찌 감히 마음대로 주고 빼앗아 우리 500년의 종묘(宗廟)와 사직(社稷)을 뒤엎을 수 있으리까.

아, 저 5적은 왕실과 지극히 가까운 종친이요 여러 대를 두고 높은 벼슬을 지낸 신하로 저희 할아버지와 저희 아버지가 깊이 입은 여러 임금의 은덕을 생각하지 않고 교활한 호로(胡虜)들에게 아첨하며 임금을 협박해서 허위로 조약을 맺어 임의로 조인하였으니 고금의 천하에 이 무슨 대변이리오. 나라 사람이 모두 말하기를 죽여야 옳다고 하는데도 아직까지 육시하여 현시해서 신하와 인민의 분노를 시원하게 풀지 못했으니 곧 또한 어떤 모양의 재앙이 일어날지를 알지 못하겠나이다.

드러나지 않고 몰래 숨겨져 있는 시일이 여기에 이르렀으니 그 종묘와 사직과 인민을 어찌 하렵니까. 저 5조약은 곧 우리를 노예로 만드는 것이고 우리를 신첩(臣妾)으로 만드는 것입니다. 그렇다면 역대 조상의 강토가 모두 다른 나라의 영역이 되고 역대 조상의 아들이 모두 짓밟히고 으깨어져서 아주 결단이 나게 되므로 나라가 나라꼴이 되려고 하여도 어찌 가능하리까.

나라는 비록 망하더라도 정의는 없을 수 없으니 곧 신이 목욕하고 토벌을 요청하는 것은 한갓 신의 말이 아니고 이에 온

나라의 공론입니다.

바라옵건대 임금께서는 급히 나라의 형벌을 시행하여 위로 조정의 기강을 세우고 아래로 인민의 감정을 위로하소서.

그윽이 엎드려 듣건대 영부사(領府事) 조병세, 보국(輔國) 민영환, 참판(參判) 홍만식이 순절한 일은 우리 조정의 문명한 교화(敎化)가 사람의 골수에까지 스며들어서 이에 임금이 치욕을 당하면 신하는 죽어야 하는 의리를 지켜야 함을 더욱 알게 하였으니, 다섯 역적의 도당이 어찌 한 순간이라도 천지간에 살게 할 수 있으리오.

오직 폐하는 신속하게 왕권으로 나라를 판 죄를 바로 다스려 우리의 당당한 예의의 나라로 하여금 천하 후세에 웃음거리가 되지 않도록 하소서.

유언으로 남긴 상소문

장차 죽을 신하 송병선은 생명을 끊으려고 함에 삼가 북쪽을 향하여 피눈물을 흘리며 글월을 올려 우리 임금님께 결별을 알립니다.

생각건대 신은 역적을 토죄하고 협약을 폐기할 일로 상소와 차자를 올리고 처분을 기다린 지가 이미 며칠이 되었으므로 여러 번 대안(對顔)을 신청하였으나 임금의 건강이 편안치 못하다고 하기 때문에 대궐문에서 명령을 기다렸는데 경무사(警務使) 윤철규(尹喆圭)가 신에게 와서 말하기를, 만약 복합문(伏閤門 : 나라에 큰 일이 있을 때 조정의 신하나 유림이 대궐에 이르러 엎드려 상소하는 문)에 가고자 한다면 허리가 굽은 병으로는 근력이 반드시 지탱하기 어려울 것이라고 하면서 신을 부축하여 교자에 태우고 교자의 문을 내린 다음 삽시간에 성문 밖에 도착하니 순검(巡檢)과 일본순사가 칙명(勅命)을 사칭하며 신의 몸을 붙잡고 만단으로 곤욕을 주며 위협하여 차에 싣고 곧장 공주(公州)에 이르렀다가 대전(大田)으로 가서 마침내 고향으로 돌아오게 되었습니다.

그 때를 당하여 죽으려고 해도 방법이 없어서, 신이 몸으로 모욕을 당했음은 진실로 애석할 것이 없으나 조정이 모욕을 당한 것을 어찌하며, 사림(士林)이 모욕을 당한 것을 어찌하리까.

아, 여러 역적을 베지 못하고 강제협약을 되찾아 오지 못하면 5백년 종묘사직이 오늘로서 망하고 3천리 강토가 오늘로서 없어진 것이며 수천만 인민의 정신이 오늘로서 살아진 것이고 4천 년 도덕의 맥박이 오늘로서 끊어진 것입니다.

신이 오늘날에 살아서 무엇하겠습니까. 장차 죽어서 지하에서나마 우리 역대 임금을 모시고 여러 옛 성현과 함께 하여 춘추대의(春秋大義)를 저버리지 않겠나이다.

엎드려 바라건대 임금은 살피고 동정하여 명확히 순사(殉死)의 정의(正義)를 판단하여 급히 여러 역적들을 처단하고, 왕권을 신장해서 급히 늑약(勒約)을 폐기하여 국권을 회복하고, 사람을 가려서 직무를 맡겨 우리 인민을 보호하여 종묘의 사당문을 힘이 없는 데서 새로 설치하고 도덕의 맥박이 거의 끊어진 데서 다시 일어나게 하면 이것은 신이 죽은 날이 오히려 다시 태어난 해가 될 것입니다. 정신이 흐릿하고 기가 막혀 말을 재단할 줄을 알지 못하므로 삼가 죽음을 무릅쓰고 알립니다.

전국 인민에게 호소하는 글

병선은 초야의 사람이지만 문을 걸어 잠그고 글을 읽어 분수와 의리를 이에 지키며 저 세상의 도덕이 흥하고 바뀌는 것과 같은 것은 오직 부차적으로 조금 공부한 것을 이에 믿었으나, 이제 국가가 거의 망하고 인민이 모두 죽어가는 날을 당하여 이미 만세에 태평을 여는 공을 경영하지 못했고 또 한 세대의 기어다니는 어린애를 구원함도 없이 이 참혹한 현상을 차마 보리까.

차라리 문득 알지 못하는 것이 더욱 낫겠기에 오직 한 번 죽음으로써 국민에게 사죄하렵니다.

아~, 우리 국민은 이 경쟁의 세계를 당하여 이미 자비로운 인간이 없으니 곧 장차 그 무엇을 믿고 살겠는가. 대저 마땅히 죽어야 될 곳에서 살면 살아도 죽는 것이요, 마땅히 죽을 곳에서 죽으면 죽어도 산다는 것을 각자 생각하여 주기 바랍니다.

예로부터 말하기를 민중의 마음이 성곽이 된다고 하였으니 우리나라 인민이 분발하여 무섭게 한 마음으로 단합하기를 오직 소원합니다. 임금에게 충성하고 상관을 위하여 죽으려는 마음만이 최상의 해결방법이니, 아무리 억눌려도 뜻을 굽히지 않고 아무리 겁주어도 변절하지 않으면 하느님이 마음으로 재앙을 내린 것을 뉘우쳐서 생명을 보존하는 날이 있을 것입니다.

그렇지 않고 나약하거나 게을리하여 한결같이 흩어지면 내가 장차 땅속에서 우리 국민을 차례로 만날 날이 얼마 없을 것이니 아~, 그것을 각각 생각하시오.

문인(門人)에게 알림

그윽이 생각하건대 유생(儒生)이 되기가 가장 어렵나니 인(仁)을 자기의 책임으로 삼아 죽은 뒤에야 끝난다는 성인의 가르침이 있도다. 오늘날을 보건대 하늘과 땅이 뒤바뀌어 문화국이 야만국으로 전락하고 인간이 금수로 타락하였으니, 오직 동지들에게 바라건대 더욱 노력하여 정의로운 진리를 토론하고 밝혀서 우리 유도(儒道)가 거의 끊어져 가는 맥박을 붙들어 일으켜서 하여금 맥락이 끊어지지 않게 하여 옛날 성현의 경지에서 충성을 하기로 결심하는 것이 이 늙은이의 구구한 소원이니 천번 만번 소홀히 여기지 말라. 이것은 작은 일이 아니다.

송병선의 집에 하녀 공림(恭林)이 매우 가련하게 생각하여 소인도 마땅히 순절하겠다고 하면서 부엌칼로 목을 찔러 자결하니, 공림의 이름이 나라에 진동하여 송병선의 묘 아래에 장사지냈다.

장성 출신 기산도(奇山度)가 칼을 품고 이근택의 집에 가서 찔러 죽이려다가 거동이 수상하여 이근택이 묶어놓고 신문하니 기산도가 말하기를, "너는 5적이니 죽이고자 하는 사람이 어찌 홀로 나뿐이겠느냐. 나는 다만 너를 죽이려는 계획이 주밀하지 못하여 어쩌다가 탄로나게 되었지만 오직 5적을 모두 목베기 위하여 지금까지 살았을 뿐이다. 성공과 실패는 하늘의 뜻이다. 물어서 무엇할 것이냐. 너는 역적이니 오늘 나를 죽이라"면서 꾸짖었다. 이 사건으로 남원의 노영현(盧永鉉)이 일본군 한국침략사령부에 기산도와 함께 구속되었다.

기우만(奇宇萬)이 전라도 지역에 통문을 보내 5적을 토벌할 것을 청하였다.

각국의 공사가 철수하여 돌아가고, 일본에 주재했던 한국공사 조민희가 철수하여 돌아왔다.

일본에 가서 공부하던 한국유학생 30여 명이 본국의 강제협약소식을 듣고 일본정부에 그 부당성을 논하는 글을 보냈다가 모두 퇴학당했다.

청나라 강유위(康有爲)가 미국에 있으면서 한일협약에 대한

소문을 듣고 시를 지어 애도하였으니 다음과 같다.

한국을 슬퍼하며

8도의 산천은 오직 푸르지만
옛날에 기자를 봉했던 땅이 신령하지 않구려
은나라의 후예가 오히려 너를 보존했나니
진나라와 초나라가 싸웠던 춘추시대에도 가히 이름이 있었네
보호하는 사람이 있으니 어찌 사신을 보내리오
태평하여 무사할 때에 군대를 길러야 했도다
한양에 왕족이 오늘에 다하니
종묘의 제기를 어루만지며 눈을 감지 못하리

일본은 야밤에 강제로 날인한 한일협약을 보호조약이라고 선전하면서, 한국의 조야가 물끓듯이 일어나 을사5조약의 폐지를 주장하는 공론을 압살하고 협약의 실천에 착수하여, 광무 10년(1906년) 1월에 통감부를 설치하기 위하여 서울의 일본공사관을 철거하였다. 그 동안 일본공사 임권조(林權助)는 7년간 재직하면서 우리나라의 일에 간섭하지 않은 것이 없었으니, 위협하고 유혹하여 뇌물을 먹어야만 그쳐 장물(贓物)과 돈을 억수로 가지고 돌아갔다.

2월에는 통감부를 설치하여 임시통감대리로 장곡천호도(長谷川好道)가 들어앉았고, 3월에 일본통감으로 이등박문이 들어와서 조선의 해관(海關)을 담보로 1천만 원을 일본 흥업은행(興業銀行)에서 차관하여 한국침탈비용으로 썼다. 지난해에 처음 차관한 돈이 300만 원이고 또 200만 원, 또다시 150만 원을 차관하였으므로 이제 도합 1,650만 원을 차관했으니 차관조건

이 연 6.5%에 5년 내에는 상환을 허락하지 않음으로써 경제적 지배를 강화하였다. 또한 불안한 민심을 잠재우기 위하여 황태자(皇太子)의 재혼간택령을 내리게 하면서 한편으로 지방의 반항을 진압하기 위하여 13도의 각 군지도(郡地圖)를 내부(內部)에서 취합토록 주밀하게 대비하였다.

7. 양반과 유생의 의병 봉기

일본의 통감정치하에 황태자의 재혼간택령이 내려졌다. 이에 서울에서부터 13도에 이르기까지 사족(士族)의 처녀는 15세부터 19세에 이르기까지 모두 국혼(國婚) 전에 혼인을 허락지 않고, 지방관은 명단을 작성하여 처녀의 집안으로 하여금 서울로 올라가게 하였으나 들은 사람이 그윽이 비웃으며 말하기를, "먼 시골 여자를 뽑아다가 어디에 쓰겠는가, 집을 쪼개서 의병을 일으킬 도끼를 만들어야 될 판이다." 하였다. 일이 이 지경에 이르렀으니 아무도 듣지 않고 예전처럼 거리낌없이 혼인하였다.

국가의 자주독립을 절규하는 애국자는 죽음으로 내몰고 친일파는 요직을 독차지하는 상황에서, 한국의 인민은 일본총통 통치하에 벼슬하는 자를 매국노의 일당으로 지목하여 증오하고 저주하는 데 서슴지 않았다. 이등박문의 간교한 계책은 완전히 수포로 돌아가고 오히려 반감을 더해 경기도, 강원도, 충청도, 경상도에서 의병이 크게 일어나, 협박으로 조인한 5협약의 폐기무효를 선언하며 모두 일본인을 죽이겠다고 선전포고하였다. 이때의 의병은 대개 마을의 서숙(書塾)이나 학당(學堂)을 중심으로 작은 부대를 형성하여 심산유곡에 웅거하여 일어났기 때문에 일제의 군경이 대항하기 쉽지 않으므로, 통감부는 민간의 서당을 금지시키고 신학교(新學校)를 세워서 관심을 돌리려고 하였다.

이에 경북관찰사 신태휴(申泰休)가 가장 먼저 서당을 금지하고 위반자를 처벌하니, 선비와 민중이 분개하여 성학(聖學)을 폐지하고 사교(邪敎)로 들어가게 한다고 하여 의병에 가담하는 사람이 날로 늘어났다.

전 주사(前主事) 이건석(李建奭)이 황간(黃澗)에 살면서 지난 해 겨울에 전 승지(前承旨) 이석종(李奭鍾)과 을사협약을 파기하라는 상소문을 가지고 상경하려다가 일본 헌병에게 발각되어 일본군 한국침략사령부에 구속당했는데, 갖은 유혹과 협박에도 끝내 굴하지 않고 피를 토하고 죽었다.

여름 4월에는 지방조사회(地方調査會)를 설립하여 산천과 강역의 형편과 원근을 조사하고 각 지역에 의병을 해산하라는 선유사(宣諭使)를 보냈고, 일본군 한국침략사령부는 헌병 2개 중대를 충청과 경상도에 파견하였다. 그러나 300년간 정자(程子)와 주자(朱子)의 도학(道學)으로 심신을 수련하며 청(淸)나라의 야만적인 종속문화를 단호히 거부하며 동방 제일의 예의 문화를 건설했던 산림학자양반에게 있어서 일본침략에 대항하여 무력토벌을 결행하는 것은 당연한 의리였으므로, 임금의 해산명령을 조작으로 단정하고 대대적인 토벌계획을 다투어 추진하였다.

을사5조약이 발표되자 충남 정산(定山)에 은거하던 전 참판(前參判) 민종식(閔宗植)은 이용규(李容圭), 이세영(李世永), 채광묵(蔡光默) 등 의병동지를 규합하고 가재(家財)를 팔아 무기를 구입하며 격문과 각국의 사신에게 보내는 애소문(哀訴文)을 기초하던 중 일본 헌병에게 발각되었다. 이에 동지 340명과 함께 청양(靑陽)을 거쳐 보령(保寧)으로 피해 가서 충청남도 및 전라북도 지역에서 의병 250여 명을 모집하여 4월 18일 홍산(鴻山)에서 의병을 일으켜 왜적을 토벌하고 무기를 수집, 26일 홍주성(洪州城)을 공격하여 함락하고 대포 10여 문을 노획하여 성문을 지켰다.

홍주성을 점령한 민종식 의병대장은 임전태세를 강화하고 공주(公州)로 진출해서 호남의 의병세력과 합류하여 대대적인 토벌을 계획하였다. 이렇게 되자 이등박문이 일본군 한국침략 사령관 장곡천에게 출병을 명하여 일본군 서울남부수비대 2개 중대와 홍주, 공주, 전주의 일본군과 헌병, 경찰대 및 한국군 진위대의 병력을 합세시켜 홍주성을 포위하고 공격하였다.

의병부대는 열렬하게 싸워서 왜적 50여 명을 사살하는 등 적의 간담을 서늘하게 하였는데, 윤4월 9일 새벽 3시부터 왜적이 홍주성의 동문과 북문을 차례로 폭파하면서 성내로 침입, 의병은 탄약이 떨어져 심야에 백병전을 전개하였으나 60여 명의 전사자를 내고 100여 명이 포로로 잡히며 마침내 홍주성을 빼앗겼다. 민종식 의병장은 약간의 의병을 거느리고 부안(扶安), 줄포(茁浦)로 가서 일본인 상점을 소각하고 흥덕(興德), 고창(高敞) 등 일본군대 주둔소를 토벌하였는데, 10월 5일 공주 탑산리에서 부하와 함께 체포되어 사형판결을 받았다가 감1등하여 종신형에 처해졌다.

김동식 장군은 민종식 의병장의 홍주성 탈환 소식을 듣고 제자들과 함께 합세하려고 서둘렀으나, 여건이 미비하여 시간을 천연하다 의병이 패하여 후퇴했다는 소식을 듣고 자파하였다. 전 승지(前承旨) 이설(李偰)은 지난 겨울에 상경하여 5적을 토죄할 것을 상소하였으나 회보가 없자 고향에 돌아와 안절부절 못하다가, 민종식의 소식을 듣고 성공을 기대하다가 패전했다는 소식이 이르자 크게 통곡하며 유서를 남기고 10여 일을 굶다가 죽었다.

윤4월 13일 호남에서 유림의 원로 최익현이 의병을 일으켰다. 면암(勉菴) 최익현은 지난 겨울에 상소문을 올리려고 상경하다 체포되어 충남 정산(定山)으로 압송되어 일본 헌병의 감시를 받고 있었다. 이에 병이 위독하다고 칭탁하고 낮에 안채로 들어가 누웠다가 일본 헌병의 감시가 소홀한 틈을 타서 남루한 옷으로 갈아입고 태인(泰仁)에 가서 전 낙안군수(前樂安郡守) 임병찬(林炳瓚)을 만났다.

임병찬은 태인의 깊은 산 속에 집을 짓고 살면서 평소 면암 선생의 충의에 감복하여 수년 동안 왕래하던 중, 나라가 망하는 형국을 보고 재산을 팔아 협객을 사귀고 무기를 사서 모아 의병을 일으킬 준비를 하였다. 그리하여 그는, 홍주에서 민종식 의병이 패퇴하자 인민의 사기가 크게 떨어져서 발을 디딜 곳이 없으나 오직 호남이 아직 온전하고 또한 면암의 제자가 많으므로 의병을 모집할 수 있으리라 확신하고 면암 선생에게 호서(湖西) 의병의 맹주가 되기를 요청하였다.

한편, 면암 최익현은 일본의 5조약 강행으로 한국의 관료와 유림들의 애국적인 상소운동이 일본군의 무력 앞에 저지당하고, 또 순절(殉節)로써의 저항도 사태를 반전시킬 수 없다는 걸 깨닫고 마침내 무력항쟁으로 독립을 사수하는 길밖에 없다는 결론을 내리게 되었다.

유진수(柳振秀)는 이 시기의 면암의 활동을 자세히 연구하였으니 그 내용은 다음과 같다.

"최익현은 일본군의 강압과 친일정권의 망국행위로 인하여 종래의 그의 구국상소운동이 거듭 실패하자 마침내 무력으로 투쟁할 것을 결심하고 판서(判書) 이용구(李容九), 판서 김학진(金鶴鎭), 관찰사 이도재(李道宰), 참판 이성렬(李聖

烈), 참판 이남규(李南珪), 영남학자 면우(俛宇) 곽종석(郭鍾錫), 호남학자 간재(艮齋) 전우(田愚)에게 편지를 보내 국난을 해결해 나가자고 하였으나 모두 이에 응하지 않았다."(崔濟學의 「勉庵先生倡義顚末」, 『독립운동사 자료집』 제2집 ; 申奭鎬의 「韓末義兵의 槪況」, 『史叢』 제1집 ; 宋相燾의 「騎驢隨筆」, 『한국사과총서』 제2)

그러나 면암 최익현의 구국을 위한 의병거사 계획은 그의 제자들을 중심으로 준비되고 있었다.

이때 고석진(高石鎭)이 전 낙안군수 임병찬을 추천하므로 면암 선생은 최제학(崔濟學)으로 하여금 그 뜻을 전하게 하니, 임병찬이 선생이 와서 호서의병의 맹주가 되어달라고 청하였던 것이다.

이와 같이 최익현은 의병거사를 추진해 가던 중, 민종식 의병부대의 홍주성 함락 소식을 접하고 호남행을 중지하며, "우리 의병은 훈련도 무기도 적보다 불리하니 반드시 각 도(道), 각 군(郡)과 서로 합세해야 할 것이다."라고 말하였다. 이는 전국 각지의 의병이 함께 봉기하여 일본군의 세력을 분산시킬 계획이었으며 이러한 목적 아래 남규진(南圭振), 곽한일(郭漢一) 등으로 하여금 민종식 의병부대에 합류하여 영호의각(嶺湖犄角)의 형세를 계획하면서 또 최초에 의병투쟁을 전개했던 의암(毅庵) 유인석(柳麟錫)이 황해도에서 이정규(李正奎)를 통하여 최익현에게 '남북이 상응하여 힘을 아울러 적을 칠 뜻'을 전하여 왔는데 이는 그 전에 최익현이 의병을 일으키려고 유인석에게 편지로 부닥한 때문이다.(崔濟學의 「면암선생창의록」 전말, 李正奎의 「從義錄」)

또한 최익현은 영남에서 온 문인(門人) 조재학(曺在學)과 이양호(李養浩)에게 모두 영남으로 가서 선비와 민중을 격려하고 서로 응원할 것을 명령하고 영우(嶺右) 각 처로 편지를 띄웠다. 그리고 태인(泰仁)에 있는 임병찬에게 모병(募兵), 군량, 연병(鍊兵) 등 일체의 준비를 위임하고 기의일(起義日)을 1906년 6월 4일(음력 윤4월 13일)로 택하였다.”(柳振秀의 박사학위논문「일제의 침략과 의병운동에 관한 고찰」, 1983년 동국대학교 대학원 정치학과)

이리하여 면암 최익현 호서의병대장은 윤4월 13일 태인(泰仁)에 있는 무성서원(武城書院)에서 의병을 일으켰으니 유생(儒生) 고석진(高石鎭), 고제만(高濟萬), 고례진(高禮鎭), 김양수(金陽洙), 고성열(高聖烈), 고시덕(高時德), 배화옥(裵和玉), 최태근(崔太根), 강익문(姜益文), 변관현(邊冠鉉), 진학련(陳學連), 이인숙(李仁淑), 황종관(黃鍾寬), 김청일(金淸一) 등 80여 명이 함께 맹세하였다. 최익현 대장은 하루 전에 임금에게 의병을 일으키게 된 사정을 상소문으로 알리고 또 일본정부에 보내는 글을 발송하였으니, 그 내용을 번역하면 다음과 같다.

임금에게 의병을 일으키게 된 사정을 진술함

신은 그윽이 옛 사람을 보건대 나라가 망하는 날을 당해서 벼슬을 버리고 떠나는 사람이 있나니 상(商)나라의 미자(微子)가 이렇게 했고, 죽는 사람이 있나니 명(明)나라의 범경문(范景文)이 이렇게 했으며, 외적을 토벌하다가 이루지 못하고 죽은 사람이 있으니 한(漢)나라의 적의(翟義)와 송(宋)나라의 문천상(文天祥) 등이 이런 사람입니다.

신은 불행히 오늘의 변을 당하였으나 이미 떠나갈 땅과 의리가 없으므로 오직 대궐에 이르러 상소문을 올리고 스스로 폐하의 앞에서 죽어야 할 뿐이지만, 그러나 폐하가 하려고 하는 뜻이 없음을 분명히 알게 되니 실천하지 않은 말만 번거롭고 요란하여 부질없이 문서만 갖추는 것이 되고, 또한 민심이 오히려 국가를 잊지 않은 것을 보이기 위하여 밭도랑에서 자살 하는 것도 감정에 가깝기 때문에, 이래서 은인자중하며 목숨을 아껴 약간 명의 동지와 더불어 적의(翟義)와 문천상(文天祥)이 되기로 도모한 지가 또한 이제 40~50일이 되었습니다.

다만 신은 평소 재능과 지혜가 없거늘 늙은 병까지 더하고 또한 체격과 형세로 말리는 사람이 10에 8~9이므로 이래서 늦어짐을 면치 못했나이다. 앉아서 세월만 허비하다가 이제 계획이 조금 정해지고 인사들이 조금씩 모이기에 이에 윤4월 12일 전 낙안군수 임병찬으로 하여금 전주를 진격하여 웅거하면서 동지를 장려하고 차례로 북진하여 올라가, 박문과 호도 등 여러 왜인 및 각국 공사를 초청하여 회동해서 담판하여 강제협약을 돌려받아 불태워 버림으로써 국가로 하여금 자주의 주권을 회복하고 인민이 종자를 바꾸는 재앙을 면하게 하는 것이 신의 소원입니다.

만약 우리들이 달게 저들의 포로가 된다면 대의(大義)를 원수처럼 보는 자들이 다투어 비도(匪徒)라고 지칭하면서 비방하고 떠들 것은 신이 진실로 근심할 겨를이 없나이다.

일본정부에 보내는 글
-16개 큰 죄악을 성토한다-

대한 광무(光武) 10년 윤4월 일에 정헌대부(正憲大夫) 전 의정부찬정(前議政府贊政) 최익현은 일본정부의 대신들에게 성토하는 글을 보내노라.

아~, 나라에 충성하고 사람을 사랑하는 것을 인간성이라 하고 신의를 지키고 정의를 밝히는 것을 도덕이라고 하나니, 사람에게 이러한 인간성이 없으면 사람이 반드시 죽는 것이요 나라에 이러한 도덕이 없으면 나라가 반드시 멸망하는 것이다. 이 말은 오직 완고한 늙은이들의 일상적인 담론일 뿐만 아니라 또한 비록 개화하여 경쟁하는 열강국이라고 하더라도 이 말을 버리고서는 역시 스스로 세상에 존립하지 못할 것이다.

지난 병자년에 귀국의 사신 흑전청륭이 와서 통상을 요청할 때에 내가 일찍이 항소하여 배척하였다. 내가 그때에 이웃 나라와 교류하여 우호를 닦는 것이 아름다운 일임을 알지 못해서가 아니라, 귀국이 이랬다저랬다 하여 믿을 수 없는 정상을 곧 내가 홀로 알았기 때문에 미리 걱정하여 말했을 따름이다.

그러나 천하의 대세는 이미 옛날과는 다름이 있어서 동양으로 뻗치는 서방의 세력을 홀로서는 저지할 수 없게 되었다면 필수적으로 한국과 청국과 일본의 세 나라가 서로 보거(輔車)와 순치(脣齒)처럼 더불어 협력한 다음에야 동양의 전체를 보전할 수 있다는 사실은 지혜로운 사람이 아니더라도 아는 사실이거니와 나도 또한 이렇게 되기를 매우 열망하였다.

그러므로 비록 귀국을 반드시 믿을 수는 없었으나 또한 너무 심하게 하여 쓸데없이 양국의 화기(和氣)를 상하고 싶지 아니하였다. 그래서 모두 물리치고 20년 동안 입을 다물고 시국에 대한 사건을 말하지 않았던 것이다.

근년에 와서 귀국이 하는 바가 대부분 신용도 없고 정의도 없는 것을 직접 본 다음에 비로소 나의 견해가 크게 어긋나지 않은 것을 알았고, 동시에 또한 귀국이 지금은 비록 강대하지만 마침내 역시 반드시 멸망하여 동양의 화란이 그칠 때가 있지 않으리라는 것을 알았다. 이제 먼저 귀국이 신의를 버리고 정의를 위반한 죄악을 말한 다음에 귀국이 반드시 멸망할 원인과 동양의 화란이 그침이 없게 되는 까닭을 말해야 되겠다.

내가 삼가 살펴보건대 우리나라 개국 485년 병자년에 우리

정부의 대관(大官) 신헌(申櫶), 윤자승(尹滋承)이 귀국의 사신 흑전청륭, 정상형과 더불어 우리나라 강화부(江華府)에서 회담하여 조약을 합의하였는데, 그 제1조에 말하기를 "조선은 자주국가로서 일본과 더불어 평등한 권리를 보유한다. 이후에 평화친선의 진실을 표시하고자 할 때에는 반드시 피차 동등한 예법으로 서로 대우하며 털끝만치도 침해하여 간섭하거나 시기하고 혐의함이 있어서는 안 되며, 마땅히 먼저 종전에 우호교류를 저해했던 문제점이 있는 여러 가지 조례와 규정을 일체 개혁하여 제거하고 영원히 신의를 지킨다."고 하였다.

을미년에는 청국 사신 이홍장(李鴻章)이 귀국 사신 이등박문과 마관(馬關)에서 회담하여 조약을 합의하였는데 제1조에 말하기를, "조선은 독립자주국임을 두 나라가 인정하여 증명하였으니 털끝만치라도 침해하여 간섭함이 있어서는 안 된다."고 하였고, 귀국의 명치 37년에 일본이 러시아에 대한 선전포고문에도 역시 "한국과 청국 두 나라의 평화를 유지하도록 한다"는 구절이 있으며, 또한 귀국이 러시아에 대하여 국제공법(國際公法)을 위반했다고 열국에 통첩한 변명서(辨明書)에서 역시 말하기를, "원래 한국은 독립국가이므로 그 주권을 보존, 유지케 하는 것이 전쟁의 목적이다."고 하였으며, 또 사신을 서구에 파견하여 전쟁이 일어난 원인을 설명하면서 역시 말하기를 "한국의 독립을 튼튼히 하려는 것이다."고 하였다.

이로 말미암아 본다면 전후 30년간 무릇 귀국의 임금과 신하가 우리나라에 명확하게 서약하고 천하에 성명한 내용이 어찌 일찍이 우리의 토지와 인민을 침락하지 않고 우리니리의 독립과 자주를 해치지 않겠다고 담보한 것이 아니며, 또한 천하의 열국이 역시 어찌 일찍이 한일 두 나라가 입술과 이처럼 밀접한 관계로서 그 서로 보호하고 서로 의지하며 서로 침해함이 없어야 된다는 사실을 알지 못했으리오!

그럼에도 귀국은 우리나라에 음흉한 짓을 하고 폭력을 휘두른 것이 날로 심하고 달로 더하여 신의를 저버리고 정의를 어김이 이르지 않는 데가 없었으니, 지난번에는 조선국은 독립자주국이므로 일본과 더불어 평등한 권리를 보유한다고 말했으면서도 오늘날은 우리를 노예화한 행위는 무엇이며, 러시아와 서로 전쟁을 할 때에 한국의 독립과 토지와 주권을 공고히 하기 위함이라고 하더니 오늘날 한국의 독립과 토지와 주권을 빼앗아 간 행위는 무엇이며, 서로 침해하여 간섭하거나 시기하여 혐의하지 않겠다고 명확하게 서약한 조약문이 있는데도 오늘날 오로지 침략과 약탈을 일삼아 우리 2천만 인민의 복수심을 일으켜서 모두 하여금 동쪽을 향해 앉지도 않게 만든 행위는 무엇이며, 조약은 반드시 변경하지 않고 영원히 확고하게 지켜서 영원히 서로 안정하는 바탕으로 삼자고 하였으나 오늘날은 조약을 변경하여 확고하게 지키지도 않고 서로 안정하지도 않으므로, 하늘을 속이고 귀신을 속이며 또한 천하 열국을 기만하였으니 증거가 있는 것을 보여주겠다.

갑신년(1884년) 죽첨진일랑(竹添進一郎)이 사주한 난(亂)으로 우리 황제를 협박하여 옮기고 우리나라 재상을 죽였으니 그 신의를 저버리고 정의를 위배한 죄가 하나이다.

갑오년(1894년) 대조규개(大鳥圭介)가 꾸민 난으로 우리 궁궐을 불태우고 약탈하고 우리나라 재물을 탈취하며 우리나라 전장(典章)과 문물을 훼손하여 폐기하면서 이름만 우리나라를 독립국이라고 호칭하고는 나중에 훔쳐 빼앗아 덮쳐서 취할 기초를 실로 여기에서 만들었으니, 그 신의를 저버리고 정의를 위배한 죄가 둘이다.

을미년(1895년) 삼포오류(三浦梧柳)가 변란을 꾸며 우리 국모를 시해하여 천만고에 없는 대역죄를 짓고서 오로지 숨기고 감추기에만 힘써 일본으로 도망간 일본인 도적을 일찍이 한 개도 묶어 보내지 않았으니, 그 대역무도는 다만 신의를 저버리고 정의를 위배한 것만도 아닐 뿐인즉 죄악이 셋이다.

임권조(林權助) 및 장곡천호도(長谷川好道)가 우리나라에 와서 주재하면서 그 협박하고 겁탈한 사건은 손가락으로 셀 수도 없으려니와, 그 가장 큰 것만 예로 든다면 각처에 철로를 부설함에 경의선 철로는 당초에 우리 정부에 조회하여 알리지도 않고 자의적으로 하였고, 어장(漁場)·산림(山林)·삼포(蔘圃)의 이권과 광산·항해의 권리에 이르기까지 무릇 한 나라의 재원으로 소출이 큰 것들은 모두 남김없이 빼앗아 갔으니, 그 신의를 저버리고 정의를 위배한 죄가 넷이다.

군사상의 용도라고 칭탁하면서 토지를 강점하고 인민을 침해하여 학대하며 묘를 파고 집을 허무는 것이 그 수를 헤아릴 수 없으며, 정부에 권고한다고 칭탁하면서 우리나라 비루한 잡패의 무리를 추천하여 벼슬을 주라고 강청하므로 뇌물이 공공연히 성행하여 추잡한 소문이 낭자하니, 그 신의를 저버리고 정의를 위배한 죄가 다섯이다.

철도나 토지나 군율(軍律)은 전쟁시에 있어서는 간혹 군용이라고 빙자하여 시행할 수 있으려니와 이제 전쟁이 이미 끝났는데도 철도를 되돌려줄 생각을 하지 않고 토지를 계속 점령하여 빼앗고 군율을 계속 시행하니, 그 신의를 저버리고 정의를 위배한 죄가 여섯이다.

우리나라 역적 이지용(李址鎔)을 유혹하여 의정서(議定書)를 만들어 우리 국권을 쇠약하게 바꾸면서 그 가운데 대한의 독립과 영토보전 같은 말은 버려 두고 논급조차 않았으니, 그 신의를 저버리고 정의를 위배한 죄가 일곱이다.

관원(官員)과 유림(儒林)이 앞뒤로 상소문을 올려서 사실을 징계한 것은 모두 스스로 우리 임금에게 호소하고 스스로 우리나라에 충성하는 것임에도 문득 체포하여 결박을 가하여 구속해서 오래도록 유치함으로써 고통으로 죽는 데 이르러도 석방하지 아니하였으니, 이것은 충신의 입을 틀어막고 공론(公論)을 억압하여 막고자 함인즉 오직 우리의 국세가 혹시라도 떨칠까 두려워함이니, 그 신의를 저버리고 정의를 위배한 죄가 여덟이다.

우리나라의 패악스럽고 난잡한 도적이나 동학의 부류를 유혹하여 이름을 일진회(一進會)라고 걸어 놓고는 그들을 앞잡이로 삼아서 또한 선언서를 만들라고 교사하여 그것을 민론(民論)이라고 칭탁하면서도, 그 국민의 의무를 다하는 보안회(保安會)나 유약소(儒約所)와 같은 단체는 곧 치안에 방해가 된다고 말하면서 백방으로 저지하고 희롱하다가는 체포하여 결박하고 구속하여 재판하였으니, 그 신의를 저버리고 정의를 위배한 죄가 아홉이다.

강제로 잡역부를 모집하여 소처럼 때리고 돼지처럼 구박하다가 조금만 뜻에 맞지 않으면 문득 죽이되 마치 풀을 베듯이 하며, 또 어리석은 민중을 유혹하여 모집해서 은밀하게 멕시코에다가 팔아서 우리 민족의 부자와 형제로 하여금 원한을 품고 복수심을 가지고도 보복을 할 수 없게 만들고 학대를 받아 거의 죽어가면서도 돌아올 수 없게 만들었으니, 그 신의를 저버리고 정의를 위배한 죄가 열이다.

강제로 전신국과 우편국을 빼앗아 스스로 통신기관을 장악하였으니, 그 신의를 저버리고 정의를 위배한 죄가 열하나이다.

강제로 각 부에 고문관을 배치하여 스스로 많은 봉급을 받아먹으면서 오로지 우리를 망하게 하고 우리를 전복시킬 일만 하거니와 군대와 경찰의 정원을 줄이고 재정과 부세(賦稅)의 장악과 같은 것이 가장 큰 해악이니, 그 신의를 저버리고 정의를 위배한 죄의 열둘이다.

강제로 차관을 1차, 2차 거듭하게 하였으니 명분은 재정정리라고 하였으나 신화(新貨)의 가치가 구화(舊貨)와 다름이 없는데도 단지 그 돈의 액수만 배로 늘였을 뿐인즉, 자신들이 많은 이익을 취하여 우리나라의 재정을 고갈시켰으며 또 유통할 수 없는 종이쪽으로 억지로 원(元) 단위 화폐라고 이름을 부쳤으며 또 허위로 차관했다고 명분을 내세워서 미리 이자만 받아갔으며 허위로 고문관을 초빙한다는 명목으로 후한 봉급을 미리 받아먹었으니 우리의 정력과 피를 빨아먹고 단지 껍데기만 남기려고 힘쓴지라, 그 신의를 저버리고 정의를 위배한 죄가 열셋이다.

작년(1905년) 10월 21일 밤에 이등박문, 임권조, 장곡천호도 등이 군사를 이끌고 대궐에 침입하여 안팎으로 두루 포위하고 정부를 위협하여 강제로 조약을 만들면서 스스로 가(可)와 부(否)를 점호하며 관인을 빼앗아 제멋대로 찍어서 우리 외교권을 가져다가 그 통감부에다 두었으니, 우리로 하여금 자주독립권을 하루아침에 잃어버리게 하고서도 오히려 그 위협했다는 말을 숨기며 만국의 귀와 눈을 속이고자 하였으므로, 그 신의를 저버리고 정의를 위배한 죄가 열넷이다.

처음에는 단지 외교를 감독만 한다고 말하더니 종국에는 한 나라의 정치와 법률을 제멋대로 관리하고 소속 관리를 수두룩하게 많이 두는 데 이르러 우리로 하여금 손도 흔들지 못하게 하고 움직이면 문득 공갈을 하니, 그 신의를 저버리고 정의를 위배한 죄가 열다섯이다.

　요사이에는 또 이민조례(移民條例)를 만들어 강제로 압박하여 인준하라고 요청하니 곧 이것은 인종을 바꾸려는 악독한 음모로 뚜렷이 우리 민족으로 하여금 씨를 남기지 않으려는 것인즉, 그 신의를 저버리고 정의를 위배한 것으로서 하늘땅에 용서하지 못할 극악대죄가 또한 열여섯이다.

　아, 귀국이 신의를 저버리고 정의를 위배한 죄가 어찌 여기에만 그칠 뿐이랴. 이것은 특별히 그 대개만 거론하였을 뿐이다. 그러나 시험삼아 이 열여섯 가지 죄목으로 강화(江華)와 마관(馬關) 등의 조약 및 열국에 통첩하여 전쟁의 목적을 설명했던 여러 문서와 대조한다면, 늘 반복하여 일정하지 않아서 여우처럼 속이고 원숭이처럼 간사한 것을 과연 어떻게 변명할 것이냐!

　우리 대한의 수천 만 사람의 마음이 과연 귀국에 대한 유감이 없이 이에 우리를 지지하고 우리를 튼튼하게 만들어준다고 여기겠는가? 아니면 장차 원통한 마음으로 골머리를 아파하며 서로 노래하기를, 초(楚)나라는 비록 세 집만 남아도 초나라를 멸한 진(秦)나라를 복수하여 멸망시킨 사람은 초나라 사람이라네 하면서 맹세코 한번 짓밟아서 전 일본열도를 평정하려고 하겠는가?

　귀국은 매양 우리 황제폐하께서 아관파천(俄館播遷)하신 것으로 감정이 있음을 면치 못한다고 하지만 그러나 우리 황제폐하께서 몸소 명성왕후의 흉칙한 재난을 당하셨으니 그날 밤에 놀라시고 고민하신 것이 과연 어떠하셨겠느냐! 항차 역적의 무리들이 귀국의 세력을 끼고 의지하며 우리 황제로 하여금 손발을 움직이지 못하게 만들어놓고 언제 다시 어떤 재난이 일어날지를 알지 못하는 상황에서, 어찌 앉아서 그 변란을 기다리며 변통하여 대처할 것을 생각지 않으시겠느냐!

이러한 을미년(1895년) 12월 28일의 거동은 만부득이한 데서 나온 것이다. 그렇다면 당시 일의 중요한 고비를 변경하지 않을 수 없게 만든 것은 모두 귀국의 죄가 아님이 없거늘 오히려 다시 우리에게 유감을 둔단 말이냐!

그러나 동양의 대세를 위한 까닭에 지난번에 귀국이 러시아와 전쟁을 함에 우리나라 선비와 민중이 모두 귀국의 군사를 환영하여 두려워하는 마음이 없을 따름이었거늘 귀국이 전승하고 돌아감에 미쳐서는 더욱 방자하고 흉폭하여 우리나라 인민으로 하여금 모두 짓밟히고 으깨어지는 참화를 면치 못하게 하였으니, 가령 러시아가 승리해서 동양이 마침내 망했다고 하더라도 우리나라의 피해가 어찌 오늘날보다 더했겠는가?

우리나라의 인민은 사람 사람마다 모두 반드시 죽게 되어 살아남지 못하고, 반드시 멸망하여 지키지 못할 것을 알고 있는 까닭에 곧 죽어서 없어진 것이나 똑같을 뿐이다. 그러므로 그 머리를 굽히고 마음을 낮추어 핍박을 받고 압제를 당하면서도 끝내 또한 죽어가는 것을 면하지 못하는 것보다는, 차라리 한번 분연히 의병을 일으켜서 한번 절규하며 성토하는 용기를 가지는 것이 더욱 낫지 않겠느냐!

노중련(魯仲連)은 한 사람의 선비일 따름이었지만 오히려 오랑캐 진(秦)나라를 황제국으로 섬기자는 논의조차 부끄럽게 여겼고, 소진(蘇秦)은 세객(說客)일 따름이었지만 오히려 강대국에 종속되어 소의 뒷구멍이 되는 것이 부끄럽다고 하였다. 하물며 우리 대한의 3천리 민중은 이에 선왕(先王)과 선현(先賢)이 4천 년 동안 예의(禮義)를 가르치고 익힌 후예일 뿐이서늘 어찌 원수 나라의 지배하에서 노예가 되는 것을 달갑게 여기며 하루의 생명을 구걸하겠느냐!

또 러시아 사람이 귀국에 대한 패전을 잊지 않고 조만간 다시 동쪽에서 전쟁을 일으킬 것을 천하가 모두 알아서 어리석은 사내나 어리석은 아낙네도 함께 이야기하는 바이다. 이때를 당하여 비록 우리 동양의 세 나라가 솥의 발처럼 정족(鼎足)의 형세를 이루어 각각 완전한 무력을 비축하여 대비해도 오히려 보전하지 못할까 두렵거늘, 하물며 서로 시기하고 혐의하며 원망하고 분노하여 한 방에서 서로 원수가 되는 것을 면하지 못하면서 서구의 열강국을 억제하겠는가?

또한 어찌 귀국처럼 경망하고 천박하리요, 이웃을 사랑하는 마음이 전혀 없이 귀국의 거리낌없이 날뛰는 것을 내버려두란 말인가? 이와 같이 한다면 귀국의 멸망은 가히 발돋움하면서 기다릴 것이며 동양이 다같이 망하게 되는 재앙도 또한 머지 않아 이르를 것이다. 이렇게 만든 책임을 논한다면 귀국이 또한 동양에 재앙을 끼친 으뜸가는 죄악을 어찌 면하겠는가?

나는 그러므로 말하기를 귀국은 비록 강성하지만 마침내 또한 반드시 멸망하고 동양의 재앙도 그칠 때가 있지 않을 것이라고 경고하는 바이다. 진실로 귀국을 위하여 계책을 세운다면 급히 그 근본으로 돌아가는 것보다 좋은 방법은 없으니, 근본으로 돌아가는 길은 또한 신의를 지키고 정의를 밝히는 것보다 좋은 것이 없다.

신의를 지키고 정의를 밝힘은 마땅히 어떻게 해야 되는가? 급히 이 글월을 귀국의 군주에게 올려 아뢰서 장차 이상 열거한 열여섯 가지 큰 죄를 모두 뉘우쳐서 고치도록 시행하여, 통감부를 철수하고 고문관 및 사령관을 소환한 다음 다시 진실하고 신실한 사람을 파견하여 공사(公使)로 삼으며, 다시 이로써 각국에 사죄하여 하여금 우리나라의 독립자주권을 침해하지 못하게 하여 두 나라로 하여금 과연 진실로 영원히 서로 안정하게 한다면, 거의 귀국에 안전한 행복이 있을 것이요 동양의 전체도 또한 가히 유지하게 될 것이다.

만약에 그렇게 하지 않는다면 착한 사람에게 복을 주고 음란한 사람에게 재앙을 내리는 것이 이에 천도(天道)의 밝고 밝은 이치이니, 오늘날 귀국이 하는 바가 저 제(齊)나라 민왕(湣王)이나 송(宋)나라 왕언(王偃 : 康王)과 더불어 다르지 않은 것이 거의 드문즉, 설사 이후에 재앙과 패망이 위에서 이야기한 것과 똑같지는 않을지라도 귀국이 또한 어찌 스스로 멸망하는 길에서 벗어날 수 있겠는가?

나는 비록 시국의 형세를 알지 못하지만 그 나라에 충성하고 인민을 사랑하며 신의를 지키고 정의를 밝히는 도덕을 강구함에는 익숙하므로, 국가와 인민의 화란이 극도에 이른 것을 눈앞에서 보니 오직 그 죽을 자리를 얻지 못한 것을 한탄한지 오래 되었다. 불행히 작년 봄에 치욕을 당할 때에 죽지 못했고, 또 작년 10월 21일의 변을 당하니 곧 의리상 남의 나라의 노예가 되어 구차하게 하늘땅 사이에서 생명을 아낄 수는 없었다.

즉시 수십 명의 동지와 더불어 결단코 함께 죽기로 약속하고 장차 뭇사람이 빨리 상경하여 이등박문과 장곡천호도 등의 한 무리와 더불어 하고 싶은 말이나 다하고 죽으려고 하노니, 여기에 선비와 민중 가운데 함께 더불어 죽기를 원하는 사람도 약간 있다.

이에 먼저 진심을 피력하여 이 글을 써서 귀공사관에 부쳐서 공사로 하여금 조만간에 귀국의 정부에 전달케 하나니, 대개 우리나라를 위한 방책일 뿐만 아니라 역시 귀국도 위한 방책이며 오직 귀국을 위한 방책일 뿐만 아니라 또한 동양 전체를 위한 방책이므로 잘잘못을 똑똑히 살피기 바라노라.

윤4월 14일 최익현 의병대장은 전주에 웅거(雄據)하고자 하였으나 형세가 고단하여 정읍으로 바꾸어 정읍군수(井邑郡守) 송종면(宋鍾冕)에게 군기(軍器)와 화승총과 탄환을 거두어들이게 하고 의병을 모집하니 응한 자가 100여 명에 이르렀고, 흥덕(興德)의 고석진(高石鎭)·김재구(金在龜)·강종회(姜鍾會)가 30여 명을 거느리고 합세하므로 의병을 점고하니 300여 명이 되었으며, 또 다음날 15일에는 순창(淳昌)에서 채영찬(蔡永贊)이 포수(砲手) 수십 명을 거느리고 합세하였다.

그리하여 윤4월 16일 순창으로 진군함에 군수(郡守) 이건용(李建鎔)을 비롯한 관민(官民)이 마중을 나왔다.

호서의병대장 최익현은 영남유림 곽종석(郭鍾錫)에게 편지를 보내 합세하기를 청하였으나, 곽종석이 현재의 상황에서 의병을 일으키는 것은 임금에게 화(禍)를 재촉하고 인민에게 해독을 끼칠 뿐이라고 호응하지 않았다. 또한 장성(長城)의 기우만(奇宇萬)과 담양(潭陽)의 산사(山寺)에서 회합하여 함께 거사해서 나주(羅州)에 웅거하자고 하였으나 기우만이 사양하므로, 최익현 의병대장은 마지막 선택으로 남원(南原)을 거쳐 운봉(雲峰)으로 들어가 지리산(智異山)에 웅거하기로 하였다.

그리하여 17일 곡성(谷城)에 진군하니 곡성군에서도 송진옥(宋振玉)을 비롯하여 관민이 마중을 나오고 병기를 거두어 바치고 많은 사람이 의병에 가담하였다. 군세를 확장하기 위하여 다음날 순창의 오산촌(鰲山村)에 진을 치니 김송현(金松鉉)과 엄덕조(嚴德祚)가 포수 수십 명을 거느리고 합세하여 의병이 1000여 명으로 그 성세가 대단히 장엄하고 사기가 하늘을 찔렀다.

이에 이등박문은 한국정부를 협박하여 고종(高宗)이 전남 관찰사 이도재(李道宰)에게 의병을 해산하라는 칙지(勅旨)와 고

시문(告示文)을 전하게 하였다. 그러나 의병부대는 이를 단호히 거부하고 19일 순창의 일본군을 토벌하여 패주케 하고 군청을 접수하여 유숙하였다. 황혼이 되자 전주진위대와 남원진위대가 3면을 포위하고 광주진위대는 경계도로를 막으며 합세하여 총공격을 개시하니, 탄환이 비오듯이 하므로 휘하 수백명의 의병이 일제히 대응하여 치열하게 밤새도록 싸우다가 서기(書記) 정시해(鄭時海)가 탄환에 맞아 죽었다. 최익현 의병대장은 다음날 20일 적군이 일본군이 아니고 한국군 진위대임을 알고는 말하기를, "이들은 왜(倭)와 동류이니 마땅히 한번 죽도록 싸워야 할 것이나 한국군 진위대와 싸운다면 이는 곧 우리 동족끼리 싸우는 것이니 차마 할 수 있겠느냐"고 하며 임병찬에게 전투를 중지하라고 명령하고 진위대에게 퇴군을 명령하였다.

이때에 전남 관찰사 이도재는 광주진위대를 단속하여 총포를 발사하지 못하게 하고 만약 총을 쏘는 사람은 즉결처분하겠다고 하니 광주진위대는 탄환을 쏘지 않았고, 남원진위대는 노병 양한규(梁漢奎) 등이 접전을 못하게 하였기 때문에 또한 공포만 쏘고 실탄은 발사하지 않았으나, 유독 전주진위대장 김가만 힘써 병력을 전부 기울여 공격을 가하며 진위대는 진군(進軍)만이 있을 뿐이라고 날뛰었다.

최익현 의병대장의 해산명령에도 불구하고 임병찬, 고석진, 김기술(金箕述), 문달환(文達煥), 양재해(梁在海), 나기덕(羅基德), 이용길(李容吉), 임현주(林顯周), 최제학(崔濟學), 조영선(趙泳善), 조우식(趙愚植), 유해용(柳海瑢) 12인이 죽음으로 지키기로 하니, 바야흐로 오랫동안 가물던 하늘에서 홀연히 큰 바람이 일어나고 지진과 우레가 울리며 비가 동이로 쏟듯이 내리므로 양쪽 군대가 모두 전쟁을 중지하고 후퇴하였다.

　그리하여 그 다음날 21일 전주진위대가 순창군청으로 들어
와서 최익현 호서의병대장과 12인의 의병장을 핍박하여 북으
로 가서 일본군 한국침략사령부에 구속하니, 의병이 패했다는
소식을 듣고 거리의 점원이나 창기 그리고 행인이나 거지까지
도 통곡하며 탄식하지 않는 이가 없었고, 백정이나 무당도 최
익현 의병대장을 태운 가마를 바라보면 길을 막고 절하면서
하늘을 외치며 최 충신(崔忠臣)을 살리라고 하는 사람들이 서
로 줄을 이었다.

　창평(昌平)의 고광순(高光洵)은 최익현의 의병이 순창으로
들어갔다는 소문을 듣고 칼을 들고 달려갔으나 이미 자진해산
하고 체포당했다는 말을 듣고 통곡하고 돌아갔다. 거창(居昌)
의 이완발(李完發)은 장차 의병에게 가려다가 최익현 의병대장
이 이미 체포당했다는 소식을 듣고 중도에서 뵙고 일본 순사
에게 맞아서 거의 죽게 되었으나 서울까지 따라갔다.

　이때 유생(儒生) 이문화(李文和), 김석항(金錫恒), 유한정(柳
漢鼎), 이종대(李鍾大), 안한주(安漢周), 이인순(李麟淳), 조성찬
(趙性燦)이 모두 의병에 연좌되어 일본군 한국침략사령부에 구
속되니, 그 아내들이 상경하여 함께 의지하면서 옷을 팔아 감
옥에 죽을 넣어 주었다.

　가을 7월 8일에 호서의병대장 최익현을 대마도 일본군 위수
령(衛戍營)에 수감하였다. 일본군 한국침략사령부에 구속되어
있으면서도 두 달이 되도록 항변하여 뜻을 굽히지 않으니 일
본은 마침내 최익현과 임병찬을 대마도로 옮겼는데, 이미 그곳
에는 민종식의 홍주의병에 가담했던 이식(李植), 유준근(柳濬
根), 신현두(申玄斗), 이상두(李相斗), 남경천(南敬天), 안항식
(安恒植), 최중일(崔重一), 문석환(文奭煥), 신보균(申輔均) 의병
장 등이 포로로 잡혀 구속되어 있었다.

　성균관(成均館) 대사성(大司成 : 館長)을 역임했던 김상덕(金商悳)이 평리원(平理院)에 자수하면서 진정소(陳情疏)를 올렸으니 그 내용을 번역하면 대략 다음과 같다.

　"신은 불행하게도 살아서 지난 겨울 10월의 변을 당하니 즉시 자결(自決)하고 싶은 지가 오래 되었으나 금년 4월에 전 참판 민종식이 의병을 일으켜 홍주(洪州)에 들어가서 죽음으로 나라에 보답하자는 뜻의 편지를 보냈기에, 신은 홍주 사람이므로 의리에 사양하기 어렵고 목숨을 구차하게 보전할 수 없어서 이에 비분강개하여 그 연합상소를 허락하였나이다.
　신은 의병을 일으킬 역량이 있지 못하나 다만 한번 죽기로 결심했을 뿐입니다. 그런데 의병이 금방 무너져 흩어지고 신도 또한 체신을 잃고 죽지 못했기 때문에 즉각 법원(法院)에 자수하여 공손히 국법을 기다리려고 했으나, 법원은 한갓 허명(虛名)만을 가지고 일본인의 손안에 있으므로 신이 지키는 바의 의리는 차라리 밭고랑에서 자살을 할지언정 결단코 일본군 한국침략사령부의 포로는 되지 않는 것입니다.
　그러므로 아직까지 동서로 숨어 다니며 자취를 감추었으나 하루를 사는 것이 하루의 치욕이요, 이제 또한 듣건대 민종식의 남은 의병이 인민의 재산을 강제로 토색한다고 하니 이것은 아마도 동학도(東學徒)들이 의병을 사칭한 것이라고 생각합니다. 그러나 민종식이 과연 그와 같이 지휘했다면 신이 지난 날에 함께 의병을 일으킨 것이 애매하여 흑백을 분간할 수 없게 되이 치욕에 치욕을 더하는 것이므로, 일본의 포로가 되는 것도 또한 근심할 틈이 없어 감히 이에 거적을 깔고 평리원 문밖에 자수하오니, 엎드려 바라건대 폐하는 빨리 도끼로 쳐서 신으로 하여금 일본군 한국침략사령부의 감옥에서 죽는 귀신이 되지 않게 하시면 다만 신의 죽는 영광을 얻을 뿐만 아니라 실로 나라의 주체성을 바로잡는 것이 될 것입니다."

이에 김상덕을 10년의 유배형에 처하였는데, 김상덕의 제자 최상하(崔相夏)도 의리상 혼자만 면할 수 없다고 같은 죄를 자원하니 5년의 유배형에 처했다.

이즈음 충청남북도에 큰비가 3일간 내려서 한강과 금강이 범람하여 농경지를 휩쓸고 가옥 10,000여 호가 유실되었다.

민종식 의병대장의 남은 의병부대는 배를 타고 부안(扶安)의 줄포(茁浦)로 진출하여 일본인 상점 두 집을 소각하고, 고창(高敞) 선운사(禪雲寺)에 이르러 흥덕(興德)과 고창군 헌병대의 습격을 받아 흩어졌다.

서상규(徐相奎)와 구우영(具禹榮)은 평민으로 5적을 죽이고자 하여 독약을 사서 북한산성에 들어가 조제하다가 발각되었고, 또한 안동(安東)사람 박량래(朴樑來)는 의원(醫員)으로 떠돌면서 용천(龍川)의 전덕원(全德元), 의주(義州)의 진사(進士) 홍재기(洪在綺) 등과 강계(江界)에서 의병을 모집하다가 일본 헌병에게 발각되어 모두 체포당해서 구속되었다.

이근택(李根澤)은 5적 가운데서도 교활한 악질로 소문이 났는데 장곡천호도와 형제를 맺고 이등박문의 의자(義子)가 되어 머리를 깎고 양복을 입고 일본신을 신고 일본차를 타고 일본 헌병이 호위하며 출입하였다. 일찍이 나라가 망한 것을 탄식하여 술을 마신 젊은이가 이근택의 차에 뛰어올라 흘겨보며 말하기를, "나는 왜놈인지 알았더니 이제 보니 이근택이로구나. 5적의 수괴로서 그 영화가 이것뿐이냐." 하고 매도하니 이근택이 분노하여 묶어서 경찰서에 보냈다. 그 젊은이가 갖은 악형으로 거의 죽었다가 밤중에 소생하여 말하기를, "이 역적이 나를 반드시 죽일 것이니 나는 또한 명백하게 꾸짖었으므로 죽어도 오히려 통쾌하다. 그러나 왜적의 손에 죽는 것보다는 차라리 자살하는 것이 낫다."고 하면서 마침내 옷을 찢어 목을 매어 죽었다.

전주(全州)에 파견하여 머물던 일본 헌병 5명이 관제묘(關帝廟 : 관운장의 사당)에 들어가 그 소상(塑像)을 비웃고 희롱하다가 즉석에서 모두 피를 토하고 죽었는데, 이로부터 알 수 없는 병으로 계속 죽으므로 일본 사람이 크게 두려워하여 다른 군으로 피했다가 한 달 뒤에야 돌아오니 무사했다.

일본 헌병이 여수(麗水)에 들어가서 동헌(東軒)에 거처하였는데, 밤에 키가 수십 장(丈) 되는 한 사람이 나타나 큰집으로 뛰어가더니 무섭고 사납고 시커먼 몸으로 엎드린 듯 처마를 굽어살피며 엿보았다. 일본 헌병이 크게 놀라 권총을 연속 쏘았으나 맞아도 움직이지 않으므로 일본 헌병이 더욱 놀라서 다시 권총을 쏘지 못했다. 조금 있다가 번쩍번쩍 나가는데 탄식하며 꾸짖는 소리를 내는 것이었다. 다음날 밤에 또 이르니 일본 헌병들이 움츠리고 엎드려 감히 기척을 내지 못했는데 오래 있다가 어디론가 사라졌다. 그래서 다음날 일본 헌병이 달아나서 다시 오지 못한 지가 1년이 넘었다.

전주(全州)에 전 주사(前主事) 백락구(白樂九)가 안질(眼疾)로 광양(光陽) 산 속에 은거하다가 장성(長城)의 기우만(奇宇萬)과 의병을 일으키기로 합의하고, 동지 10여 인을 모아 산촌의 청년 100명과 함께 9월 20일 밤에 순천(順天)의 일본 헌병대를 토벌하기로 하였다. 그러나 준도에서 군대가 모이는 장소가 어긋나 날이 밝도록 전체가 모이지 않아 마침내 사방으로 흩어졌는데, 구례(求禮)의 일본수비대에게 백락구 의병장과 그 부하 7명이 체포당하여 광주의 일본 헌병대로 보내니, 백락구

의병장이 다음과 같이 성토하였다.

"아~, 오늘날 이른바 대한(大韓)은 필경 어느 사람의 나라인가, 을미(乙未)년 국모(國母)를 시해한 사변으로부터 일본은 삼포오루(三浦梧樓)로 하여금 마음대로 헌병을 이끌고 대궐에 침입하였으니, 일만 나라가 그 소식을 듣고 실색하였으며 8도 인민의 아픔이 뼈에 사무쳤다. 그로부터 10여 년 동안 임금은 복수의 거사가 없고 신하는 치욕을 씻는 논의가 없거늘 아직도 나라에 사람이 있다고 하겠는가.

이제 이등박문은 더욱 모욕을 가하여 위아래를 즐겨 협박하며 스스로 통감(統監)이라고 사칭하니, 그가 통치하는 사람은 어느 나라 사람이며 그가 감독하는 일은 어느 나라 일인가.

5백 년의 종묘사직과 3천리 강토와 2천만 동포가 이웃 나라의 역적 신하 이등박문에게 모두 약탈당했어도 입을 다물고 머리를 웅크려 그 원통하고 분개함을 규탄하여 성토하지도 않고 한결같이 죽기만을 기다려야 하겠는가.

이러하므로 백락구는 스스로 능력을 헤아리지 아니하고 의병용사를 모집하여 우리나라에 와서 머물고 있는 뭇 일본인을 축출하고 또한 이등박문의 목을 베어서 최익현과 여러 의사를 대마도에서 찾아오려고 하였으나, 시운이 불리하여 먼저 포로로 잡혔으니 패군한 장수는 죽음이 있을 따름이다."

이때에 백락구 의병대장은 두 눈이 모두 보이지 않아서 왜적을 토벌할 때마다 가마를 타고 일본군을 추적하였고 패할 때에도 또한 가마를 타고 후퇴하였다. 백락구의 토벌작전에 기우만도 동조하여 광주일본헌병대에 구인당했는데, 기우만은 일본정부에 다음과 같이 권고하였다.

"지난 을미년 국모를 시해한 나라의 사변은 망극한 일이므로 내가 여러 군(郡)에 통고하여 장차 대의(大義)를 펴려고 하였으나 역적 신하들이 임금을 끼고 강제로 선유사(宣喩使)를 보내 해산하라고 하므로, 통곡하며 해산하고 돌아감에 차마 집으로 돌아가 처자를 양육할 수 없어 산으로 들어가 집을 짓고 나무를 해다가 밥을 지어먹고 혼자 살았다.

『춘추(春秋)』의 대의(大義)에 의거하면 왕이나 왕비를 시해한 역적을 토벌하지 않으면 장사지냈다는 장례(葬禮)를 역사책에 기록하지 않으니, 장례를 기록하지 않았으면 상복(喪服)을 벗지 못하므로 지금까지 백건(白巾)을 머리에 쓰고 와신상담(臥薪嘗膽)의 뜻을 표한 지가 이미 10년도 넘었다.

그러나 뜻밖에 지난 겨울 5조의 협약을 허가했다는 소식을 듣고 곧 우리 임금이 한 조각의 허위문서로 앉아서 온 나라를 잃었는데도 조정에 있는 신하가 한 사람도 손으로 5적을 때려 죽이는 이가 없으니 이러고도 또한 나라에 사람이 있다고 말하겠는가.

나는 초야의 미천함을 헤아리지 않고 감히 한번 상소문을 올려 임금과 신하, 아버지와 아들이 성곽을 등지고 한번 싸우기를 간청하였으나 역적의 신하들이 받아들이기를 거부하여 사방의 지혜로운 말을 듣지 않으므로 문을 걸어 잠그고 고민하여 신음한 지가 이제 5개월이 되었다. 그런데 문득 백락구가 정의의 깃발을 세우고 군대를 일으킨다는 소식을 듣고 얼굴은 비록 보지 못했지만 마음은 간혹 서로 알고 있었거늘, 이와 같이 아름다운 명분을 가진 일은 혼자서 하기는 어려움이 있는 까닭에 초청하여 지시하면서 말하기를 '실제적인 효과도 없이 허위로 명분만 내세우면 또한 족히 수치라.'고 하므로, 어찌 구구한 말로 사양하여 재앙을 면할 계책을 쓰겠는가.

아~, 사람은 반드시 스스로 모독한 다음에 남이 모독하고
나라는 반드시 스스로 친 다음에 남이 치나니, 초(楚)나라를
망하게 하는 것은 진(秦)나라가 아니고 자란(子蘭)이며, 오(吳)
나라를 망하게 하는 것은 월(越)나라가 아니고 백비(伯嚭)이며,
조선을 망하게 하는 것은 일본이 아니고 5적이다. 아, 저 5적
은 머리털을 뽑으며 죄를 셈하여도 다하지 못하고 살을 벗겨
씹어도 분이 풀리지 않음이 있으니, 너희 일본인도 정의와 진
리를 조금이나마 안다면 마땅히 죽여 없애서 너희 나라의 신
하와 아들로 하여금 경계하도록 단속해야 될 터인데, 도리어
거두어 기분을 맞추기를 마치 미치지 못할 듯이 하므로 어찌
우리나라에만 이런 무리들이 있고 너희 일본 나라에는 이런
무리가 없다고 하겠느냐.

너희 일본을 위하는 계책으로는 5적을 붙잡아 묶고 우리나
라 임금으로 하여금 흡족하도록 조선의 신하와 인민에게 사죄
하고 빨리빨리 철수하여 돌아가서, 스스로 너희 국내정치를 닦
아 하여금 각자 자기의 나라에서 달게 먹고 편안히 잠자게 한
다면 곧 두 나라의 행복이 될 것이다.

만약 나의 말이 옳지 않다고 생각한다면 몽둥이로 때려죽이
거나 칼로 찔러 죽이더라도 즐거운 땅 속으로 들어갈 터이니
다른 것은 말할 것이 없다. 한 사람의 선비로 별다른 재주는
없으나 지키는 바는 오직 살아서 조선의 신하가 되고 죽어서
조선의 귀신이 되는 것뿐이다.”

황성신문(皇城新聞)이 장지연(張志淵)의 직필(直筆)로 폐간
당한 뒤 남은 신문이 의병을 모두 폭도나 비류(匪類)로 보도하
였는바, 이때에 영국인 배설(裵說)이 매일신보(每日新報)를 창
간하여 박은식(朴殷植)을 주필(主筆)로 초빙하였다. 박은식은

평소 유학(儒學)을 좋아하고 또 신지식이 풍부하여 논리가 자
못 근거가 있어 장지연과 더불어 백중(伯仲)하였는바, 바른 말
로 기탄 없이 시사를 논평하였다. 그리하여 오직 매일신보만
홀로 의병이라고 호칭하면서 일본의 잔악상을 폭로하니, 다투
어 양심적인 지식인이 구독하여 1년도 못 되어서 매일 1만 부
를 발행하였다.

겨울 10월에 의병대장 민종식, 전 참판(前參判) 이남규(李南
珪)가 체포되어 일본군 한국침략사령부에 구속당했다. 민종식
의병대원이었던 김덕진(金德津), 박윤식(朴潤植), 곽한일(郭漢
一), 황영수(黃英秀), 정재호(鄭在鎬), 이용규(李容圭) 등도 함
께 구속당하자 민종식 의병대장의 부인 이씨(李氏)가 걸어서
서울에 올라와 밥을 얻어다가 감옥에 넣어 주었다.

전 승지(前承旨) 김복한(金福漢)이 홍주(洪州)에 주재한 일본
헌병대에 구속당하고 전 주서(前注書) 박봉양(朴鳳陽)이 전주
(全州)에 주재한 일본 헌병대에 구속당했다. 김복한은 민종식
을 응원했기 때문이고, 박봉양은 백락구와 모의했기 때문이었
다.

일본의 무단통감통치는 사회혼란을 조장하고 재화를 편취하
기 위하여 깡패, 소매치기, 강도, 절도, 도굴법을 조장하고 전
당포를 운영하였다. 또 수산세(水産稅)를 정하여 100분의 1로
하고, 논밭과 가옥 등에 세금을 부과하여 새로운 화폐로 납부
케 하였으며, 심지어 창기매음세(娼妓賣淫稅)를 정하여 기생은
매년 1인당 36원, 창녀는 1인당 24원을 강제 징수하였다. 한편
으로 의병의 확산을 막기 위하어 민간의 총기를 등록하고 총
1정에 1원(元)의 세금을 강제 징수하였다. 한편으로는 주색잡
기(酒色雜技)를 조장하여 남녀간에 악수, 입맞춤, 매음(賣淫),
화투(花鬪), 마술을 전파해서 무뢰배를 양산하였다. 또한 일진

회(一進會) 두목 이용구(李容九)를 사주해서 10월 20일 을사늑약(乙巳勒約) 1주기(一周朞)에 신약기념연을 벌이는 장난까지 하였다.

일본의 침략군은 가는 곳마다 지방관서를 빼앗아 사용하였는데, 대구(大丘)에 주재한 일본군은 징청각(澄淸閣)을 점거하고, 광주(光州)에 주재한 일본군은 선화당(宣化堂)을 점거하여 돌려주지 않으므로 해당 지역 관찰사들이 아부해서 되찾았다. 일본의 침략 군경이 각 도와 군에 가득히 포진하여, 관찰사 이하는 조금이라도 그 뜻을 거스르면 주먹으로 때리고 발로 차서 노예처럼 대하였으나 벼슬을 버리고 떠나는 자가 없었다. 이는 이미 일본이 사이비 종교와 무속인으로부터 언론인과 신지식인에 이르기까지 약육강식(弱肉强食)의 시대적 운명론을 주입하고, 적자생존(適者生存)의 교활한 개인이기주의를 전파하여 정신을 황폐화시켰기 때문이다.

일본 유림(儒林)의 선각자 서판풍(西坂豊)이 서울에 와서 일본의 조선 강점에 항의하며 칼로 목을 찔러 자살한 것은 이즈음이었다. 서판풍은 한국 유림의 평화공존을 주장하는 의병항쟁에 감격하여 일본에서 평화공존을 주장하다가 상해, 남경, 북경, 만주를 차례로 유람하면서 세상 사람에게 평화사상을 강연하고 우리나라 서울로 들어왔다. 그는 한국과 청(淸)나라와 일본이 단결하여 이와 입술처럼 서로 의지하고, 수레의 덧방나무와 수레같이 서로 돕는 형세를 이루어야 서구 열강의 침략을 저지하여 동양의 평화를 보장할 수 있다고 하면서, 서울에 오래 머물며 이등박문과 장곡천호도를 만나 여러 번 설득하여 일본군경의 철수를 주장하였다. 그러나 끝내 듣지 않으므로 마침내 종루(鍾樓 : 보신각)에 올라가서 떨어졌는데, 죽지 않으니 대중을 향하여 일본의 조선침략정책이 동양의 분열을 자초하여 결국 동양의 몰락으로 귀결하게 될 것임을 누누이 경고하고 스스로 칼을 뽑아 목을 찔러 자살하니, 모든 사람이 일본에도 훌륭한 선비가 있다고 크게 칭송하였다.

같은 시기에 청(淸)나라 유림 선각자 반종례(潘宗禮)가 서울에 와서, 일본의 조선 강점은 동양의 분열을 초래하여 서구 열강의 침략에 결국 몰락하게 될 것임을 엄중히 경고하고 칼로 목을 찔러 자살하였다. 반종례는 한(韓), 청(淸), 일(日)이 협력하여도 동양문화를 보존하기가 어려운 형세에서 같은 동양인끼리 분열 대립하는 것은 자멸뿐임을 거듭 호소하고 종루에서 뛰어내렸다. 그러나 죽지 않으므로 서판풍과 똑같이 칼로 찔러 자살하니 모든 사람들이 어진 선비로 칭송하였다.

또한 일본 선비 대원장부(大垣丈夫)가 서울에 와서 사대부(士大夫)와 교제하며 국제정세를 토론하고 일본의 조선강점을 비판하였는데, 그 논지가 왕왕 신문에 보도되었는바 일찍이 일본이 조선을 기만한 사실을 성토하지 않음이 없었다.

진주(晉州) 기생 산홍(山紅)이 얼굴이 예쁘고 문예가 뛰어났다. 이지용(李址鎔)이 천금을 주고 첩으로 삼고자 하였으나 산홍이 거절하며 말하기를, "세상 사람이 대감을 5적의 괴수라고 하거늘 나는 비록 천한 기생이지만 자유로운 인간이다. 무엇 때문에 역적의 첩이 될 것인가." 하니 이지용이 크게 분노하여 때렸다.

11월 17일 경술(庚戌)에 최익현 의병대장이 대마도에서 유소(遺疏)를 남기고 졸(卒)하니 향년 74세였다. 졸하기 전 며칠 동안 밤마다 큰 별이 떨어졌으며, 21일 상여가 부산(釜山)에 이르자 홀연히 대낮에 쓸쓸한 비가 내리며 쌍무지개가 바닷가에 나타났다. 우리 민족이 경영하는 상점은 모두 점포문을 닫고 울기를 친척의 초상처럼 하였는데, 남자와 여자, 노인과 어린

이가 부두로 모여 배에 올라 엎드려 슬프게 우니 통곡소리가
바다를 진동하였다. 한 상민(商民)이 호상소(護喪所)를 그 회사
에 설치하여 상여와 기구를 준비해 하루를 머물고 발인하니,
상여를 뒤따르며 미친 듯이 우는 사람이 수만 명에 이르렀다.
산 속의 중과 지방의 기생 및 거지까지도 노제(路祭) 지낼 제
물광주리를 가지고 모여들어 시장을 이루었는데, 만사(挽詞)와
제문(祭文)을 몇 마리의 말에 싣고 가는 데도 하루에 10리밖에
나아가지 못했다.

입에서 입으로 부음(訃音)이 나는 듯이 전파하여 산림학자양
반 유생을 비롯하여 서민대중이 더욱 모여드니, 동래(東萊)를
출발하는 날에는 상여가 거의 앞으로 나아가지 못할 정도였다.
이때 동래 기생 옥도(玉桃)는 다음과 같은 제문을 읽었다.

"동래 기생 옥도는 삼가 간소한 제물을 장만하여 통곡하면
서 정헌대부(正憲大夫) 의정부찬정(議政府贊正) 행공조판서(行
工曹判書) 면암 최선생 영좌(靈坐) 아래 엎드려 아뢰나이다.

아~, 슬프고 아~, 통탄스럽습니다. 찬정공(贊政公) 면암 선
생은 도덕도 높으시고 충의(忠義)도 갸륵하사 나라의 원수를
갚아 치욕을 씻으시려고 바르게 간(諫)하고 진실하게 말하심이
몇 번이던가요 도끼도 무서워 않으시고 기름이 끓는 솥도 예
사로 여기셨도다.

창파만리길을 가실 때에는 두렵고 슬프더니, 서럽도다 오늘
날 충혼(忠魂)이 되어 귀국하셨네. 당당한 충의(忠義)로써 이역
(異域)에서 돌아가시니 웬일입니까. 어서 오소서. 선생의 영혼
이여 고국땅이 여기로다. 충의(忠義)는 해와 달처럼 분명하고
절개는 서리와 눈처럼 늠름하도다. 천만고에 충신열사가 이에
서 더할쏘냐. 청천백일(靑天白日)에 비가 쓸쓸히 내리는 것은
억만 동포의 눈물이요 엄동설한(嚴冬雪寒) 높은 바람에 해상운

무(海上雲霧)는 무슨 일일까. 구름과 안개가 걷힌 뒤에 쌍무지개가 하늘에 걸리니 아마도 우리 선생이 하늘로 올라가는 무지개 다리로다. 3혼7백(三魂七魄)이 다 날아가도 충혼(忠魂)이야 없을쏘냐. 세우리라 세우리라, 우리 대한독립권을.

엎드려 생각하옵건대 존엄하신 영혼께서는 이르시어 응감하시는 은덕을 내려주옵소서 아~, 통곡하면서 술잔을 올립니다."(『면암선생 祭輓錄』 권1)

나라의 주권을 상실한 슬픔이 이와 같이 폭발하니, 일본군경은 사람이 많이 모이는 것을 두려워하여 길을 사방으로 막고 통행을 못하게 저지하였으나 끝내 쫓아서 못 오게 할 수 없는지라, 상주(尙州)에 이르자 일본이 고민하다가 문득 상여를 기차에 싣고 순식간에 고향집에 이르렀다.

그러나 우리 민족은 계속 면암 선생의 궤연(几筵)에 모여 향을 피우고 독립정신을 가다듬었으니, 그 인파가 그칠 줄을 몰라 조선왕조 500년에 이와 같이 죽음을 슬퍼하는 많은 군중은 없었다. 그런데도 조정에서는 아무런 의전(儀典)도 내리지 않았고 관료들은 한 사람도 조문하지 않았다.

최익현 의병대장의 유소(遺疏)

죽음에 임하여 신 최익현은 일본 대마도 경비대 속에서 서쪽을 향하여 재배하고 황제폐하께 말씀을 올립니다. 생각하건대 신은 의병을 일으킴에 금년 윤4월 처음 일을 도모할 때에 이미 대략 갖추어서 상소하였사오니, 그 상소문이 올라갔는지는 신이 알지 못하겠습니다만 다만 신의 거사가 형편없어 마침내 포로로 잡히어 7월 8일에 일본 대마도로 압송되어 현재 이른바 경비대 속에 갇혔으니, 스스로 분별하건대 반드시 죽일 것이므로 살아서 돌아갈 희망은 없나이다.

　이제 이 왜적들이 처음에는 신의 머리를 강제로 깎으려고 하더니 마침내 다시 교활한 말로 해명합니다. 그러나 왜적의 마음은 헤아릴 수 없으므로 반드시 죽인 다음에 그칠 것입니다.

　또한 엎드려 생각하건대 신은 여기에 온 뒤로 한 숟가락의 쌀이나 한 모금의 물이라도 모두 왜적의 손에서 나온 것이라면, 설사 왜적이 비록 죽이지 않더라도 신은 또한 차마 입과 배를 더럽힐 수 없는 까닭에 마침내 음식을 물리쳐서 스스로 선왕(先王)에게 충성을 바치는 의리를 따르기로 결심하였나이다.

　신이 살아서 나이가 74세가 되었으니 죽은들 무엇이 아까우리까마는, 다만 역적을 토죄하지 못하고 원수를 토멸하지 못하여 나라의 주권을 회복하지 못하고 강토를 탈환하지 못해서 4천년 문화의 바른 도통(道統)이 더러운 흙 속에 뭉개어지는데도 일으키지 못하고 3천리 예의 민족이 짓밟히고 으깨어 아주 결단이 나는데도 구하지 못하니, 이것이 신이 비록 죽어도 눈을 감지 못하는 것입니다.

　그러나 신은 그윽이 헤아리건대 왜적은 반드시 멸망하는 형세에 있으므로 멀어도 4~5년이 지나지 못할 것인데, 다만 우리가 대응하는 방법이 그 도리를 다하지 못할까 두려울 뿐입니다.

　이제 청(淸)나라와 러시아 두 나라가 밤낮으로 이 왜적에 대하여 이를 갈고 동시에 영국과 미국 등 여러 나라가 또한 반드시 이 왜적과 더불어 전폭적으로 우호협력하지는 못할 것인즉 조만간에 반드시 저절로 서로 공격할 것이며, 또한 일본은 전쟁으로 병기를 더럽힌 나머지 인민이 곤궁하고 재정이 고갈하여 민중이 그 군주(君主)를 원망합니다. 대저 밖으로 틈을 엿보는 적국이 있고 안으로 임금을 원망하는 인민이 있으면 그 멸망은 가히 발돋움하면서 기다릴 수 있는 것입니다.

　바라옵건대 폐하는 나라의 일이 할 수 없이 되었다고 해서 포기하지 말고 분발하여 임금의 대권을 굳세게 지키고, 임금의 뜻을 확고하게 세워서 무너진 기강을 진작하고, 타락한 관습을 개혁하여 그 참을 수 없는 것을 참지 말고, 그 믿을 수 없는 것을 믿지 말며, 헛된 위협에 지나치게 겁먹지 말며, 아첨하는 말을 달콤하게 듣지 말며, 자주독립할 계책을 더욱 확고하게 세워서 길이 의뢰하려는 마음을 끊어버리고 와신상담(臥薪嘗膽) 복수하려는 뜻을 더욱 견고하게 가져서, 자체적으로 완수할 방법을 모두 다하여 영재(英才)와 준걸(俊傑)을 초빙하여 들이고 군대와 인민을 어루만져 기르며 사방의 형편을 탐문하여 국제정세 속에서 일을 도모하면, 이 백성들은 진실로 모두 임금을 존경하고 나라를 사랑하는 마음이 있으며 또한 모두 선왕(先王)의 5백 년 동안 성대한 도덕과 지극한 선정(善政)의 은택을 흡족하게 입었으니, 어찌 폐하를 위하여 죽을 힘을 다해서 큰 원수를 갚고 깊은 치욕을 씻을 사람이 없겠나이까.

　그 기틀은 오직 폐하의 한 마음에 있을 따름입니다. 신은 목숨이 다함에 임하여 정신이 황폐해서 말하고자 하는 바를 그 한두 가지밖에 진술할 수 없아와 이 상소문을 같이 구속당한 임병찬(林炳瓚)에게 부탁하여 그로 하여금 때를 기다렸다가 올리게 하오니, 바라옵건대 폐하는 불쌍히 여기시어 살펴주소서.

　12월에 일본이 풍덕군(豊德郡) 경천리(敬天里)에 있는 13층 경천탑(敬天塔)을 헐어 밤에 바다를 건너 일본으로 가지고 가니, 군민이 막았으나 일본 헌병이 칼을 휘두르고 총을 쏘며 강탈하여 그들의 박물관에 진열하였다. 이 경천탑은 고려시대 노국공주(魯國公主)가 시집올 때에 싣고 온 것으로 서울 탑골공원의 탑과 같이 세운 것이다.

형사국(刑事局) 검사(檢事) 이준(李儁)이 형사국장(刑事局長) 이유인(李裕寅)의 친일세력 비호행위를 평리원(平理院)에 고소하여 재판하기를 요청하였으나, 일본 헌병이 법원을 포위하여 방청인을 금지하고 강제로 판결하게 해서 도리어 이준이 태형(笞刑) 70을 받고 좌천당했다.

남원(南原)의병장 양한규(梁漢奎)가 남원군의 전 진사(前進士) 박재홍(朴在洪)과 조규현(曹圭顯), 상민(商民) 양문순(梁文淳) 등과 결의하여 용기 있는 군내 장정 수백 명을 선발해서 운봉(雲峰)으로 들어가 웅거하며, 영호남이 합작하여 왜적을 토벌하기로 계획을 세우고 무기를 구하기 위해 밤에 남원에 주재한 일본 헌병대와 경찰서를 토벌하니, 일본군경이 사방으로 도망하였다. 이에 무기를 접수하고 사방의 문에 파수를 세워 남원군민이 환호하는 가운데 기세가 충천하였으나, 의병이 양총(洋銃)을 시험발사하며 연습을 하다가 오발하여 양한규 의병장이 죽자 새벽에 무기를 가지고 각자 흩어졌다.

날이 새자 일본 헌병과 경찰이 돌아와 대대적인 수색을 벌려 수많은 의병들이 생포되었는데, 남원의 감옥소가 넘쳐서 임시감옥에까지 수용되었다. 한 달 뒤에 박재홍과 양문순도 포로로 잡혀 일본군 한국침략사령부에 구속되었으나 날카롭게 왜적을 질타하였다.

광무 11년(1907년) 정미(丁未) 봄 정월에 대구(大邱)의 서상돈(徐相敦)과 김광제(金光濟) 등이 단연회(斷烟會)를 만들어 국채보상금을 모집하기로 하였다. 조선을 약탈하려고 기도한 일본의 간교한 고문정치와 자칭 통감통치로 인해서 불과 2년 만에 나라의 부채가 1,300만 원으로 늘었으나 모두 침략비용으로 소진하여 보상할 길이 없었기 때문이었다. 이에 2천만 동포가 모금하여 경제적 예속에서 벗어나자고 호소하니 전국민이 크게 호응하였다.

전 평해군수(前平海郡守) 강재천(姜在天) 의병장은 임실군 운암강(雲岩江)에서 기병하여 12월 21일 3백 명의 의병을 거느리고 남원, 구례, 동복, 담양, 순창으로 진출하여 왜적을 기동력 있게 타격하였다. 정미년 1월 5일에는 장성군의 왜적을 토벌하여 큰 전과를 올렸다.

이용익(李容翊)이 해삼위(海蔘威)에서, 널리 학교를 세우고 인재를 교육하여 국권을 회복하라는 상소문을 남기고 죽었다. 이용익은 또한 아들 현재(賢在)에게는, "나라가 이미 망하였으므로 내가 죽은 뒤에도 고향으로 반장(返葬)하지 말라."고 하였다. 그러나 그 아들이 다른 나라 땅에 오래 있을 수 없다고 한 달이 지난 뒤에 발인하기 위하여 빈소(殯所)를 열고 운구하려고 하였으나 널이 움직이지 않아 통곡하고 중지하였다.

일본군대가 용산(龍山)에 청루(靑樓)를 세우면서 민간인의 묘 800기를 발굴하고, 또 일본헌병이 수원(水原)의 융릉(隆陵)에 침입하여 사냥하면서 불을 놓아 능을 불태웠다. 인천항(仁川港)에 큰 화재가 일어나 500호를 태웠으며, 대구(大邱)에서도 큰 불이 나서 58호를 태웠다.

강원도의 영동 일대에서는 큰 눈이 내려 7~8장(丈)이나 쌓였으며, 눈사태로 40여 명이 죽었다.

2월에 호남(湖南) 사람 전 주사(前注事) 나인영(羅寅永), 전 주사(前主事) 오기호(吳基鎬), 김인식(金寅植) 3인이 5적을 처단하기로 결의하고, 폭약 2상자를 사서 자물쇠를 만들어 열쇠를 넣으면 폭발하도록 장치를 하였다. 그러고는 이지용(李址

鎔)과 박제순(朴齊純)에게 보내어, '미국인 아무개가 증정한 바'
라고 하였다. 이에 그 집에 사람들이 열려고 하였으나 박제순
이 열지 못하게 하고는 칼로 옆을 뜯어 확인하여 실패하였다.
이지용도 그 소식을 듣고 상자를 열지 않았다.

　그러나 나인영과 오기호, 김인식 3인은 또다시 장사(壯士)
강원상(康元相), 황화서(黃華瑞) 등 18인을 모집하여 박용화(朴
鏞和)를 포함한 6적을 저격하기로 모의하였다. 대저 장사 3명
이 역적 1명씩을 처단하기로 결정하여, 권중현(權重顯)을 담당
한 강원상이 사동(寺洞)에서 육혈포 3발을 쏘았으나 명중하지
못하고 체포당했다. 박용화가 칼에 찔려 죽으니, 5적이 놀래서
경계를 삼엄하게 하며 일본헌병의 호위 속에 하루 저녁에 5~
6번 옮겨 그 처소를 감추기 때문에 성공할 수 없었다. 그리하
여 마침내 역적을 죽여야만 할 이유를 적은 참간장(斬奸狀)을
가지고 평리원(平理院)에 자수하였는데, 이등박문이 검사에게
"이제 나인영, 오기호, 김인식을 엄중히 처벌하여 다시는 이런
일이 생기지 않도록 하라." 고 협박하였다.

　이등박문은 탁지부(度支部)의 문서와 장부를 사칭(詐稱) 통
감부로 빼앗아 간 뒤, 사칭 통감부에 재정감사장(財政監査長)
을 두어 관장하였으며, 또 중앙은행의 금고(金庫)를 제일은행
으로 옮겨서 일본이 관리하게 하였다.

　탁지부에 화재가 일어나 양지과(量地課) 서고를 비롯하여 40
여 칸이 연소하고, 이어 함흥(咸興)에 큰 불이 일어나서 100여
가가 불탔다.

　충청과 호남(湖南) 곳곳에서 나라를 구하기 위해 의병이 일
어나, 양총(洋銃)을 구하려고 혈안이 되었다. 그런데 군산항(群
山港)의 무역상이 양총 1정에 소 1마리를 교환하여, 연산(連
山), 노산(魯山), 진산(珍山), 금산(錦山) 지역의 소가 거의 없

어져서 소 한 마리 값이 300양(兩)에 이르렀다.

경북(慶北)의병장 임성기(任性基)와 하덕근(河德根)이 지난해에 구속당했는데, 지방 진위대(鎭衛隊)에서 총살당함에 임성기의병장은 낭랑하게 시를 읊고, 하덕근 의병장은 말없이 미소를지으며 죽으니 보는 사람이 슬퍼하였다.

3월에 경흥(慶興)의 주민이 궐기하여 일본의 침략을 규탄하면서 일본인의 상점을 불태우고 일본인과 격투하여 10여 인을죽였는데, 일본헌병이 출동해서 무자비하게 탄압하였다.

이때 호남의병장 백락구(白樂九)도 태인(泰仁)에서 일본군을토벌하다 적탄에 맞아 장렬하게 전사하였다. 백락구 호남의병장은 지난해 9월 순천(順天)의 왜적을 토벌하려다가 생포되어광주에 주둔한 일본 헌병대에 구속되었다가 연말에 석방되었으나, 집으로 가지 않고 전북(全北)의병에 가담하여 활동하고있었다. 이즈음 백락구 의병장은 두 눈이 이미 보이지 않아서토벌을 지휘할 때에는 항상 가마를 타고 다녔는데, 끝내 전세가 불리하여 의병들이 가마를 메고 급히 뛰어 피하려 하자,"그대들은 퇴각하라, 이곳이 내가 죽을 자리이다." 하고 부하들을 물리쳤다. 그러고는 나아가 외치기를 "백락구가 여기에있다"고 하여 마침내 적탄에 맞았다. 시력까지 잃은 백락구 의병장이 의병을 일으켜 3번 생포당했다가 마침내 총에 맞아 죽으니, 광양(光陽) 사람들이 오랫동안 씩씩한 의기를 칭송하였다.

전남(全南)의병장 고광순(高光洵)이 200명의 의병을 일으켜동복(同福)에 주재한 일본 헌병대를 토벌하여 싸우다가 승리하지 못하고 물러났다.

내각의 요인들이 이등박문을 초청하여 창덕궁(昌德宮)에서 연회를 베푸니 이등박문이 시를 지어 읊었는데, 그 내용은 다음과 같다.

　꽃피고 잎 푸른 봄날 3월에
　창덕궁 안의 태극정(太極亭)에서 놀거니
　달기(妲己)가 어찌 폭군 주(紂)의 망국한을 알리오
　무심한 노래와 춤을 차마 듣기 어렵구나

　이등박문은 이렇게 친일내각의 관료를 주지육림(酒池肉林) 속에 나라를 망치는 요부(妖婦) 달기에게 비유하여 그 기(氣)를 완전히 꺾어서 비열한 하수인으로 길들여 버렸으니, 그 교활한 솜씨가 차마 입에 담기 힘들 정도이다.
　장성(長城)의 기우만(奇宇萬)과 남원 운봉(雲峰)의 박봉양(朴鳳陽)이 의병을 일으키려고 준비하다가 발각되어 서울의 감옥에 갇히었고, 충남의 이종태(李鍾台)와 이상현(李商鉉)도 의병을 도우며 연락한 사실이 발각되어 고군산(古群山) 열도에 10년 유배형을 당했다.
　이지용(李址鎔), 민영기(閔泳綺), 권중현(權重顯)이 일본에 가려고 부산에 이르자, 부산의 민중이 길을 막고 울면서 꾸짖어 말하기를, "너희들은 대신(大臣)으로서 일본에게 금고(金庫)를 넘겨주고 또 부산진 기지를 팔았으니, 이 땅의 인민은 장차 어디로 가야 하느냐, 너희들이 이 땅을 되돌려주지 않으면 우리들을 모두 여기에다 묻어라. 이 두 가지 중에 한 가지도 해결하지 못한다면 너희들은 살아서 돌아오지 못할 것이다." 하며 군중이 성난 파도와 같이 몰려드니, 그 기세가 대단히 험악하므로 일본군경이 호위하여 겨우 빠져나갔다.
　일본은 의병을 잡으면 포로로 대우하지 않고 범인으로 취급하여 무거운 형벌을 내리기 일쑤였다. 그리하여 5월에 서울의 일본군 한국침략사령부에 구속된 홍주(洪州) 의병대장 민종식(閔宗植)과 그 휘하 이용규(李容珪), 박윤식(朴潤植), 김덕진(金德鎭), 곽한일(郭漢一), 황영수(黃英秀), 정재호(鄭在鎬) 의병 등 6인을 진도(珍島)로 종신유배 보냈다. 남원(南原)의병장 양한규(梁漢奎) 휘하의 박재홍(朴在洪), 조규현(曹圭顯), 양문순(梁文淳) 의병장 등 3인은 지도(智島)로 종신유배 보냈으며, 권중현(權重顯) 등 6적을 박멸하려고 시도했던 민형식(閔衡植)을 비롯한 이석종(李奭鍾), 이용태(李容泰), 김동필(金東弼), 강상원(康相元), 지팔문(池八文), 박종섭(朴鍾燮), 김경선(金京善), 황문숙(黃文淑), 황성주(黃聖周), 이경진(李京辰), 조화춘(趙化春), 나인영(羅寅永), 박두표(朴斗杓), 이승대(李承大), 최익진(崔翼軫), 서창보(徐彰輔), 이광수(李光秀), 윤충하(尹忠夏), 김영채(金永采), 최동식(崔東植), 권재중(權在重) 의사 등 22명에게는 10년의 유배형을 선고하였다. 또한 정인국(鄭寅國), 이기(李沂), 윤주찬(尹柱瓚), 오기호(吳基鎬), 김인식(金寅植), 서정희(徐廷禧), 김덕준(金德俊), 이완수(李完秀), 차정오(車正午), 이승당(李承唐), 이상학(李常學) 의사 등 11명에게는 7년~5년의 유배형을 선고하여 철도(鐵島), 지도(智島), 진도(珍島) 등으로 보냈다.

광주의 일본헌병대에 구속된 호남의병장 양회일(梁會一)과 임락균(林洛均)에게는 15년형을, 안재찬(安在贊), 유태경(柳泰京), 신태환(申泰煥), 이윤선(李允善) 의병에게는 10년형을 선고하여 모두 유배 보냈다.

일본인이 충북지역에서 일본의 철도역부를 모집한다고 속여 1개월에 4백 환(圜)의 임금을 선불하므로 10여일 사이에 600여명이 지원하니, 배에 싣고 멕시코로 가서 노예로 팔았기 때문에 그 종적을 알 수 없었다.

8. 일본이 정미7협약을 강행

　광무(光武) 11년(1907년) 5월 고종(高宗)은 전 검사(前檢事) 이준(李儁)과 전 첨사(前詹事) 이상설(李相卨)에게 외교사신의 신임장을 주어, 네덜란드 헤이그에서 열리는 만국평화회의에 참석하여 일본의 침략상을 폭로하고 한국의 국권회복을 호소하도록 하였다.

　이준과 이상설은 러시아로 가서, 이범진(李範晉)의 아들로 러시아 공사관 참사관으로 있는 이위종(李瑋鍾)과 함께 헤이그에 이르러 만국평화회의에 참석하려고 하였다. 그러나 한국은 외교권이 없다는 이유로 참석을 거부당하자 이위종이 군중을 향하여 일본의 침략상을 낱낱이 폭로하고 이준이 자결하므로, 마침내 현지 언론의 동조를 얻어 신문지상을 통해 상세히 보도하여 일본의 기만적 행위가 만천하에 밝혀졌다.

　6월에 헤이그의 일본 대표가 일본에 이 소식을 전하자 일본 정부는 크게 난처하여 이등박문의 허술한 조치를 꾸짖고 즉각 외무대신 임동(林董)을 서울로 파견하여, 이를 빌미로 침략의 고삐를 더욱 당겼다.

　일본은 한국에 대하여 선전(宣戰)할 권리가 있다고 하면서 일본군 1개 사단과 일본군 12개 사단에서 혼성여단으로 편성한 제12여단(旅團)을 증파하여 서울에 투입, 궁성을 완전히 포위하였다. 그리고 이완용 등 내각대신을 불러들인 이등박문은 3개항을 강요하였으니, 첫째 을사5협약 문서에 옥쇄를 찍을 것, 둘째 일본이 추천한 사람으로 황제와 동등한 위치에서 섭정(攝政)하게 할 것, 셋째 고종이 일본으로 건너가 일본군주에게 사과할 것 등이었다.

고종이 모두 윤허하지 않자 이완용 등은 당돌하게 강요하기를, 그렇게 하지 않으려면 마땅히 태자(太子)에게 왕위를 넘겨주어서 시끄러운 소리를 막으라고 하였다. 그러나 고종이 끝내 허락하지 않자 이완용이 칼을 뽑아 성난 목소리로 말하기를, "폐하 오늘날이 어떤 세상입니까?" 하였다.

이때에 무감(武監 : 궁궐을 수비하는 군사), 액예(掖隷 : 궁궐 내의 관리), 그리고 임금을 모신 신하들이 이완용의 행동을 보고 분노하지 않는 이가 없어서 모두 칼을 칼집에서 뽑아들고, 임금의 한마디 말만 있으면 이완용 등을 찍어 죽이려고 기다렸다. 하지만 고종은 참혹하여 묵묵히 알지 못하는 것처럼 한참 있다가 이완용을 돌아보며, "그렇다면 전위(傳位)를 해야겠구나." 하였다.

다음날 이완용 등은 임금의 명령이라고 속인 교조(矯詔)를 내리고 황태자(皇太子)에게 군사통수권을 대리케 하였는데, 그 조서(詔書)를 번역하면 다음과 같다.

"짐은 열성조(列聖祖)의 왕업 기틀을 계승하여 수호한 지가 이제 44년으로 여러 번 어려운 일을 겪으면서 다스려도 뜻대로 되지 아니하였나니, 혹 적절치 못한 사람을 등용하여 소란이 날로 심하고 처사가 대부분 어그러져서 시국이 어렵고 근심스러움이 바야흐로 급박하여 인민의 생명이 위태롭고 국운이 험악함이 이 시대보다 심함이 있지 아니하므로, 벌벌 떨며

위태로워하고 두려워함이 마치 깊은 연못에 살얼음을 걷듯이
하였도다.

다행히 원량(元良 : 皇太子)의 학덕과 재능이 자연스럽게 이
루어져서 훌륭한 명예가 일찍 나타나 침석에 문안오고 수라상
을 보살피는 틈에 물어보면 보탬이 아주 많았도다.

시정개선의 방안을 부탁하는 사람이 있으므로 짐이 그윽이
생각하건대 근무하기가 싫어서 왕위를 전하여 선양(禪讓)하는
것은 역대에 이미 거행한 예가 있었고, 또한 우리 선왕조(先王
朝)의 성대한 예법이었나니 바르게 계승해야 마땅하리라. 짐은
이제부터 군국대사(軍國大事 : 군사상의 국가대사)는 황태자로
하여금 대리(代理)케 함에 모든 의식과 범절을 궁내부(宮內府)
와 장례원(掌隷院)에 명령하나니 마련하여 거행토록 하라.”

이등박문은 즉시 고종황제를 강제로 퇴위시켜 일본으로 옮
겨서 유폐시키려고 하여, 대궐 밖에 다른 차를 숨겨 놓고 고종
을 협박하여 태우려고 하였다. 이에 유생(儒生)과 서울시민이
듣고 남녀노소가 방망이와 몽둥이를 들고 달려나와 경각간에
거리를 메우고 각급 학교에 학도들이 서로 연락하여 구름처럼
모이고 밀물처럼 밀어닥치며 함성을 크게 외치고 죽음으로 싸
우니, 이등박문은 군중이 분노하여 죽을 기세가 있으므로 드디
어 중지하였다.

이날 서울시민이 기약하지 않았는데도 종로거리에 수만 명
이 집결하여 결사회(決死會)라는 깃발을 세우고 바야흐로 정부
에 질문을 하려고 하였으나, 일본군대가 저지하여 이에 만인소
(萬人疏)를 올리기로 의논하고 막 글씨를 쓰려고 함에 일본군
기마병이 총검을 날쌔게 휘두르며 말을 타고 그 대회장으로
돌격하여 해산시키려고 하였다. 이에 시위대(侍衛隊) 병사 수

십 명과 결사회 회원이 다시 모여 피를 뿌리며 맹세하고 일본군을 향하여 총을 쏘아 일본군 기마병 3명을 죽였고, 우리 시민도 또한 많이 죽고 다쳤다.

이때 일진회(一進會) 회원 수백 명이 며칠 전부터 총칼을 가지고 궁성을 포위하여 일본군과 다름이 없었기에 서울시민이 크게 외치기를, "일진회원은 모두 일본인이 되었으니 어찌 죽이지 않으리오." 하면서 칼과 몽둥이가 비가 쏟아지듯이 하니, 죽은 사람이 수십 명이고 도망가다가 팔다리가 부러진 자가 길에 연속하였다.

서울시민의 충천하는 분노와 함성에 크게 놀란 각 아문(衙門)은 업무를 정지하고, 상인은 점포를 닫았으며, 개성(開城)과 평양(平壤) 및 각 항구도 모두 철시하였다.

이날 일본군주(君主)가 보낸 '신황제즉위(新皇帝卽位)'라는 축하전보를 받고 답전(答電)함에 이완용이 선위(禪位)받았다고 쓰려고 하므로, 궁내부대신 박영효(朴泳孝)가 오늘은 대리(代理)로 임명을 받았지 선양(禪讓)을 받은 것이 아니라고 힐책하였다. 이에 이도재(李道宰), 남정철(南廷哲)과 환관(宦官) 이병정(李炳鼎)이 박영효의 주장에 동조하다가 일본 헌병에게 박영효 등 4인이 모두 잡혀 평리원에 구속당했다. 그리하여 이완용의 동생 이윤용(李允用)이 박영효를 대신하여 궁내부대신이 되었다.

일이 여기에까지 이르자 분노가 극에 달한 서울시민이 이완용, 이지용, 이근호(李根澔), 이근택의 집에 불을 질러 이완용의 집은 그 조상의 신주까지 모두 불타버렸다. 송병준(宋秉畯)의 집이 이현(泥峴)에 있어 일본인과 섞여 살았기 때문에, 이완용 등 역적들이 시민이 복수하여 살해할 것을 두려워하며 모두 송병준의 집에 모여 살면서 일본군의 보호를 받았다.

전 의정(前議政) 이근명(李根命)이 시국의 흐름이 좋지 않은 것을 알고 성묘(省墓)한다는 핑계로 은밀하게 파주(坡州)로 가서 수십 일을 머물고 있었는데, 사건에 대한 소식이 이르자 파주 군민이 성토대회를 개최하고 규탄하여 말하기를, "이근명은 원임대신(原任大臣)으로 국가가 위태로운데도 바로 세울 한 가지의 대책도 건의하지 않고 먼저 생쥐처럼 도망하여 살 궁리만 하였으니 이것은 춘추대의(春秋大義)에서 밝힌 난신(亂臣), 적자(賊子)의 수괴로서 사람은 누구든지 잡아 죽여야 될 자인 즉 우리가 죽여야 옳다." 하므로 이근명이 크게 놀라 다시 도망하여 서울로 도피하였다.

이 해의 5월은 초하루부터 10일까지 해와 달이 빛이 없어 날씨는 맑으면서도 음산하여 희미했는데, 15일 낮에는 한강이 붉게 흐렸었다.

이등박문은 일본인이 우리나라에서 군사무기를 판매하는 것을 금지시켰다. 이때에 전국적으로 반일(反日)감정이 비등하여 오강(五江 : 漢江, 龍山, 麻浦, 玄湖, 西江)의 나루에 사는 주민들이 용산인쇄국(龍山印刷局)을 부수어 버리고, 중화동(中和洞)의 주민은 전차(電車)를 쓰러뜨려 버렸으며, 안성학교(安城學校) 학생은 집단적으로 서울로 올라와 시위하면서 일본의 침략을 규탄했고, 각 시위대의 병사는 일진회원을 만나면 선뜻 칼로 목을 쳐서 머리를 땅에 던지고 말하기를 "나라를 망치는 놈은 이 일진회 역적들이다."고 하였다. 이에 이등박문이 한국의 군대를 해산시키려고 결심하고 먼저 각 항구에서 무기를 판매하는 것을 금지시켰다. 그리고 한국의 내정을 직접 장악하기 위하여 7개항의 신협약을 만들어 먼저 5적과 상의하였으나 박제순, 이지용 등이 사양하여 말하기를, "우리들은 5조약 이래로 위로 황제를 우러러 볼 면목이 없고 아래로 국민을 대할

면목이 없어 구차하게 살면서 오늘에 이르렀는데 또 이 협약을 조인하는 데 가담하기는 어렵다."고 하였는데, 오직 이완용만이 나서서 승인하겠다고 하였다.

7월 15일 한밤중에 이등박문은 이완용을 사주하여 고종황제를 협박, 소위 한일신협약(정미7늑약)과 그 부수 각서를 강제 조인하여 지금까지의 자칭통감(自稱統監)에 의한 간접적 고문통치(顧問統治)를 직접적인 차관통치(次官統治)로 전환하여 한국의 내정까지 완전히 장악하고 마침내 한국군을 해산하는 비운에 봉착하게 하였으니, 그 내용은 다음과 같다.

한일신협약

한국정부 및 일본국 정부는 조속히 한국의 부강을 도모하고 한국민의 행복을 증진하기 위한 목적으로 아래 조항을 약정한다.

제1조 한국정부는 시정개선(施政改善)의 방법에 관계된 모든 사항은 한결같이 통감(統監)의 지도를 따른다.

제2조 한국의 법령과 제도 및 중요한 행정상의 처분은 반드시 사전에 통감의 승인을 경유해야 된다.

제3조 한국은 사법사무(司法事務)와 보통행정(普通行政)을 각각 구별하여 처리한다.

제4조 한국의 관리는 통감의 동의를 얻어야만 임면할 수 있다.

제5조 통감이 추천한 일본인으로 한국관리에 임명해야 된다.

제6조 한국정부는 통감의 동의가 없으면 외국인을 초빙하여 고용할 수 없다.

제7조 광무(光武) 8년(1904년) 7월 12일 조인한 제1차 한일협약 제1항(일본인 재정고문을 둔다는 내용)은 이제부터 폐지

한다.

이상을 증거하기 위하여 아래에 각 본국 정부에서 합당한 위임을 받아 본 협약에 기명 조인함.

광무 11년 6월 15일
한국 훈2등(勳二等) 총리대신 이완용
일본국 후작(候爵) 통감 이등박문

비밀부수각서(秘密附隨覺書)

광무(光武) 11년 6월 15일 조인한 한일협약의 취지를 증거하여 장차 아래 사항을 실시한다.

제1, 한일 양국인으로서 조직한 아래 재판소를 신설한다.

1. 대심원(大審院) 1개 소 : 위치는 서울 또는 수원(水原), 원장 및 검찰총장 그리고 판사 중 2명, 서기 중 5명은 일본인으로 임용한다.

2. 공소원(控訴院) 5개 소 : 위치는 중앙부에 1개 소, 남북부에 각 1개 소, 원장 및 검사장 그리고 판사 중 2명, 검사 중 1명, 서기 중 5명은 일본인으로 임용한다.

3. 지방재판소 8개 소 : 위치는 구(舊) 8도관찰부(八道觀察府) 소재지, 소장 및 검사정(檢事正)은 일본인, 그리고 도합 판사 중 32명, 서기 중 80명은 일본인을 임용하되 업무량에 따라 분배하며, 검사 중 1명은 일본인으로 임용한다.

4. 구재판소(區裁判所) 130개 소 : 위치는 중요한 군아소재지(郡衙所在地), 판사 중 1명, 서기 중 1명은 일본인으로 임용한다.

제2, 아래 감옥(監獄)을 새로 건설한다.

1. 감옥 9개 소 : 위치는 지방재판소 소재지에 1개 소 및 도서 중 1개 소, 전옥(典獄 : 형무소장)은 일본인으로 임용하

고 간수장(看守長) 이하 이원(吏員)의 반수는 일본인을 쓴다.

제3, 아래 방법에 의거하여 군대를 정리한다.

　1. 육군 1대대를 존치(存置)하여 황궁수위(皇宮守衛) 임무를 담당하게 하고 기타 부대는 해산한다.

　2. 교육을 받은 사관(士官)으로 한국군대에 남겨둘 필요가 있는 자를 제외하고 기타는 일본군대로 부속케 하여 실습케 한다.

　3. 일본은 한국사관을 위하여 상당한 설비를 한다.

제4, 고문 또는 참여관(參與官) 명의로 현재 한국에 초빙 고용된 자는 모두 해직한다.

제5, 중앙정부 및 지방청에 일본인을 아래와 같이 한국관리로 임명한다.

　1. 각부 차관(各部次官)

　2. 내부 경무국장(內部警務局長)

　3. 경무사(警務使) 또는 부경무사(副警務使)

　4. 내각서기관(內閣書記官) 및 서기랑(書記郎) 중 몇 명

　5. 각부 서기관(書記官) 및 서기랑 중 몇 명

　6. 각도 사무관 1명

　7. 각도 경무관

　8. 각도 주사(主事) 중 몇 명

　9. 이밖에 재무, 경무 및 기술에 관한 관리로 일본인을 임용할 사항은 추후 별도로 협정한다.

이에 기명 조인하여 후일의 증거로 함.

참조

1. 일본인 판사 총수(원장, 소장을 포함) 165명

　　내역 : 대심원 3명

                공소원 9명

                지방재판소 40명

                구 재판소 113명

  2. 일본인 검사 총수(검찰총장, 검사장, 검사정을 포함) 23명

     내역 : 대심원 1명

                공소원 6명

                지방재판소 16명

  3. 일본인 서기 총수 213명

     내역 : 대심원 5명

                공소원 15명

                지방재판소 80명

                구 재판소 113명

  4. 고등관 총계 188명

     1인분 연봉 평균 2,500원(圓)으로 계산하면 합계 47만 원

     판임관 총계 213명

     1인분 연봉 1,000원으로 계산하면 합계 213,000원

     도합 589,000원.

   한국정부는 이로써 형태만 남은 빈 껍데기에 불과하게 되었
고, 일본은 이제 한국의 정치·행정·사법·군사·경제 등의
모든 기관을 실질적으로 장악하여 그들의 마음대로 통치할 수
있는 구조로 만들어 놓았다.

   일본은 한국의 국민과 군대(軍隊)의 반대를 두려워하여 7능
약만 발표하고 그 부수 각서는 비밀로 하면서 은밀하게 우리
군대의 해산작전을 마련해 놓았다. 그리고 임동(林董)은 19일
일본으로 돌아갔다. 그리고 일본은 즉각 경옥(京獄 : 서대문 감
옥소)을 비롯하여 곳곳에 감옥소부터 건설하였다.

9. 군대해산에 반대한 우리 관군의 항전

그 동안 일본은 우리 군의 용감한 애국심을 크게 두려워하였다. 일본은 이미 임진왜란 당시에 이순신(李舜臣) 장군에게 완패당했던 경험이 있었을 뿐만 아니라 고종(高宗) 3년(1866년) 병인양요(丙寅洋擾) 때에 천총(千摠) 양헌수(梁憲洙) 장군이 정족산성(鼎足山城)에서 포수 300명으로 불란서 함대를 격퇴하고, 고종 8년(1871년) 신미양요(辛未洋擾) 때는 전 병사(前兵使) 어재연(魚在淵) 장군이 광성보(廣城堡)에서 순무중군(巡撫中軍)을 거느리고 미국 태평양함대와 장렬하게 최후의 1인까지 죽음으로 싸워 격퇴시킨 용맹한 전투력을 익히 알고 있었기에 우리 군의 강인한 정신력을 내심 두려워했다.

그리하여 일본은 우리 군의 전력 약화를 음모하여 끊임없이 군축을 강행하다, 이제는 그마저도 해체하여 자체 방위력을 완전히 없애버리려고 광분하였다.

일본은 러일전쟁 직후부터 우리 군을 본격적으로 해체하는 작업에 착수하였다. 그리하여 광무(光武) 9년(1905년) 3월 우리의 원수부(元首府)를 해체시켜, 원래 7개 연대로 편성했던 16,000명의 병력을 8,000명으로 반감시켰고, 그뒤 해마다 병력을 감축시켜 광무 11년(1907년) 6월 현재 7,000명에 지나지 않게 되었다. 서울에 시위(侍衛) 2개 연대 병력 약 5,000명과 지방에 8개 진위대대(鎭衛大隊) 약 2,000명이 남았을 뿐이었다.

　이등박문은 이완용을 교사하여 임금의 명령이라고 속인 교조(矯詔)를 6월 22일 밤에 발표하였으니, 그 내용은 다음과 같다.

　"짐이 생각하건대 이제 국가가 다난한 때를 만났으니 비용을 절약해서 실업(實業)에 힘쓰는 것이 오늘날의 급무이다. 현재 우리의 군대는 용병(傭兵 : 지원하여 봉급을 받고 병역에 복무하는 군대)으로 조직하였기 때문에 위아래가 일치하지 아니하여 국방을 완전히 하기에는 부족하므로, 짐은 이제부터 군제(軍制) 쇄신을 도모하여 사관(士官) 양성에 전력해서 장차 다른 날에 징병제도(徵兵制度 : 징병에 관한 국가의 皆兵制度)를 실시하여 하여금 병력을 공고하게 갖추는 성과를 거두기로 기약하노라.

　이에 해당 기관에 명령하여 모두 황실(皇室)을 시위(侍衛)하는 데 필요한 자만을 선발하여 두고, 기타 부대는 각기 해산토록 한다. 그러나 너희들이 오랫동안 수고한 것을 생각하여 특별히 그 계급에 따라 하사금(下賜金)을 지급하나니, 그대 장교와 졸병은 짐의 말을 체득하여 각각 그 생업에 나아가 허물이 없도록 하라.

광무 11년 6월 22일
내각총리대신 이완용,
군부대신 이병무(李秉武)"

　이리하여 우리 군대는 제1연대의 제2대대만을 남기고 나머지는 모두 해산을 당하게 되었는데, 해산시의 의거를 두려워하여 이등박문은 또 이완용을 교사하여 임금의 명령이라고 속인 교조(矯詔)를 은밀히 전달하였으니, 즉 군대해산시에 인심이 동요치 않도록 예방하고 조칙(詔勅)을 어기고 폭력으로 반대하는 움직임이 있으면 통감(統監)에게 의뢰하라는 것이었다. 이등박문은 이 교조를 빌미로 우리 군대의 해산작업에 일본군을 직접 투입하여 강제로 해산시켰을 뿐만 아니라, 의병전선에 일본군을 마음대로 투입하여 의병과 대전하는 구실로 삼았다.

군대해산의 비밀공작이 발각되는 것을 두려워한 이등박문은 다음날 23일 새벽에 일본군대를 배치하여 엄중히 경계한 가운데 서울 각 시위대의 대대장급 이상의 장교를 긴급소집 일본군 한국침략사령관 장곡천호도(長谷川好道)가 관저로 점용한 대관정(大觀亭)으로 모이게 하고 이들 앞에서 먼저 군부대신 이병무가 임금의 명령이라고 속인 해산조칙을 낭독하고 이어 장곡천호도가 나서서 조용히 해산을 실행하라고 공갈 위협한 다음, 또 장교만을 해산대상에서 제외한 사실을 재삼 강조하며 은근히 유혹하였다.

그리고 각급 부대장은 즉각 사병들의 총기를 반납케 하고 오전 10시까지 전원을 인솔하여 훈련원으로 집합하라고 하였다.

일본은 이미 침략군 참모장 모전(牟田) 등으로 하여금 훈련원에 일본군을 배치하여 삼엄하게 경비토록 하고, 또 덕수궁 대안문(大安門) 및 종로 보신각(普信閣) 등의 요소에 기관총을 설치하여 서울거리를 겨누게 하고는 우리 군대가 부대를 나와 훈련원으로 향하면 즉시 일본군이 침입하여 부대를 점령하도록 만반의 준비를 완료하고 있었다.

마침내 군대까지 해산당하는 지경에 이르는 우리 군대의 장교와 졸병은, 나라가 망하는 비참한 현실을 목도하면서 군인으로서 처신해야 할 마지막 운명을 결단하지 않을 수 없었

다. 이에 가장 먼저 시위(侍衛) 제1연대 제1대대장 박성환(朴
星煥) 참령(參領)은 총기와 대포를 다른 창고로 옮겨 은밀하
게 숨기고 일본의 해산요구를 거절하여, "군인이 나라를 지킬
수 없고 신하가 충성을 다할 수 없다면 만 번 죽어도 아까울
것이 없다."(軍不能守國, 臣不能盡忠, 萬死無惜)고 유서를 써
놓고 부대원에게 군대해산의 조칙을 알린 다음 통곡하여 말
하기를, "우리가 나라의 봉록을 먹은 지가 지금 몇 년인데 나
라가 망함에 한 명의 일본인도 죽이지 못했으니 죽어도 죄가
남을 것이다. 나는 차마 그대들과 함께 훈련원으로 가지 못하
겠으니 차라리 내가 죽겠다." 하고는 의자에 앉아 칼을 뽑아
목을 찔러 자결하였다. 이 순간 장렬한 의기가 병영을 진동하
면서 부위(副尉) 오의선(吳義善)과 정교(正校) 1명, 사병 1명
이 연달아 칼로 목을 찔러 자결하였다. 이에 부위(副尉) 남상
덕(南相悳)이 전체 대원에게 소리쳐 묻기를 "박성환 대대장과
함께 죽을 사람은 누구인가." 하니 전대원이 모두 일제히 호
응하여 같이 죽겠다고 하였다.

그리하여 남상덕은 부하들과 2일 동안을 일본군과 격렬하게
싸웠으며, 이웃에 있던 제2연대 제1대대 병사들과 합세하여 적
군(敵軍) 중대장 미원(梶原)을 사살하는 공을 세웠다.

박성수(朴成壽) 교수는 이 전투상황을 자세히 기술하였으니,
다음과 같다.

"두 대대의 의거가 일어나자 먼저 남대문 안에 자리잡고 있
던 일본군 보병 제51연대 제3대대 제9중대와 세10중대의 각 1
소대가 달려왔다. 이들은 이날 아침 해산될 시위 제1연대와 제
2연대의 각 1대대 병영을 접수할 임무를 띠고 막 영문을 나서
려던 차에 총성을 들었던 것이다. 두 소대는 각각 두 시위대를

맡아 접근하였으나 맹사격을 받아 1시간이 넘도록 저지당하였다. 도시 소대병력으로는 꼼짝할 수 없고 위험하다는 사실을 깨달은 3대대장 판부(坂部) 소좌는 9시 30분 제10중대 전원을 투입하고 사단장에게 병력증강을 요청하였다.

보고에 접한 사단장은 병력으로 진압할 수밖에 달리 수단이 없음을 깨닫고 고전하고 있는 3대대장 판부에게 "귀관은 남대문 병영에 있는 3중대와 기관총 3문으로 남대문 위병 및 소의문 위병과 협력하여 시위 제1연대 제1대대, 동 제2연대 제1대대의 병사를 급속히 진압하라. 공병장교 이하 11명과 2명의 전기(傳騎)를 부친다."고 명령하였다.

이에 힘을 얻은 판부는 남대문 성벽 위에 기관총 2문을 걸고 치열한 엄호사격을 하게 하는 한편 제9중대의 기관총 1문을 들이대고 우선 시위 제2연대 제1대대 뒷문을 향해 돌격작전을 감행하였다. 10시 40분까지 약 40분간 되풀이하여 돌격해 보았으나 적지 않은 부상자만 냈을 뿐이었다. 그도 그럴 것이 일본군은 시위 제2연대 제1대대 뒷문으로 통하는 좁은 골목길을 전진해야 했고 한국군 병사들은 병영의 벽이나 창문으로부터 맹렬한 사격을 가할 수 있었다. 2연대 1대대의 한국병사들은 일본군이 후퇴하면 사격을 중지하고 전진하면 즉시 일어나 사격하였다.

판부 대대의 고전 보고에 접한 사단장은 다시 장곡천(長谷川) 관저 앞에 있던 보병 1개 중대와 종로의 보병 1개 중대(제7중대)를 증파하였다. 10시 40분 증원부대가 도착하자 판부는 그 중 1개 중대를 고전하고 있는 9중대에 붙여 시위 제2연대 제1대대에 대한 총공격을 명령하였다. 원병에 용기를 얻은 미원은 용분하여 선두에 서서 병영에 돌입하고 부하는 맥진이 이에 따랐다. 그러나 미원의 독전(毒戰)은 분명히 만용이었다.

뒷문을 부수고 영내에 돌입한 일본군은 사위의 병사(兵舍) 창구에서 쏘는 한국병사들의 집중사격을 받아 가장 많은 부상자를 내고 말았다. 러일전쟁 때 여순(旅順) 공격에 참전하여 러시아병(兵) 19명을 죽였다는 용명으로 도깨비대장(鬼大將)이란 별명에 우쭐하던 미원은 이 돌격에서 2명의 한국 장교를 베었다고 하지만 영내에 돌입한 후 자기 부하를 독 안에 든 쥐로 만들었을 뿐 아니라 자기 자신의 목숨마저 잃어버리고 말았다. 뒤따라 영내로 들어왔다가 한국군 병사의 집중사격을 받은 공병 소위 대전(大田)은 폭탄을 투입하려고 했으나 때마침 쏟아지는 소나기로 점화(點火)할 수 없었고, 피아가 접근하여 그 기회를 얻지 못하였다. 그러나 겨우 1탄(一彈)에 점화한 그는 병영 안을 향해 폭탄을 투입하였다. 이때 9중대에 뒤따라 12중대가 영내로 들어와서 한국군 병사와 일본군 사이에 치열한 백병전이 벌어졌다. 이리하여 시위 2연대 1대대 병영은 10시 50분 일본군에 점령되었다.

시위 제1연대 제1대대 병사들은 남상덕 참위의 지휘 아래 미원 이하 다수의 일본병을 사상하여 압도적으로 우세한 일본군을 괴롭혔으나, 그들에게는 기관총이 없는데다가 탄환마저 한정되어 있었다. 미원의 돌격을 허용한 것도 총기와 탄환이 부족했기 때문이다. 몰려드는 일본군을 맞아 백병전까지 벌였다는 사실은 그들의 감투정신을 말해 주는 것이다.

시위 제1연대 제1대대 병사들도 병영 정문을 향해 전진해 오는 일본군(제51연대 제3대대 제10중대)에게 맹사격을 가해 그 접근을 불허하였다. 여기에서도 일본군은 몇 차례나 좁은 골목길을 돌격해 들어가려고 시도하였으나 더욱더 가열해지는 한국군의 사격에 조금도 전진하지 못하였다. 10시 50분 1개 중대와 공병 1개 분대의 증원군에 힘입은 일본군은 한국군이 시위 제2연대 제1대대의 전우들이 패했다는 소식에 동요한 틈을 이용하여 맹렬한 사격과 돌격전을 감행하였다.(朴成壽 著, 『獨立運動史』 제2장 제1절 韓國軍의 抗戰)

병영을 빼앗겨 퇴각한 우리 군사들은 사방으로 흩어져 시가전에 돌입하여 태평동(太平洞)과 정동(貞洞)으로 후퇴하면서 추격하는 일본군과 계속 싸웠고, 일부는 서소문 밖으로 후퇴한 뒤 약현(藥峴)에 집결, 서울역에 있는 일본군을 공격하였다. 탄환이 거의 떨어진 우리 군사들은 마침내 분기탱천하는 적개심으로 오직 칼만을 가지고 2일 동안 죽음으로 싸웠으며, 다른 부대 병사들도 대부분 무기를 들고 탈영하여 시가전에 합세하였다. 참위(參尉) 이충순(李忠淳)이 이 소식을 듣고 그 서모(庶母)에게 영결을 알리면서 말하기를, "저의 관직은 비록 미미하지만 나라의 전란에 죽지 않을 수 없나이다." 하고 마침내 일본군 진영으로 돌진하여 싸우다가 죽었다.

연일 격렬하게 시간전을 전개했던 우리 군사들은 탄환이 완전히 떨어지자 부득이 도성 밖으로 철수한 뒤, 전부 지방의 의병부대와 합치기 위하여 떠났다. 그런데도 일본군대는 우리 군사들이 민간복장으로 갈아입고 민가에 은신했다는 거짓 핑계를 내세워 집집마다 샅샅이 수색하는 작전을 전개하였으며, 심지어 일본 여자를 동원하여 내실을 뒤지게 하면서 재화와 귀중품을 약탈하기까지 하였다. 물론 이 과정에서 우리 군사는 한 사람도 찾아내지 못했다.

서울시민은 난폭한 일본의 군대해산작전을 증오하여 우리 병사에게 물과 밥을 해주며 지원하였다. 여학교 간호부 몇 사람은 탄환을 무릅쓰고 인력거로 우리 군사의 부상자를 병원으로 옮겼고, 미국인 의사 어비신(魚飛信)과 목사(牧師) 조원시(趙元時) 등은 우리 군사의 부상자를 제중원(濟衆院)에 입원시켜 있는 힘을 다해 치료하였으며, 서울시민 김명철(金命哲), 기인홍(奇仁洪), 김창기(金昌基), 이원선(李元善) 등은 돈을 걸어 전사한 우리 군대의 장교와 병사를 장사지내고 슬프게 울고 돌아가니 서울시민이 모두 상점의 문을 닫고 애도의 뜻을 표하였다.

이 전쟁으로 우리 군대는 해산병사 3,441명 가운데 대부분이 봉기하여 98명의 병사와 장교 7명이 장렬하게 산화하였고 100여명이 부상하였는데, 이러한 장렬한 군인정신으로 인하여 훈련원으로 따라가서 군대해산식에 참가한 군인은 600명 남짓한 소수에 지나지 않았기 때문에 초라하기 그지없는 꼭두각시들의 요식행위로 전락하게 되었다.

이등박문은 우리나라의 군대가 오랜 역사와 전통에 빛나는 충의(忠義)정신으로 무장되어 있어서 강제해산에 순순히 따르지 않게 되자 당황하여 상금을 걸어놓고 지방의 진위대(鎭衛隊)를 해산하려고 시도하였다. 그리하여 각 도(道)에 전문을 발송해서 경관(警官)으로 하여금 진위대의 병사를 해산함에, 서울에서 시행한 것처럼 같은 날 교련장으로 모이게 한 뒤 총기를 묶어 세워놓고 먼저 맨손으로 무술시합을 하게 하여, 그들이 박수를 치고 노는 사이에 일제히 덮쳐서 총기를 회수한 다음에 비로소 군대해산조칙을 반포토록 하는 속임수를 써서 순간적으로 어찌 할 수 없게 기습단행하라고 교사하였다.

그러나 서울에서 군대해산에 반대하여 치열하게 투쟁한 소식을 들은 지방의 진위대 병사들은, 일본의 잔인무도한 도발적 행위에 분개하여 대부분 무기를 가지고 집단적으로 의병부대로 들어가서 왜적토벌로 돌아섰다.

특히 원주(原州)진위대는 대대장대리 김덕제(金德濟)와 특무장교 민긍호(閔肯鎬)가 비밀리에 의거계획을 세워 6월 27일 오후 병사들이 일제히 무기고를 부수고 1,200정의 소총과 4만 발의 탄환을 확보하였다. 그런 다음 원주시민과 합세하여 우편취급소와 군아(郡衙), 경찰분서를 접수하여 원주시를 장악하고 일본군에 선전포고하니, 다음날 여주(驪州)진위대 병사들도 의거를 일으켜 합세하였다.

이리하여 관동(關東)의 이강년(李康秊) 의병부대를 시작으로 호서(湖西)와 영남(嶺南)에서 의병이 크게 일어나니, 서울의 동쪽에 있는 여러 군(郡)이 또한 일시에 향응(響應)하여 그 기세가 실로 산하를 진동하였다. 이에 크게 놀란 이등박문은 비밀리에 일본군 정예부대를 연속 급파하였으나, 산악의 지형에 어둡고 정보가 없어 진퇴의 작전이 서툴러 연패의 늪에서 헤어나지 못하였다. 우리 의병은 험난한 지형을 이용하여 번개처럼 나타나서 왜적을 토벌하였는데, 부인들은 나무와 돌을 운반하고 늙은이와 어린이는 밥과 간장을 나르면서 천리에 고리를 잇대어 꿴 쇠사슬처럼 일사불란하게 싸웠으므로 일본군은 극도로 피로하여 지리멸렬한 상황에 떨어졌다.

이에 우리 의병은 연전연승하여 일본군을 포위, 섬멸하고 많은 무기를 노획해서 전력을 더욱 증강했으며, 일본은 그 패전을 극비로 숨기고 우리 국민이 전혀 알지 못하게 처리하였으니 원주에서 죽은 일본군이 제1전에 200여 명, 제2전에 400여 명이었고, 충주(忠州)에서 죽은 자가 600여 명으로서, 그 머리를 잘라 배에 가득 싣고 양근강(楊根江)으로부터 서울로 운반한 배가 모두 45척이었다. 이때 여주(驪州), 지평(砥平), 양근(楊根), 원주(原州) 지방에서 일본군이 민간인을 죽인 것이 3,000여 명이었고 집을 불태운 것이 5,000호(戶)에 이르렀으며

태백산(太白山)에는 전사한 시체가 쌓여 있었다고 『매천야록
(梅泉野錄)』은 기록하였다.

일본군은 이때에도 민가를 샅샅이 수색하여 재화와 보물을
강탈하였는데, 여주에 있는 민응식(閔應植)의 고향 저택에 의
병이 출입한다고 포위하여 수색하면서 진귀한 보화와 서화와
병풍 800쪽을 뜯어 40필(匹)의 말에 싣고 가면서 그 집에 불을
질러 모두 태워버렸다.

7월 1일 수원(水原) 진위대대 강화(江華) 분견대 병사 지홍
윤(池弘允), 유명규(劉明奎), 이동기(李東基) 등에 앞장서서 무
기고를 돌로 부수고 의거를 일으켜 무기를 시민에게 나누어주
며 시민과 합세하여 동문 밖에서 군수이며 일진회 수령인 정
경수(鄭景洙)를 죽이고 일본순사와 일본인을 사살하고 강화성
을 장악하여 왜적토벌을 선포하였다.

보고에 접한 일본군 한국침략사령관은 수원진위대의 교관
소창(小倉) 대위에게 보병 1개 소대와 기관총 2문을 주어 정탐
하게 하고, 이어 증원군 2개 중대와 기관총 2문 및 공병 1소대
를 급파하였다. 그러나 강화의 우리 군대는 갑곶동(甲串洞)에
잠복하고 있다가 상륙하는 적군을 맞아 일제히 사격하여 큰
타격을 가하고, 강화성을 굳게 지키며 밤새도록 싸우다가 다음
날 무장병사 60명과 무장시민 550여 명이 함께 통진(通津)과
해주(海州) 등지로 가서 의병부대와 합세하여 독립전선에 가담
하였다.

이 전쟁에서도 일본측은 저들의 피해를 축소하여 숨겼으나,
『매전야록』은 석군 53명을 사살했고 강화화약고와 갑곶진(甲
串津) 군기고(軍器庫)를 모두 불태웠다고 기록하였다.

의병이 지평군수(砥平郡守) 김태식(金泰植), 양지(陽智)군수
심의혁(沈宜赫) 및 마전(麻田), 죽산(竹山)군수 등의 반민족적

행위를 규탄하여 모조리 처단하니, 일본군대가 의병을 추적하여 보은(報恩)에 들어가 보은향교(報恩鄕校)에 불을 질러 허물어 버렸다. 홍주(洪州), 안동(安東), 진주(晋州) 등의 진위대 병사들도 무기를 가지고 집단적으로 의병에 가담하였고, 북청(北靑)진위대 부교(副校) 조희명(曹喜明)은 해산에 반대하여 말하기를 "듣건대 조정에서 경비를 줄이려고 군대를 해산한다니 우리는 봉급을 안 받고, 양식을 스스로 가져와서 나라를 지키겠다."고 하였으나 받아들여지지 않았다.

이등박문이 조종하여 경기, 경북, 강원, 충북의 의병을 설득하는 선유사(宣諭使)를 뽑아 일본헌병 각 30명씩으로 호위케 하여 지방으로 보냈으나, 모두 의병이 두려워서 감히 목적지에 들어가지도 못하고 돌아가 버렸다.

이완용 등 괴뢰내각은 고종(高宗)을 태황제(太皇帝)로 올리고 순종(純宗) 척(拓)을 황제로 세워 광무(光武) 11년 6월을 융희(隆熙) 원년(元年) 7월로 바꾸면서 영친왕(英親王) 은(垠)을 황태자로 책봉하였다. 이로써 정치적 식견이 전혀 없는 무능한 황제를 세워놓고 자칭 총독 이등박문은 일본의 한국지배체제의 완료를 보고하기 위하여 일본으로 돌아갔다.

일본군 한국침략사령관 장곡천호도는 군대해산에 반대하여 의거를 일으킨 것을 문제삼아 장교까지 모두 해산하도록 강요하여, 7월 26일 우리 군 장교 1,255명이 면관되고 사관연성학교와 헌병사령부를 폐지하였다.

이 해에 일본 동경에 큰비가 내려 철도 600리(里)가 유실되고 7,000명이 익사하였으며, 함관(函舘)에 큰 불이 나서 15,000호가 타고 300여 명이 죽었고, 또 복강(福岡)에는 전염병이 크게 돌았다.

10. 우리 민군이 독립전쟁을 선포하다

5천 년의 유구한 역사와 전통을 이어온 우리나라는 일본의 침략으로 자칭 통감(統監)의 무단통치 아래에서 외교권을 상실하고 또 군대까지 해산당하였다. 뿐만 아니라 각부의 차관을 비롯하여 경찰, 판사, 검사 등의 요직을 모두 일본인이 강점함으로써 우리나라는 실질적으로 독립을 완전히 상실하여, 우리 국민은 어디로부터도 보호받을 곳이 없게 되었다.

이러한 사태의 심각성을 인식한 우리 국민은 모두 떨치고 일어나서 민군(民軍)을 결성하고 침략자를 토벌하여 축출해야만 나라의 독립을 되찾고 국민의 생명을 보호할 수 있다고 확신하게 되었다.

산림학자양반은 즉각 재물을 팔고 병기를 수집하여 유생을 동원하며 의기남아(義氣男兒)를 결집해서 향토 방위군(防衛軍)을 결성하고 일본인 토벌에 나섰으니, 전국 방방곡곡에 적게는 20여 명, 많게는 수만 명의 민군조직을 편성하여 때로는 각개작전을 펴고, 때로는 연합작전을 전개하였다.

단양(丹陽)의 산 속에 숨어서 때를 기다리던 이강년(李康秊) 의병장이 정의의 칼을 다시 뽑아들고 각지에서 의병을 모집하니, 김상태(金尙台), 이만원(李萬源), 백남규(白南奎), 하한단(河漢端), 권용일(權用佾), 민순호(閔舜鎬) 등 39명의 의병장들이 호응하여 기세를 떨쳤다. 또한 원주진위대에서 의거를 지휘했던 민긍호(閔肯鎬)가 부하장병과 무기를 모두 가지고 와서 이강년의 민군에 합세하여 그 군세가 대단히 성대하였다. 그리하여 경북, 강원, 충북으로 전선을 확대하며 일본군을 토벌하여 광무 11년(1907년) 7월 5일 제천(堤川) 전투에서 500여 명의 적군을 사살하였다.

이에 황제의 자리에서 쫓겨난 고종(高宗) 태황제(太皇帝)는 민군의 승전소식에 크게 고무되어 이강년을 도체찰사(都體察使)로 임명하고 국가와 국민의 보호를 부탁하였으니, 그 칙서(勅書)는 다음과 같다.

"오호라, 나의 죄가 크고 악이 넘쳐 하늘의 보우를 받지 못하므로 강성한 이웃 나라가 엿보고 반역하는 신하들이 국권을 농락하여 4천 년의 역사를 가진 나라의 3천 리 강토가 하루아침에 개와 양이 날뛰는 지역이 되었거늘, 나의 이 실낱 같은 생명이야 오히려 아까울 것이 없지만 오직 국가와 인민을 생각하고 이에 애통한 마음으로 칙서(勅書)를 전하노라.

이강년(李康秊)을 도체찰사(都體察使)로 임명하노니 7로(路)에 급히 사람을 보내서 양가(良家)의 재능 있는 아들로서 각각 의병을 일으키게 하되, 의병을 모집하는 소모관(召募官)은 스스로 인장(印章)과 증명서를 만들어서 사용하고 만약 명령을 따르지 않은 자가 있으면 관찰사(觀察使)나 수령(守令)이라도 먼저 목을 베고 파직퇴출하여 처분하라.

경기지역의 1로(路)는 짐이 의병을 지휘하여 국가를 위하여 목숨을 다하리라. 옥새를 찍은 칙서를 비밀리에 내리나니 이 뜻을 알고 모든 일을 거행하라.

광무 11년 7월 11일 어새(御璽)"

이강년은 즉시 밀칙(密勅)을 받들고 김상태, 민긍호 등 40여 진영의 의병을 제천(堤川)의 진중(陣中)에 집합시키고 고종의 칙서를 발표하며, 왜적을 토벌하여 축출하고 국권을 수호할 것을 천지신명께 맹세하였다. 이 자리에서 모든 의병장이 합의하여 이강년을 도창의대장(都倡義大將)으로 추대하고 즉시 7로(路)에 자체적으로 민군을 편성하여 자위(自衛)작전에 돌입할 것을 알렸다. 그리하여 7월 20일에는 청풍(淸風)의 황강(黃江) 전투에서 왜적 300여 명을 사살하고 무수한 군기를 노획하였으며, 8월 3일에는 문경(聞慶)의 갈평(葛坪)전투에서 무수한 왜적을 사살하였다. 또 9월 16일에는 제천(堤川) 신림유치(神林柚峙) 산록(山麓)의 좌우 산정에 매복하여 일본군 대부대를 전멸시키는 대첩을 거두었다.

저명한 유생 의병장 정직환(鄭直煥) 의병부대가 경상북도 동대산(東大山)을 중심으로 세력을 더욱 강화하여 왜적을 토벌하여 큰 전과를 올렸고, 8월 5일에는 유생 의병장 노병대(盧炳大)가 김운로(金雲老), 송창헌(宋昌憲), 임용덕(林容德) 등과 같이 보은 속리산에서 200여 명의 의병으로 봉기하였는데 여기에 해산군인 수백 명이 합류하여 1천여 명의 민군부대를 편성해서 보은, 상주, 청주, 성주, 거창 등지로 활동영역을 넓히며 왜적을 토벌하였다.

일본은 우리나라의 민군이 세력을 떨치자 민군의 무기보급을 차단하기 위하여 일본군을 동래(東萊)의 옛 좌수영(左水營) 및 부산진, 다대포진(多大浦鎭)에 침입시켜 그 총포를 모두 훔쳐갔고, 또한 함흥군기고(咸興軍器庫)의 무기도 모두 달취하여 가지고 갔을 뿐만 아니라 우리 민군을 습격하려고 일본군을 예안군(禮安郡)으로 진입시켜 문순공(文純公) 이황(李滉) 선생의 사당과 옛집에 불을 지르게 하여 모두 태워버리는 만행을 저질렀다.

강원도에서 민군을 조직한 유생 이은찬(李殷贊)과 이구재(李求載)는 2천 명의 병력을 이끌고 문경(聞慶)에 은거한 노유(老儒) 이인영(李麟榮)을 찾아가서 총대장(總大將)이 되기를 강청하였다. 이에 이인영이 감동하여 원주(原州)로 출진, 관동창의대장(關東倡義大將)의 기를 세우고 병사를 모집하며 격문(檄文)을 사방으로 보내 호소하여 말하기를, "8도의 의사(義士)를 규합하는 날에는 왜병(倭兵)을 격파하고 신협약을 철폐하는 것이나 국권을 만회하는 것이나 무엇이든지 손바닥을 뒤집는 것보다도 쉬운 일이다. 그러나 병력을 사용하는 요체는 고립되지 않고 일치단결하는 데 있으니, 각도의 병력을 통일하여 제방을 무너뜨리는 형세를 타고 서울로 진공하면 온 천하를 우리 세상으로 만들지는 못한다고 하더라도 우리나라의 문제를 해결함에는 유리함이 있을 것이다."고 하였다.

이 격문이 각도에 전파하자 호응하여 와서 모인 병력이 1만여 명에 달하여, 광대한 관동 산하를 거의 민군이 장악하여 충천하는 사기가 왜적의 간담을 서늘하게 만들었다. 강원도 민병은 이은찬 장군과 이재구 장군이 6,000명을 거느리고, 충청도 민병은 이강년(李康秊) 장군이 500명, 경기도 허위(許蔿) 장군이 2,000명, 황해도 민병은 권중식(權重植) 장군이 500명, 평안도 민병은 방인관(方仁寬) 장군이 80명, 함경도 민병은 정봉유(鄭鳳裕) 장군이 80명, 전라도 민병은 문태수(文泰洙) 장군이 100명을 거느리고 이인영을 총대장으로 추대하여 총대장의 호령 아래 공동보조를 취하기로 결의하고 각도와 군에 민군의 지휘에 따르도록 훈령을 내리니, 강원도 내 19개 군수(郡守)가 모두 도망하여 각 고을의 행정을 민군이 접수하였다.

이에 이등박문이 일본에서 급거 서울로 들어와 강원도에 일본군을 투입하려고 하였으나 여의치 않게 되니 일본군 한국침략사령관 장곡천호도의 무지함을 꾸짖었다. 그러나 장곡천호도는 변명하여 말하기를, "군대 해산을 너무 급히 서두르면 격변이 일어날까 염려되므로 늦추어 몇 년을 연기해서 줄이기만 하고 보충함이 없도록 해서 이빨이 빠지는 것을 알지 못하게 하려고 했는데, 송병준(宋秉畯)이 말하기를 일이 이미 다 되었거늘 기다려서 무엇하겠는가. 우리 한국민은 연약하므로 아무런 근심이 없을 것을 보장한다고 강력히 권유해서 그렇게 되었다."고 책임을 회피하였다.

일본은 우리 민군이 방방곳곳에서 일어나 주민과 합세하여 조직적으로 활동하자, 그 책임을 지방의 명망 있는 거유(巨儒)와 석학(碩學)에게 돌려서 일본군으로 하여금 먼저 학자를 탄압하게 하였다. 전 참판(前參判) 이남규(李南珪)는 일본군이 집에 갑자기 침입하여 체포해서 결박을 지으려고 하자 이를 뿌리치고 말하기를, "나는 대부(大夫)이다. 죽일 수는 있을지언정 모욕할 수는 없다. 너희들이 가자는 곳으로 갈 터이니 어찌 결박을 당하겠느냐." 하였다. 마침내 가마를 타고 집을 나서는데 두 아들이 따르려고 하자 다시 말하기를, "너희 두 사람이 나를 따라 모두 죽으면 집안이 어떻게 되겠느냐."며 물러가라고 질책하였으나 작은아들이 따르며 온양(溫陽)의 위암촌(巍岩村) 앞에 이르렀는데 일본군인들이 서로 눈짓을 하며 칼을 뽑아들고 달려들었다. 이남규가 꾸짖으며, "너희들이 서울로 가자고 말했으니 서울에 가면 사실이 판명될 것인데 어째서 갑자기 나를 죽이려고 하는가."고 손으로 칼을 막으니 다섯 손가락이 모두 잘려 땅에 떨어졌다. 이에 아들이 팔을 벌리고 가로막으며 왜적의 불법행위를 크게 꾸짖었으나 일본군은 무지하게 이남규 부자를 모두 찔러 죽였다. 그리고 가마를 메고 가던 장정

이 이를 보다 못해 가마채를 뽑아 일본군인 한 명을 때려죽이
자 그도 또한 죽였는데, 길가에 누운 세 구의 시신이 살결이
모두 찢어져서 온전한 부분이 한 곳도 없었다.

그 즈음 경북의병장 남우팔(南又八)이 일본군을 토벌하다 사
로잡혀 대구에서 살해당했고 그 참모 백남선(白南善)은 10년의
징역형을 받았다.

김동식 장군은 아들 봉환(鳳煥)과 제자들에게 출정할 것을
명령하고 출정준비를 서둘렀다. 그리하여 김봉환은 그 아내와
어린 아들 기원(基元)을 앉혀 놓고 다음과 같이 훈계하였다.

"한국에서 태어나서 이 땅에서 생산된 곡식을 먹으며 각각
살 곳이 있어 살아온 것은 나라의 은혜이다. 그러므로 나라를
항상 보호하고 지키며 사랑하기를 생명과 같이 해야 된다.

부모는 자식을 뱃속에 있을 적부터 잘 보호하다가 괴로움을
받고 낳아서 기르려고 애를 쓰며, 밤잠을 못 자면서 부정한 것
은 닦아준다. 쓴것과 단것을 가려서 먹이고 입히며 길러주신
부모의 은혜는 죽는 날까지 갚아야 되는 것이니, 만일 갚아드
리지 못하고 가는 것은 죄인이다.

바른 예법을 사회에 전파하고 인간의 본의를 깨우쳐 주시며
정직하고 겸손하며 믿음직하게 새 사람을 만들어 주신 분은
스승의 은혜이다. 그러므로 항상 스승을 높이고 벗과 교제를
하여야 된다.

항상 어른을 공경하고 사람을 내 몸같이 사랑해라. 이 세상
은 남이 없고 모두가 동포형제이므로 돈에 너무 집착하지 말
고 윤리를 지키며 살아라. 죽기 전에 눈멀고, 귀먹고, 판단력이
흐려지면 인간의 도리를 못하게 되나니, 인간의 근본이 어그러
지면 사람의 탈만 썼지 개돼지나 무엇이 다르겠느냐.

교만방자하여 내 위에 사람 없고 선조도 부모형제도 없이

안하무인(眼下無人)이 되는 것은 자신도 모르게 그리 되는 것이며 돌고 도는 돈의 위력이 무서운 죄악으로 변한다. 그래서 벌기는 쉬워도 쓰기는 어렵다고 하는 것인즉, 항상 침착하여 빛이 나게 쓸 줄을 알아야 군자(君子)가 되는 것이다. 덕망이 높으면 움집에 살아도 이름이 나고 선조에 누(累)를 끼치면 가문에 욕이 된다. 사람이 신용이 없으면 대접을 못 받으니, 서로 돕고 협력하는 사람이 되어야 한다.

항상 인내로 덕(德)을 쌓아서 다른 사람의 모범이 되어야 하며, 만일 훌륭한 재목이 되는 두 생명을 살릴 수 있으면 주저하지 말고 웃으며 죽음을 택하라. 그것은 값진 죽음이다.

나의 자손들은 참된 길을 걷고 이 계율을 믿고 실천하여 한 평생 살아가려면 많은 고통이 따르고 또 혼자서 외롭고 슬플 때가 있겠지만 인내하고 슬기롭게 살면 즐거운 행복이 있을 것이다. 이 아비의 말을 명심하고 또 명심하여라. 내가 만약 후세에서 너희들을 만날지라도 훌륭한 아들, 자랑스러운 딸이라고 믿겠노라."고 당부하고 아버지 김동식 장군을 수행하여 집을 나섰다.

김동식 장군은 융희(隆熙) 원년(1907년) 8월 28일, 안성(安城)에서 민군회의(民軍會議)에 참석하여 민군의 조직과 진로에 대하여 토의하였다. 그날 모인 의병장은 안성군의 김동식(金東植), 죽산군(竹山郡)의 정주원(鄭周源), 그리고 양성군(陽城郡), 평택군(平澤郡), 용인군(龍仁郡), 이천군(利川郡), 진위군(振威郡) 등의 의병장 7명이었다. 이들을 따라온 1만여 명의 의병을 안성으로 집결케 놓고 안성군의 관아(官衙)를 접수하고 하루 종일 토의를 하였다.

이 회의에서 현 자칭 통감이 조종하는 정권은 우리 민족을 위하는 정권이 아니고 일본의 괴뢰정부이므로 일체의 납세를 거부하고, 미곡의 반출을 금지시켜 국외반출을 막으며, 우리 의병은 인민을 보호하는 민군이므로 인민을 앞장서서 안전하게 보호하고, 민군의 군량과 군수품은 지역의 관장(官長)에게 명하여 관용(官用)으로 조달하되 군표(軍票)를 발행하여 공명정대하게 처리하며, 항상 민중들의 굳은 지지기반 위에서 활동하면서 일본군을 토벌하고 일본인을 축출하며, 민족을 배반하는 친일역적을 엄중히 징계한다는 기본목적에는 전원일치로 합의점에 도달했다. 그러나 일본군을 토벌하는 방법에는 다양한 의견이 속출하여 합의를 보지 못했다.

대체로 통일적 민군조직을 편성하여 서울로 진격해서 왜적의 심장부를 일거에 도륙하고 친일정권을 타도한 다음 새로운 독립정부를 세워야 한다는 사람들은 속전속결을 주장하였다. 또 다른 사람들은 열악한 민군의 무기로 대군의 결전을 하는 것은 위험하기 때문에 전국의 각 지방이 총궐기하여 왜적을 토벌함으로써 일본군이 결국 스스로 물러가도록 압박을 가하는 지구전이 유리하다고 주장하여 밤새도록 토의를 계속하였다.

그러던 중 29일 새벽에, 기관총으로 무장한 일본군이 기습적으로 습격해 들어왔다. 민군은 대항하면서 사방으로 흩어지며 싸우다가 칠현산(七賢山 : 寶蓋山)으로 후퇴하니, 일본군이 잔혹하게 수색작전을 전개하며 주민을 폭행하고 재물을 탈취하였다.

이에 김동식 의병장은 아들 봉환(鳳煥)과 함께 300여 명의 남은 의병을 거느리고 지리산(智異山)으로 향했다. 다른 의병장과 헤어진 이즈음, 서울에 전염병 호열자가 유행하고 서대문 밖 천연정(天然亭) 아래 우물물이 붉게 흐려지는 일이 일어났다. 그리고 태풍과 폭우가 일본의 전역을 휩쓸어 대홍수가 일어났고, 이어 큰 눈이 내렸으며, 또 화재가 나서 500여 호가 불탔다. 삼도화약창(三島火藥廠)에 불이 나서 여공(女工) 130여 명이 죽고, 문사(門司) 및 대판(大坂)에 흑사병(黑死病)이 돌아 1,000여 명이 죽었으며, 녹도(鹿島) 군함에 불이 나서 장졸 40여 명이 죽는 사건이 연달아 일어났다.

김동식 장군은, 진천을 거쳐 증평을 지나 괴산군 청천면에 이르러 우암(尤菴) 송시열(宋時烈) 선생의 묘소에 참배하고 화양동으로 들어갔다. 그리고 충효절의(忠孝節義)의 애각(崖刻) 앞에서 모든 대원을 정렬시킨 김동식 장군은 유교(儒敎)의 도통(道統)이 우리나라로 건너와서 동방예의지국(東方禮義之國)을 건설한 역사적 사실을 설파한 뒤 공자가 『춘추』에서 밝힌 존왕천패(尊王賤覇), 내하외이(內夏外夷), 상선벌악(賞善罰惡)의 대의와 주자(朱子)가 『자치통감강목(資治通鑑綱目)』에서 밝힌 국가의 정통성 수호정신과 불타협적 복수론(復讐論) 그리고 송자(宋子)가 의리학(義理學)에서 밝힌 도통(道統) 수호의 시대적 사명론을 높이 받들 것을 다시 결의하고 다음과 같은 군사강령을 맹세하였다.

1. 우리는 일본군을 토벌하여, 무력과 술수로 침략해서 우리나라를 멸하며 우리 인민을 말살하는 일본의 죄악을 성토하고 국권(國權)을 되찾는다.
1. 우리는 반민족적 매국노를 처단하고 위민봉공(爲民奉公)의 정부를 세운다.
1. 우리는 국민을 보호하고 예의도덕을 숭상하여 끝까지 군율(軍律)을 엄수한다.

화양동 계곡에서 확고하게 정신을 무장한 김동식 장군의 민군은 질서정연하게 대오를 편성하고 보은, 영동을 거쳐 무주에 도착하여 덕유산으로 들어가 잠시 험준한 산악지대의 지형을 이용하여 용병(用兵)의 근거지를 살피고 부대를 훈련하였다. 그리고 곧 장수를 거쳐 남원 운봉으로 들어가서 지리산에 요새를 만들어 놓고, 영호남의 유림과 접촉하며 연합전선 구축에 전념하였다.

이때에 고광순(高光洵) 의병장이 동복군(同福郡)의 왜적을 소탕한 용맹스러운 300명의 의병부대를 거느리고 있었으므로, 김동식 장군은 고광순 의병장과 연합전선을 구축하여 합동작전을 전개하면서 곡성(谷城), 담양(潭陽), 창평(昌平), 옥과(玉果)로 진출해서 왜적을 요격하고, 9월 10일에는 순창(淳昌)의 왜적을 토벌하여 순창우체국을 접수해서 군자금을 확보했다. 그리고 9월 15일에는 다시 동복(同福)으로 돌아와서 동복순사 주재소를 토벌하고 19일에는 구례(求禮)와 영광(靈光)의 일본 헌병분견소를 토벌하여 일본인을 소탕하고 무기를 확보하였다. 이어 경상남도로 진출하여 안의(安義)를 거쳐 함양(咸陽)에 주재한 일본군을 토벌해서 대승을 거두고 산청(山靑)으로 내려가서 왜적을 소탕하였다.

다시 안의로 회군한 민군은 거창(居昌)으로 진출하다가 거창 서북방 월성(月城)에서 진주파견대를 주축으로 한 일본군과 교전하여 큰 타격을 가한 다음 지리산(智異山) 칠불사(七佛寺)로 들어가 노고단으로 올라갔다. 다시 10월 4일에 하동(河東) 경무서를 토벌하여 왜적을 소탕하니, 지리산을 중심으로 영호남 지역에 산재하여 살던 일본인이 모두 일본군의 보호구역 내로 도주하였다.

원한에 사무친 붉은 피가 하늘에 솟구쳐 시퍼런 칼을 적시니
베개 끝에 잠못 이루고 쓰라린 가슴만 문지르도다.
야생마를 탄 외로운 사나이가 장차 일본군의 목을 묶어다가
우리나라 서울의 남대문에 높이 매달겠네.
寃血釁天碧劒痕
枕邊不睡痛胸捫
野馬獨夫將繫頸
梟懸我國市南門
(李錫庸 作)

　이 시의 지은이기도 한 젊은 유생 이석용(李錫庸) 의병장은,
전북지역 유림과 주민 1,000여 명이 모인 가운데 10월 12일 진
안(鎭安) 마이산(馬耳山) 남쪽 기슭 용암(龍岩) 위에서 나무로
제단을 만들고 소를 잡아 하늘에 제사를 지내고 의병을 일으
켰다. 이 자리에는 김동식 장군도 휘하 장병과 함께 참석하여
이석용 의병장을 격려하고 앞으로 연합작전을 전개할 것을 결
의하였다.
　같은 달 13일, 이석용 의병장은 300명의 의병을 거느리고 진
안(鎭安)으로 진격, 일본군을 무찌르고 총포와 군복 및 돈과
비단 등 20여 점을 노획하는 전과를 올렸다. 10월 22일에는 심
원암(深院庵) 부근에서 김동식 부대와 이석용 부대가 일본군과
회전하여 왜적에게 큰 타격을 입혔는데, 이때는 이석용 부대의
피해도 적지 않았다. 이후 두 부대는 순창, 임실, 진안, 용담
(龍潭) 등지를 순회하며 일본군경과 공방전을 전개하고 일진회
원을 처단하였다.
　한편, 장성(長城) 수록산(隨綠山)에 호남창의회맹소(湖南倡義
會盟所)를 설치하여 창의대장으로 추대된 유림 기삼연(奇參衍)

의병대장은, 휘하 통령(統領) 김용구(金容球), 선봉(先鋒) 김준(金準), 중군(中軍) 이철형(李哲衡), 후군(後軍) 이남규(李南奎) 등 300여 명의 의병을 거느리고 영광(靈光) 법성포(法聖浦)의 왜적을 토벌하여 군량을 확보한 다음 무장(茂長), 고창(高敞), 장성(長城), 담양(潭陽) 등지로 진출하여 왜적을 소탕하면서 열읍에 광고문을 게시하였으니, 번역하면 다음과 같다.

호남창의대장이 널리 알리는 사항

교린(交隣)을 빙자하여 통상(通商)을 함에 세관의 조사가 없는 첫이 실로 화근(禍根)이 되었으니, 처음에는 음란하고 사악한 물건을 만들어 우리의 민속을 어지럽히다가 마침내는 매국노들을 매수하여 슬그머니 민간회사를 옮겨 놓고 재앙이 그치지 않게 하여 혼란이 그칠 때가 없게 만들었다.

본 의소(義所)는 큰 사업을 일으켜 강토를 수복하기로 맹세함에 병(病)이 들어온 근원을 살펴 독한 약(藥)을 쓰지 않고 한갓 군대만으로는 문제를 해결하지 못하겠기에, 이에 재앙의 원인과 병의 근원을 대략 3개 항목으로 열거하여 본 의소의 결연한 조치를 통렬히 포고하노니, 각각 마음을 씻고 명령에 따라야 한다. 그렇지 않으면 본 의소가 장차 형사재판절차 없이 즉각 처단하여 용서하지 않으리라.

1. 쌀을 사고 파는데 세관에서 막지 않으므로 실로 우리 민생경제가 어렵고 궁극적으로 우리나라의 국력을 해치는 것임에도 서민이 알지 못하여 작은 이익을 보고 큰 손해를 망각하니 그들에게야 어찌 벌을 논하겠는가. 상인이 간악하고 교활하여 실로 일본인의 앞잡이 노릇을 하므로 이런 무리의 목을 베지 않으면 나라가 장차 공허할 것인즉 그 처자까지 마땅히 죽이리라.

1. 음란하고 교묘한 물건은 실로 순박한 풍속을 파괴하는 것인즉 감히 매매한 사람이 있으면 그 물건은 불태우고 그 사람은 죽이리라.

1. 은밀히 왜노(倭奴)와 통하여 우리 국내의 기밀을 누설한 자는 죽여서 용서하지 않으리라.

이상 세 가지 조항은 대개 아주 심한 것을 열거하였고, 아래에 이어 계시하여 포고하나니 공경하고 삼가여 의심하지 말라. 정미(丁未) 10월 24일

호남창의대장이 명백히 지시하는 사항

본 의소(義所)가 거대한 의병을 일으키는 것은 오직 한번 싸워서 일본군을 응징할 뿐만 아니라 실로 위태로움에 빠진 인민의 생명을 건지려는 것이다. 오늘날 소위 관찰사(觀察使)나 군수(郡守)가 되어 고기에 소금을 발라먹은 자들이 진실로 인간의 도리를 반 푼이라도 안다면 반드시 붙을 곳과 떨어질 곳을 선택함이 있을 것이므로 아래와 같이 몇 가지 사항을 지시하니 각별히 삼가 준행(遵行)하여 엄절히 지켜야 된다.

1. 궁토(宮土), 역토(驛土), 둔토(屯土)의 3가지의 도조(賭租)를 모두 추악한 왜적에게 실어다 주니 이것은 우리 내탕(內帑)과 공수(公需)를 훔쳐다가 도적과 원수를 받드는 것인즉 이름은 관찰사라고 하면서 정의를 지킬 줄을 알지 못하니 그 마음이 있는 바를 알기가 어렵지 않다. 즉시 각 고을에 통지하여 시행하되 빠짐없이 챙겨서 일일이 와서 본 의소(義所)에 납입하여 위로 궁가(宮家)에 납입하고 아래로 빈민을 구조해야 마땅하리라.

1. 각군의 정세(正稅)도 관청의 정상적인 계통을 경유하지 않고 국고(國庫)에 납입하지도 않으니, 이 인민은 이 나라의

백성인데 차마 1년 내내 고생해서 도적, 일본 오랑캐에게 바치게 할 것이냐 만약 1푼의 인간 양심이라도 있다면 반드시 이익을 보고 정의를 망각하여 도적의 꼭두각시는 되지 않으리라. 이제부터는 감히 문득 세전(稅錢)을 거두는 자가 있으면 해당 세무주사 및 영수원을 단연코 일일이 총살하여 남김이 없으리라.

1. 소위 자위단(自衛團)이란 자들은 그 본심을 상실하여 이와 같이 불량한 데 이르렀으니 감히 거기에 응하는 자가 있으면 단지 그 자신의 목을 자를 뿐만 아니라 단연코 그 처자들까지 처단하리라.

1. 일진회(一進會)가 만연하여 당파를 결성했으니 천지간에 괴상한 마귀(魔鬼)인즉 마땅히 모두 섬멸해서 이에 뿌리를 뽑을 것이다. 우리 한국인의 종자로서 일본인에게 유혹당하였더라도 진실로 마음을 고치고 생각을 바꾸어 스스로 속죄하고 양민으로 돌아온다면 본 의소(義所)는 또한 마땅히 '가르치지는 않고 법망(法網)만 만들어 백성을 그물질하여서는 안 된다.'는 뜻을 베풀 것이나 만약 계속 괴상한 짓을 한다면 그 처자까지 처단하리라.

한편 회덕(懷德) 출신으로 민종식 의병부대의 선봉장이 된 이래로 각 지역에 진출하여 용감하게 활약한 김동신(金東臣) 의병장은, 300여 명의 의병을 거느리고 공주(公州), 회덕(懷德), 연산(連山), 진산(珍山), 금산(錦山), 무주(茂朱), 용담(龍潭), 진잠(鎭岑) 등지에서 왜적을 토벌하였다. 연천(漣川)에서 의병을 일으킨 전 참찬(前參贊) 허위(許蔿) 장군이 서울의 민영달(閔泳達)과 강화(江華)의 이근승(李根承) 등을 찾아가 군자금(軍資金)의 협조를 요청하자, 민영달이 강화의 추수곡 400여 석(石)

을 제공하였다. 임진강(臨津江) 일대와 한강(漢江) 상류에 양곡을 쌓아 놓고 경기·강원·황해 3도(道)의 의병을 일으켜 대대적으로 왜적을 토벌하였다. 개성(開城)의 유학자(儒學者) 최재두(崔載斗)와 장단(長端)의 유학자 허숙(許淑) 등은 양곡상(糧穀商)을 소개하여 군량미 수집에 크게 공헌하였으며, 강화 유림 이능권(李能權) 의병장은 강화진위대(江華鎭衛隊)에서 의거를 일으킨 군인 300여 명을 통합하여 거느리고 허위 대장의 휘하로 들어오니, 신식무기로 무장한 최강의 부대로서 크게 활약하여 왜적을 무수하게 도륙(屠戮)하였는데, 그 부대편성은 다음과 같다.

의병장 이능권(李能權)
참　모 한영수(韓永洙)
교　련 김유호(金有浩)
지　휘 지홍기(池弘基) 또는 홍윤(弘允)
군　량 이덕재(李悳在)

또한 경기, 황해, 강원지역에서 활동하던 의병장 연기우(延基羽), 김규식(金圭植), 권중설(權重卨), 이진룡(李鎭龍) 등이 허위 대장의 휘하로 통합하여 활약하니, 그 수가 3,000명이 넘어 도성의 왜적이 크게 두려워하여 서울 경비를 더욱 엄중히 하였다.

이들 의병들은 문의군수(文義郡守) 경필영(慶必永)을 처단하고, 강원도 선유사(宣諭使) 홍우철(洪祐哲)을 축출하기도 하였다.

일본군은 자산(慈山)으로 들어가 자모산성(慈母山城)의 군기(軍器)를 소각하였고, 각 지역의 민군이 양곡의 반출을 저지하므로 삼남(三南), 관동(關東), 해서(海西)의 사환미(社還米)를 내년 가을에 받기로 연기하였다.

10월에 왜장(倭將) 소취권산(小就權山)이 1연대를 거느리고 강원도로 향하고, 황태자 은(垠)이 일본으로 유학을 가게 되자 이등박문이 태자대사(太子大師)가 되고 이완용이 태자소사(太子小師)가 되었다. 이 달에 김윤식(金允植)이 흥사단(興士團)을 창설하였다.

같은 달에 유인석(柳麟錫) 장군이 평안도 순천군(順天郡)에서 다시 의병을 일으키니, 관서(關西)의 유림이 운집하여 수천 명의 민군부대로 발전하여 관서의 왜적을 토벌하였다. 이에 놀란 일본의 침략군이 병력을 계속 증원하여 강원도에 200명, 충청도에 120명, 관서에 400명의 병력과 대포(大砲)를 연속 증파하였다.

기독교회관을 종로에 건축하고, 일본군 40명이 운현궁(雲峴宮)까지 수비하여 보호하였다. 의병이 간성군수(杆城郡守) 김인식(金仁植)을 처단하였다.

우리나라 사람이 미령(美領), 포와(布哇) 및 상항(桑港)에서 합성신보(合成新報)와 대동공보(大同共報)를 발행하여 본국의 정세를 통론하여 일본의 잔인무도한 죄상을 세계에 알리니, 일본이 본국배포를 방해하고 그 신문을 압수하였다.

충주 임경업(林慶業) 장군의 사당에 복숭아와 오얏의 꽃이 활짝 피었다.

청(淸)나라 요하(遼河)에 폭풍이 일어 4척의 배가 뒤집혀 200여 명이 익사하고, 프랑스에는 대홍수로 3,000여 명이 죽었다. 일본 대판(大坂)에서는 큰 불에 뒤이어 대풍우(大風雨)가 쏟아졌으며, 천엽현(千葉縣)에 큰 불이 일어났다.

11월에는 일본군이 정산(定山) 정혜사(定惠寺)를 불지르고 또 청풍(淸風), 진천(鎭川), 상주(尙州), 제천(堤川) 등 여러 군아(郡衙)를 불태웠는데, 제천군은 민간주택의 절반이 넘게 불타버렸다.

일본군은 또 청주로 진입하여 화양동(華陽洞) 환장암(煥章菴)에 불을 질러 우암(尤庵) 송시열(宋時烈) 선생의 문집판본(文集板本) 215권을 완전히 태워버렸다.

호남지방이 오래 가물어 임파(臨陂)와 옥구(沃溝) 등 여러 군의 우물이 모두 말랐으며, 서울 동대문 밖에서는 호환(虎患)이 빈번하였다. 인천항에 큰 불이 나고, 또 마포(麻浦)에도 큰 불이 일어났다.

일본에서는 폭풍이 일어나고 화산(火山)이 무너졌으며, 영국 남부에서는 대홍수가 일어났다.

갑산인(甲山人) 홍범도(洪範圖)가 동지 차도선(車道先), 송상봉(宋相鳳)과 더불어 의병을 일으켜 11월 25일 북청(北靑)의 후치령(厚致嶺)에서 왜장(倭將) 궁부(宮部)의 중대를 섬멸하여 민군의 사기를 드높였다.

12월에는 의친왕(義親王) 강(堈)이 일본에 가고 황후(皇后) 윤씨(尹氏)가 여학교에 입학했다. 일본이 측량법(測量法)을 시행하여 임야법령(林野法令)을 반포, 모든 토지를 국유(國有), 공유(公有), 사유(私有)로 나누었는데, 궁장(宮庄)과 둔전(屯田)은 국유로 분류하고, 교궁(校宮)·이청(吏廳)·동계(洞契)의 소유물은 공유로 분류하며, 서로 매매하는 땅은 사유로 분류하여 국유는 탁지부(度支部)에서 측량하고, 공유는 군청에서 측량하며, 사유지는 지주(地主)가 측량하되 그 기간은 3년으로 정하여 3년 내에 측량하지 못한 것은 일체 국유로 인정하여 척식회사(拓殖會社)에 넘겨주어서 일본인의 이민할 전야(田野)와 가옥으로 쓰기로 하였다.

11. 왜적 통감부 토벌작전

강원도 일대를 장악하여 무수한 일본군을 사살하여 사기가 충만한 이인영(李麟榮) 총대장 휘하의 민군은, 전력을 정비하여 서울로 총진격해 소위 통감부(統監府)를 격파하고 일본의 항복을 받아 정미7늑약을 취소하기 위하여 침략군을 토벌할 작전계획을 세웠다. 그리하여 서울에 주재한 각국 공사관에 일본의 불의를 성토하는 글월을 보내고, 아울러 우리나라의 현실을 자세히 알리면서 우리 의병은 순수한 애국적 민군(民軍)인즉 열강도 이를 국제공법상 교전단체로 인정하고 정의와 인도적 차원에서 원조하여 주기를 희망한다고 권한 다음 광무 11년(1907년) 9월 25일, 해외동포에게 격문(檄文)을 보냄과 동시에 또한 이등박문에게도 격문을 보냈으니, 번역하면 다음과 같다.

해외동포에게 보내는 격문

동포들이여, 우리는 단결하여 우리 조국을 위해 몸을 바쳐 우리나라의 독립을 회복하지 않으면 안 된다. 우리는 전세계를 향하여 야만적인 일본인의 불법침략과 잔인무도한 폭압에 대하여 기필코 알려야 한다. 일본은 교활하고 잔인하므로 진보와 인도(人道)의 적이다. 우리들은 모든 일본인과 그 스파이 그리

고 친일분자 및 야만적인 일본군을 토벌하는 데 최선을 다하
자.

광무 11년 9월 25일
대한 관동의병장 이인영

이등박문에게 죄악을 알린다 (檄伊藤博文)

너희들이 비록 오랑캐이지만 또한 인민과 나라가 있는 것이
고 역시 만국조약(萬國條約)이 있는 것이다. 하나의 천하 아래
에 진실로 나라가 없으면 모르되 나라가 있다면 임금과 신하
가 있는 것이고, 임금과 신하가 있으면 정의와 진리로써 주장
을 삼아야 하므로 정의와 진리가 있는 곳에 죽도록 힘쓰는 것
을 너희들은 알지 못하느냐.

우리나라와 너희 나라는 지역적으로 가장 가까워서 교린(交
隣)이 없지 않으므로 통상(通商)하여 무역(貿易)하면 충분하거
늘, 어찌하여 총칼로 무장한 군대를 거느리고 침입하여 무리를
선동하고, 당파를 모아서 우리 왕비를 시해하고, 우리 임금을
모욕하며 우리 정부를 협박하고, 우리 인민의 재산권을 강탈하
고, 우리 전통 풍속을 바꾸고, 우리 옛 법률을 어지럽히고, 우
리 강토를 빼앗고, 우리 인민을 죽이느냐.

이러고도 오히려 만족하지 아니하여 우리 읍(邑)을 습격하고
마을을 불태우며 살육전(殺戮戰)만 일삼으니 이것이 마관조약
(馬關條約) 16건의 사항에 구례(舊例)가 있는 것이냐. 너희 나
라 군장(君長)이 시키는 바가 있어서 그런 것이냐. 우리나라가
스스로 속국이 되기를 원해서 그린 것이냐.

만약 조약대로 했다면 어째서 다른 나라의 공관(公舘)은 이
런 악습이 있지 않은데 너희만 홀로 날뛰느냐. 우리나라가 스
스로 인가하고 허락했다면 어찌하여 2~3명의 대신이 자결하

고 사신이 왕명을 받고 헤이그에 가서 죽었느냐. 너희 나라 군장(君長)이 하는 바라면 어째서 10만 대병을 출동하여 한 번 결사전을 벌이지 아니하느냐.

이등박문아, 너는 너희 나라에 있어서는 반드시 군장(君長)을 속인 죄로 극형을 받아야 마땅하고, 만국(萬國)에 있어서는 반드시 조약을 위반한 죄악으로 토벌을 당해야 마땅하며, 우리 나라에 있어서는 반드시 불공대천(不共戴天)의 원수로서 죽여야 마땅하다.

너는 필시 말하기를 "혼자 한 것이 아니고 이완용, 송병준 등 5적과 7적이 있어서 하는 바"라고 하리라. 그러나 그도 또한 그렇지 않다. 외국의 포신(逋臣 : 죄를 짓고 도피한 신하)을 숨겨준 사람도 또한 그 죄를 문책하거늘, 하물며 남의 나라 신하를 유혹하고 남의 나라 조정을 어지럽히며 남의 나라를 망하게 함이겠느냐.

한(漢)나라 왕조의 왕망(王莽 : 前 漢末 新의 임금)과 조조(曹操), 송(宋)나라 왕조의 진회(秦檜 : 남송 고종 때 재상이 되어 금나라와 화친을 주장하며 악비를 죽였음)와 윤(倫)이 역적이 아니라고 말하지는 못하겠지만, 금(金)나라 오랑캐들이 송(宋)나라를 우롱한 죄악이 이적(夷狄)의 형태보다도 더욱 심했던 것이다.

우리들은 임금과 신하의 큰 의리로 충신과 역적을 판별함에 적개심(敵愾心)이 일어나 가만히 앉아 있을 수 없어 한번 소리를 외쳐 의병을 일으키니 8로(路)가 함께 호응하여 집단적으로나 개별적으로 백전백승(百戰百勝)의 방책이 있으며, 축복 속에 한번 지키고 한번 죽는 확신표가 있나니 바다를 돌고 산을 이어 총칼을 특별히 날카롭게 세워 너희들과 우리들이 서로 전쟁을 한다면 붉은 피가 흘러 시내가 될 것이고, 만약 시일이

지날 것 같으면 한 사람의 병정도 돌아가지 못할 터인즉 너는
그 점을 스스로 살펴서 후회하는 데 이르지 말도록 하라.

광무 11년 9월 25일
대한 관동의병 총대장 이인영

　자칭 통감부를 격파하고 침략군사령부를 토벌하기 위한 작
전계획을 완성하자 많은 의병장들은 각 지역으로 진출하여 일
본군 토벌에 착수하였다. 이강년(李康秊) 의병대장은 9월 27일
죽령(竹嶺)에서 일본군 60여 명을 사살하고, 10월 1일에는 일
본군 600여 명을 사살하였으며, 10월 5일에는 80여 명을, 10월
23일에는 영춘(永春)에서 100여 명의 일본군을 사살하니, 일본
군의 사기가 땅에 떨어져서 감히 의병에 대적하지 못하고 자
체 수비에만 골몰하였다.

　한편 함경남도 삼수(三水)에서는 차도선(車道善) 의병장이
거느린 800명의 민군이 혜산진(惠山鎭)과 갑산(甲山)에 주재한
일본군 수비대와 기병대를 토벌하여 무수한 왜적을 사살하였
고, 황해도 서홍(瑞興)에서는 김수민(金秀民) 의병장이 거느린
1,000여 명의 민군이 황주(黃州), 해주(海州), 서홍(瑞興) 등에
주재한 일본군 수비대와 싸워서 승리하였다.

　관동의병 총대장 이인영의 서울진공계획에 따라 강원도 고
모곡(古毛谷)에서 이인영 총대장, 방관일(方觀一) 의병장, 정대
일(鄭大一) 의병장은 1,000여 명의 대군으로 일본군 보병 제13
연대 적사(赤司) 소좌가 인솔한 보병 3중대와 기병·포병·공
병이 기관총 2문을 앞세우고 습격하여 온 것을 격파하여 패퇴
시켰다. 11월에 양주(楊州)로 집결한 의병대장들은 서울로 진
격할 공격진영을 새롭게 편성하여 전열을 가다듬기 위하여 다
시 회의를 열어서, 부대명칭을 13도민군으로 바꾸고 민군의 총

사령부를 양주(楊州)에 두기로 결의함과 동시에 다음과 같이
부대를 편성하였다.

원수부(元首府) 13도 총대장 이인영
군사장(軍師長) 허 위
관동창의대장(關東倡義大將) 민긍호
호서창의대장(湖西倡義大將) 이강년
교남창의대장(嶠南倡義大將) 박정빈
경기황해창의대장(京畿黃海倡義大將) 권의희
관서창의대장(關西倡義大將) 방인관
관북창의대장(關北倡義大將) 정봉준
호남창의대장(湖南倡義大將) 문태수

이에 군사장(軍師長) 허위(許蔿) 대장이 작전계획을 수립하
여 8로(路) 제장(諸將)으로 하여금 12월 5일까지 제군(諸軍)을
인솔하고 가평군(加平郡) 광악산(光岳山)으로 집결하라고 하니,
전국 각지에서 모인 민군이 총 70여 진(陣)에 12만 명의 병력
이 집합하여 그 기세가 하늘을 찌르고 강산을 뒤흔들었기 때
문에 일본군이 감히 범접도 하지 못했다.(金承學 편저,『韓國
獨立史』: 第三章 第四節 義兵運動의 第3期 참조)
이인영 총대장과 허위 군사장은 서울 시내와 근교에 의병을
배치하여 활동거점을 만들어 놓고, 정병 300의 선봉군을 이끌
고 동대문 밖 30리 지점, 곧 현 망우리(忘憂里)에서 13도민군
이 도착하기를 기다리고 있었다. 그런데 아직 우리 13도민군이
도착하기도 전에 일본군이 미리 탐지하고 대부대로 선제공격
을 가하므로, 이에 여러 시간 동안 격렬하게 분전하였으나 부
득이 후퇴하지 않을 수 없어 왜적 통감부(統監府) 토벌작전을

후일로 미루고 다시 양주로 회군하였다.

　우리의 의병이 13도민군을 편성하여 전투력을 제고하고 조직적으로 토벌을 전개하자 일본군은 곳곳에서 포위당하여 힘을 쓰지 못하게 되었다. 이에 고립된 불리한 전항을 타개하기 위하여 계속 증원군을 증파해서 괴멸한 병력을 충원함과 동시에 침략군을 증강하여 대처하였으니, 박성수(朴成壽) 교수는 『독립운동사연구』에서 일본군의 증파상황을 다음과 같이 기술하였다.

　"일본군의 증파상황을 보면 본래 러일전쟁 후 일본은 한국에 제13사단을 그대로 잔류시켰는데 주로 북부수비관구(北部守備管區)를 맡게 했었다. 이 사단은 보병 3개 연대, 기병 1개 연대, 야포병 1개 연대 그리고 공병 1개 대대로 편성되어 있었고 함흥에 그 사단본부를 두고 있었다. 그런데 1907년 7월 말 한국군 해산을 앞두고 일본으로부터 1개 여단 병력을 긴급 증파하여 대구에 여단본부를 두고 남부수비관구(南部守備管區)를 보강하였다. 증파된 여단은 제12여단으로서 일본군 23사단 중 최강을 자랑하는 부대였다.

　의병전쟁이 예상외로 확대되자 1907년 10월 초 기병 1개 연대(4개중대로 편성)를 더 추가하고 강릉과 인천에 수뢰정을 파견하여 연안의 의병을 진압케 했다. 이 증파는 일시 본국에 귀국중에 있던 이등박문이 장곡천(長谷川) 사령관에게 '필요하면 체면 차리지 말고 얼마든지' 요청하라는 전보에 따라 장곡천이 체면을 무릅쓰고 요청했던 증원부대였다. 이 기병연대는 주로 전라남북도에 배치하였다가 1909년 11월에야 철수하였다.

　그러나 이것으로도 부족하여 장곡천은 1908년 5월 중순 1

개 여단의 증파를 본국에 요청했다. 이 요청은 보병 2개 연대로 삭감되어 증파되었다. 그 일부(제7사단의 27연대)는 원산에 상륙하고 다른 일부(제6사단의 23연대)는 마산에 상륙하여 각각 북한과 남한의 의병진압병력을 보강하였다.

화승총과 창·칼로 무장한 의병군을 진압하기 위해 이와 같이 많은 병력을 투입하게 된 것은 일본이 미처 예상하지 못했던 사태발전이었다. 왜냐하면 1904년에 한 일본군 장교가 주장한 바에 따르면 일본군 1개 연대, 즉 13개 중대만 있으면 어떠한 한국의 무장항거도 능히 진압할 수 있다고 믿고 있었기 때문이다. 어떻든 일본은 이 같은 증파로 1908년도 예산에서 군대파견비 50만 원, 1909년도 예비비에서 폭도진정비 2만2천5백 원을 추가하는 등 무려 수십만 원을 썼던 것이다.

이렇게 증파된 일본군은 러일전쟁을 치른 막강의 정예군이었으나 그들이 한국에서 한 일은 양민의 학살, 민가의 소각 그리고 부녀자의 강간이었다.”(박성수 저, 『독립운동사』 제2장 第2次 義兵戰爭 제2절 3. 전쟁의 확대와 일본군의 만행)

일본군 한국침략사령부는 이것으로도 약 30만을 헤아리는 13도민군의 대토벌작전에 의한 포위고립을 벗어나지 못해 광무 10년(1906년) 161개 순사주재소에 2,679명의 일본순사와, 69개 헌병분견소에 1,162명의 일본헌병을 파견하였다. 광무 11년(1907년)에는 경찰 2,300명과 헌병 1,000명을 증파하고, 또 다음해에도 계속 증파하여 우리 땅에 412개 순사주재소를 만들고 경찰 5,000명과 524개 헌병분견소의 헌병 6,600여 명으로 군사력을 증강하였으나 이것도 또한 부족하여, 마

침내 각지의 불량배를 경찰밀정과 헌병보조로 모집하여 앞
잡이로 이용하였으니 그 수가 만여 명에 이르렀다. 여기에
더하여 일진회(一進會) 회원을 밀정으로 이용하고 통역관을
동원하여 13도민군을 진압하려고 광분하였던 것이다. 이와
같이 불리한 상황에서도 13도민군은 서울탈환작전을 시도했
고, 그 형세가 불리하여 작전상 후퇴했을 뿐이다.

　뒤바보는 『의병전(義兵傳)』에서 동대문전투가 끝난 12월
25일 이후의 상황을 다음과 같이 기술하였다.

　"동대문의 총성이 그치자마자 이인영 총대장의 문경(聞慶)
집에서 그 아버지가 돌아가셨다는 부음(訃音)이 갑자기 왔
다. 선생은 곧 남쪽 하늘을 향하여 슬프게 통곡한 다음 이에
여러 장졸을 향하여 귀향하여 상례(喪禮)를 마칠 뜻을 공포
한 뒤에 그들의 승낙을 기다리지도 않고 뒷일을 군사장(軍
事長) 허위 대장에게 위탁하고 그냥 분상(奔喪)하였다.
　고향에 돌아가 장례(葬禮)를 마침에 13도에 분산되어 있는
의병들이 재차 크게 일어나기 위하여 그에게 몸을 일으키기
를 권유하며 강요하였다. 그러나 선생은 유교인(儒敎人)이요,
병법에는 소략하여 어두웠기 때문에 자기의 한 몸에 국가흥
망의 책임이 얼마나 중대하느냐보다도 더욱 자식의 도리(道
理)에 집착하였다. 그래서 궐기하기를 권하는 사람들에게 이
렇게 말하였다. '나는 결코 국가의 위급을 돌아보지 않은 사
람이 아니나 충(忠)과 효(孝)는 하나의 도덕이다. 그런 까닭
에 나는 차라리 나라의 풍속을 지켜 3년상(三年喪)의 효도를
마친 다음에 다시 13도민군을 일으켜 권토중래(捲土重來)의
형세로 왜노(倭奴)를 소탕하겠노라.'
　그러나 선생의 3년상을 마침은 시국이 허락지 않을 뿐만

아니라 일본인이 어디까지라도 종적을 탐색하고 있었기 때문에 선생은 부득이 그 이름을 시영(時榮)으로 바꾸고 노모(老母)와 두 아들을 이끌고 의암(毅菴) 유인석(柳麟錫) 선생처럼 국경을 넘어 만주로 가려고 하다가 여의치 못하여 충북 황간군(黃澗郡) 금계(金溪)로 이사하여 은신하였다."(한국민족운동사연구회 편, 『義兵戰爭硏究』上 : 지식산업사 刊)

한편, 지리산을 중심으로 동계 토벌작전에 진력하면서 김동식 장군과 민군조직 강화에 힘쓰던 고광순 의병장이 일본군의 기습을 당하여 구례(求禮) 연곡사(燕谷寺)에서 장렬하게 전사하는 불행이 있었다. 하지만 김동식 장군은 조직을 통합하여 전열을 다시 정비, 왜적소탕작전을 계속하였다. 이 패전을 거울삼아 김동식 장군은 지리산 뱅사골 깊은 곳에 공작창을 설치하고 기술자를 초빙해서 화승총을 뇌관식으로 개조하는 작업을 시작하고 또 각 의병장에게 군사훈련을 강화하여 필승의 전략을 도모해서 결코 적을 가볍게 보고 소홀하게 대적하지 말라고 엄중히 경계하였다. 그리고 지리산에는 많은 토굴이 있으므로 각자 안전한 은신처를 만들어서 비상시에 대처할 수 있는 물자를 비축하라고 지시하였다.

융희(隆熙) 2년(1908년) 정월에 임금이 이완용에게 은사금 10만 원(元)을 하사하여 7협약 이래 정권을 유지한 공로를 치하하였다. 송병준은 진황지(陳荒地)를 일본인이 간척하도록 허가하고, 이완용은 역둔토(驛屯土)를 일본인에게 주어서 일본인이 척식회사(拓植會社)를 만들어, 일본인을 우리나라에 이민(移民)하여 전군 연해(沿海)에 배로 실어다가 옮기니 연해의 하천에 배가 통행하는 곳은 일본인이 없는 곳이 없었다.

일본은 또 서울시민의 석전(石戰)을 금지시켰다. 효종(孝宗)과 우암(尤庵) 송시열(宋時烈) 선생이 병자호란(丙子胡亂)의 치욕을 씻기 위한 멸청복명(滅淸復明)의 북벌대계(北伐大計)를 세우고 인민에게 상무정신(尙武精神)을 고취하기 위하여 정월 상순(上旬)에 남대문 밖으로부터 5강(五江) 상하에 이르기까지, 각기 편대를 나누어 투석전을 시행하여 이긴 편에게 상을 주면서 비록 사상자가 나와도 책임을 묻지 않은 편전(便戰)놀이가 민속의 전통으로 이어왔으나, 이등박문이 의거를 일으킬 것을 두려워하여 군대를 투입하여 발포사격하면서 해산하고 금지시켜 버렸다.

조희연(趙羲淵), 유길준(兪吉濬) 등이 김홍집(金弘集), 정병하(鄭秉夏)를 위한 추도회(追悼會)를 개최하였다. 이때 개화파들은 추도회, 환영회, 축하회 등을 ○○교(敎), ○○회(會), ○○단(團)의 이름으로 날마다 열어서 사람에게 아첨하는 습속이 급격히 퍼졌는데, 모두 세력확장에 혈안이 된 사회현상이었다.

이광좌(李光佐), 최석항(崔錫恒), 조태억(趙泰億) 이하 신임죄사자(辛壬罪死者) 이진유(李眞儒), 서종하(徐宗廈), 정해(鄭楷), 윤성시(尹聖時), 박필몽(朴弼夢), 이명의(李明誼), 이사상(李師尙), 윤취상(尹就商), 이명언(李明彦), 김중기(金重器), 권익관(權益寬), 윤상백(尹尙白), 윤지(尹志), 이하징(李夏徵), 유수원(柳壽垣), 심추(沈錐), 박찬신(朴纘新), 이거원(李巨源) 등 30여 인의 관직을 회복시키고 시호(諡號)를 내려주었으니, 조중응(趙重應)의 발의에 따른 것이다. 일찍이 조중응이 일본에 있을 때 일본여자 광강(光岡)을 첩으로 얻어 귀국할 때에 데리고 돌아왔는데, 중응의 처 최씨(崔氏)가 있는 것을 보고 크게 울면서 돌아가려고 하자 임금이 듣고 최씨로 좌부인(左夫人)을 삼고 광강으로 우부인(右夫人)을 삼도록 허가하였다.

김윤식(金允植)의 건의로 조선왕조 개국 이래 죄인명부에 올라 있는 사람 가운데 병기를 들고 대궐을 범했던 범죄인을 제외하고 일체 깨끗이 사면하였다. 그리하여 이징옥(李澄玉), 윤원형(尹元衡), 정인홍(鄭仁弘), 윤휴(尹鑴), 민암(閔黯), 이의징(李義徵), 홍국영(洪國榮), 홍술해(洪述海), 김달순(金達淳), 조택원(趙宅願), 김홍진(金鴻鎭), 권호선(權浩善), 장호익(張浩翼), 원용성(元用星), 허욱(許郁), 이주회(李周會), 권형진(權瀅鎭), 오성모(吳聖模), 김형집(金亨集) 등을 모두 신원(伸寃)하니 당시 사람들이 어찌하여 이괄(李适)과 한명련(韓明璉)은 누락시켰느냐고 비난하였다. 정인홍의 후손이 강력히 요청하여 정인홍에게는 시호를 내렸다.

이완용 등이 대보단(大報壇)을 헐려고 논의하였으나 일본인이 '은혜를 망각함은 상서롭지 못하다'고 반박하므로 마침내 중지하였다.

이준용(李埈鎔) 등이 종척(宗戚) 자제를 일본에 유학시킬 것을 건의하였다. 이에 이재완(李載完), 이재곤(李載崑) 및 민병석(閔丙奭), 윤택영(尹澤榮)의 집안과 다른 성씨의 경재(卿宰) 가문에서 80명을 선발하여 보냈다. 이완용의 집에 상량이 울고, 우물물이 끓어올랐으며 범이 창덕궁(昌德宮)으로 들어갔다.

일본 대판에서는 전염병이 돌아서 하루에 500명씩 죽었다. 일본이 국고가 고갈하여 인민에게 세금을 증액하여 부과하니, 일본인민이 궐기하여 저항하면서 전차 16량을 부시니 일본정부가 군대로 진압했다.

러시아에 거주하는 우리 동포들이 해삼위(海蔘威)에서 장지연(張志淵) 주필(主筆)을 초빙하여 해조신문(海朝新聞)을 발행하면서 일본의 침략을 비난하고 의병의 활약상을 보도하니, 일본이 크게 분노하여 국내배포를 금지시키고 장지연의 아들을 구속하므로 장지연이 상해(上海)로 갔다.

눈보라가 휘날리는 산하를 누비면서 침략군을 토벌하여 나라를 지키고 인민을 보호하겠다는 일념으로 연전연승한 민군의 사기는 하늘을 찌를 듯이 기세등등하게 새해를 맞이하여 새로운 각오로 총진군하였다.

1월 초부터 차도선(車道善) 의병장 등은 1,000여 명의 관북민군을 통솔하여 3일 갑산(甲山)을 토벌해서 일진회원 등 50여 명을 처단하고 8일에는 삼수순사소(三水巡査所)를 공격하여 접수하였다. 10일에는 갑산의 일본군을 토벌하여 수십 명을 사살하고 장진(長津)에서 격렬하게 전투하였으며, 다시 삼수로 퇴각하여 혜산(惠山)으로 진격해 일본군 10여 명을 사살하였으며, 12일에는 영변(寧邊), 13일에는 단천(端川)에서 싸웠다. 14일에는 북청(北靑)의 민군이 일진회원 20명을 사로잡았고, 21일에는 북청민군이 북청에 침입한 일본군 300여 명을 섬멸하는 대승을 거두었으며, 또 갑산과 영흥(永興), 남양(南陽)에서도 왜군을 격멸하였다.

한편 13도 민병 총대장 대리 허위(許蔿) 군사장(軍師長)이 거느린 정병 4만여 명의 민군은 1월 6일 양주(楊州)에서 일본군 보병 제47연대를 격퇴하고 8일에는 장흥(長興)에서 접전하였다. 한편, 김약유(金若有) 의병장이 거느린 민군은 지평(砥平)에서 요격하니 10일에 일본군이 대포 2문을 싣고 동대문으로 나와 전력을 계속 보강하므로, 장흥의 유치(柳峙)에서 격렬하게 공격하여 적에게 심대한 타격을 가했다. 또한 일부는 연천(漣川)으로 진격하여 일본군 다수를 사살하고 11일까지 계속 접전하였다. 또 철원(鐵原)으로 가서 약간의 일본군을 사살하였는데, 변기우(邊起羽) 의병장이 거느린 민군은 14일 양주(楊州)의 고곡(高谷)에서 일본군을 격파하였으며 18일에는 서상열(徐相烈)과 이종협(李鍾俠) 의병장이 1,000여 명의 의병을 거느리고 토산(兎山)과 신계(新溪)를 통과하면서 왜적을 소탕하였다. 또 고양(高陽) 주교(舟橋)에서는 허위 대장의 부대가 일본군과 크게 싸웠다. 19일에는 일본군이 이천(伊川)을 습격하므로 22일 이천에서 민군과 왜군이 격렬하게 전쟁하여 왜적을 격파하고, 23일에는 장단(長湍)에서 왜적을 토벌하였다.

관동의병대장 민긍호(閔肯鎬) 장군이 거느린 3만여 명의 민군은 1월 6일 평창(平昌) 금당산(琴堂山)에서 일본군의 습격을 격파하고 강원도 주천(酒泉), 낭천(狼川), 횡성(橫城), 춘천(春川) 등지의 일본군을 토벌하였다. 그러던 중 15일 인제(麟蹄)의 산악지대로 일본군을 유인하여 격파하던 중 민긍호 장군이 장렬하게 전사하니, 왜적이 크게 기뻐하였다.

진동의병대장 권중희 장군이 지휘하는 경기·황해의 민군은 1월 16일 황해도 곡산(谷山)에서 왜적을 토벌하고, 17일 퇴각하여 해주(海州)로 왔다가 20일 문화(文化)와 송화(松禾)의 경계지역에서 일본군과 전투하였다.

호서의병대장 이강년 장군은 3만여 명의 민군을 지휘하여 1월 13일 충주의 일본군을 토벌하여 일본군에 부역하는 광군(礦軍) 30여 명을 처단하고, 16일에는 제천에서 일본군을 격파하였다. 이후 1만여 명의 민군이 청주 미장(米場)에 집결하여 미곡상을 처단하였으며, 18일에는 연산(連山)의 왜군을 토벌하고 20일에는 충주에서 일본군을 대파하니, 일본군이 패전한 사실을 감추기 위하여 충주 입장(立場 : 선장)으로 침입해서 죄없는 행인(行人) 30여 명을 살해하여 전공으로 위장했다. 21일에도 충주 및 장호원(長湖院)에서 왜적을 토벌하고 25일에는 영동(永同)의 왜군을 소탕했다.

호남창의대장(湖南倡義大將) 기삼연(奇三衍) 장군은 눈보라가 휘날리는 한겨울에 발이 동상에 걸려 기동이 불편한 몸으로 장성(長城)의 추월산성(秋月山城)에서 일본군과 결사전을 전개하여 왜군 50여 명을 사살하였다. 이때 자신도 부상을 당하여 민군통수권을 김용구(金容球) 통령에게 위임하고 순창(淳昌)에서 치료중 융희(隆熙) 2년(1908년) 설날에 체포되어, 다음날 2일 광주시내 서천(西川)에서 긴급 총살당하여 순국(殉國)하였다. 이때 일본인 부녀자들로부터 난자(亂刺)를 당했으니, 왜장 길전승삼랑(吉田勝三郎)이 전사한 데 대한 분풀이였다.

그러나 호남창의대장 대리 김용구(金容球)와 선봉장 김준(金準)은 민군 1만여 명의 조직을 재정비하여 1월 11일에 무장(茂長) 선운사(禪雲寺) 계곡에서 왜적을 격퇴하고, 12일에는 장성(長城)에서 싸웠다. 또 18일에는 무장(茂長)에서 왜적을 토벌하고, 26일에는 나주(羅州)에서 싸웠다.

한편 호영양남민군(湖嶺兩南民軍)의 선구자 김동식(金東植) 장군이 지리산을 중심으로 재편성하여 거느린 1만 5천여 명의 의병은 대대적인 일본군 토벌작전을 전개하여 15일부터 19일까지 순창(淳昌) 복흥산(卜興山)에서 결사전을 전개하여 일본군 100여 명을 사살하고, 광주까지 진격하여 격렬하게 전투하였다.

호남의병대장 문태수(文泰洙) 장군은 4,000여 명의 민군을

거느리고 17일은 용담(龍潭)에서 18일은 무주(茂朱)에서 일
본군과 접전하여 큰 타격을 입혔고, 전북의병대장 이석용(李
錫庸) 장군이 거느린 1,500여 명의 민군은 19일 남원(南原)에
서 23일에는 정읍(井邑)에서 일본군을 토벌하여 다대한 성과
를 올렸다. 김시동(金時同) 의병부대는 19일 군산(群山)에 진
출하여 일본군을 타격하였다. 이밖에도 일단의 민군이 15일
흥해(興海)에서 왜적을 토벌했고, 18일에는 의협남아가 김해
(金海)에서 일본군 3명을 죽였으며, 20일에는 교남창의대장
신돌석(申乭石) 부대가 영양(英陽)에서 왜적을 토벌하였다.

　13도민군 총대장 이인영(李麟榮)의 군통수권을 대행하는
허위(許蔿) 군사장의 동계 토벌작전이 대성공을 거두어 사기
가 충천한 민군은 2월로 접어들면서 춘계작전으로 전환하였
는데, 전쟁을 거듭하면서 전투능력이 크게 향상발전하여 백
전백승의 용명을 떨친 의병장을 세상 사람들이 추앙해서 16
역사(力士)로 호칭하였으니, 그 이름만 들어도 일본군이 두
려워하는 조수연(趙壽淵), 김규식(金奎植), 홍인관(洪仁觀),
이병채(李秉采), 장순원(張珣遠), 오수영(吳壽榮), 김연상(金
演相), 황재호(黃在浩), 이명기(李明起), 연기우(延基羽), 고재
석(高在石), 박종한(朴宗漢), 윤인선(尹仁先), 황순일(黃順一),
김운이(金雲伊), 이동섭(李東燮) 의병장들로서 그 날래고 씩
씩한 용맹은 가히 천하무적이었다.

　허위 군사장은 이와 같이 용맹한 군사를 지휘하여 2월 2
일에는 양주(楊州)의 덕소(德沼)로 진격하여 일본군의 보급
창고를 전부 소각하고, 4일에는 가평(加平)으로 진출하여 왜
적을 토벌하였다. 그리고 일부 민군은 인천(仁川)으로 진격
하여 일본군의 군수품창고를 공격하여 심대한 타격을 가하
였다. 12일에 다시 가평에서 크게 전쟁하여 대승하고 15일에

는 태릉(泰陵) 국내(局內)에서 접전하였으며, 16일에는 또다시 가평에서 크게 접전을 벌였다. 일부는 이천(伊川)과 영평(永平), 연천(漣川) 경계에서 왜군을 토벌하였으며, 18일에는 교하(交河), 19일에는 영평(永平)에서 싸웠으며, 28일에는 적성(積城)에서 접전을 벌여 연전연승하였다.

호서의병대장 이강년(李康秊) 장군은 관동의병대장 민긍호(閔肯鎬) 대장이 전사한 뒤로 관동의 민군을 통합지휘하면서 서울진공작전을 수립하고, 2월 초부터 작전을 개시하여 5만여 명의 민군을 거느리고 용감무쌍하게 일본군을 토벌하였다.

2월 4일에는 횡성(橫城)에서 전쟁하고, 또 창평(昌平)에서 일본군을 토벌하여 수십 명을 사살하였다. 5일에는 청양(靑陽)에서 전투를 개시하여 진천(鎭川)으로 후퇴했는데, 일부는 한산(韓山)으로 가서 강경(江景)에 주재한 일본군과 접전하였다. 9일에는 홍주(洪州)의 지란도(芝蘭島)에서 왜적을 격파하고, 12일에는 정선군(旌善郡)의 일본군을 격파하여 관아(官衙)를 접수하였다. 13일에는 횡성(橫城)과 온정리(溫井里) 및 수원(水原), 홍주(洪州)에서 일제히 왜적을 토벌하여 기세를 올렸다. 14일에는 단양(丹陽)에서 전쟁하였으며, 15일에는 한상호(韓相鎬) 의병장이 거느린 민군이 지부역(珍富驛)에서 접전하고 다른 부대는 덕산(德山)과 영동(永同)에서 토벌하였다. 16일에는 청양(靑陽)의 왜적을 토벌하고 17일에는 서천(舒川)의 왜적을 토벌하였으며, 18일에는 철원(鐵原)에서 전투하고 19일에는 흥해(興海)와 영천(永川) 사이에서 크게 접전하였다.

한편 한상열(韓相烈) 의병장이 거느린 민군은 홍천(洪川)에서 일본군 대부대와 격렬하게 접전하여 크게 승리하였다.

17일에는 음성(陰城)에서 전쟁한 이강년 장군이 직접 지휘하는 정병 1만여 명이 22일 청주(淸州)로 진격하여 일본군을 격파하고 서울 진격작전에 돌입하였는데, 강원도민군은 23일부터 24일까지 횡성(橫城)에서 격렬하게 전투하여 승리하고 26일 삭녕(朔寧)과 철원(鐵原)에서 또 접전하여 일본군을 격파하고 서울 진공작전에 돌입하였다. 이들은 13도민군 총대장 대리 허위(許蔿) 군사장과 연합하여 서울 동대문에 이르러 제2차 왜적 통감부(統監府) 토벌작전을 개시하였다.

이때의 전황을 김승학(金承學)은 『한국독립사』에서 다음과 같이 기술하였다.

"이강년(李康秊)의 진(陣)은 4241년 무신(戊申 : 1908년) 2월 17일부터 2월 21일까지에 적(敵) 수천여 명의 습격을 받았으나 그 중에 수백 명의 적군을 도륙(屠戮)하였고 이에 일거에 경성(京城)을 함락시키고자 육박하였으나 왜적은 오랫동안 성문(城門)을 굳게 닫고 응전(應戰)하지 아니할 뿐 아니라 또한 아군(我軍)도 대군(大軍)을 험곡(險谷)에 장기간 머물러 있는 것이 전략상 불리하다고 생각한 나머지 도성(都城)의 함락은 후일의 기회로 미루는 한편 지방에 준동(蠢動)하는 왜적을 섬멸키로 전략을 변경한 다음 이강년은 인제(麟蹄), 간성(杆城), 강릉(江陵), 안동(安東) 서벽내성(西璧乃城), 영주(榮州) 재산(才山) 등의 전투에서 연전연승하여 왜적 다수를 도륙하였다."(『韓國獨立史』 제3장 제4절 의병운동의 제3기 참조)

그리하여 30일 이강년 장군의 부대가 한강을 건너 송파진(松波津)에 이르자 일본군이 추격하므로, 이강년 장군은 부대를 다시 돌려 맹렬하게 공격해서 격퇴하니 일본군이 패주하여 다시 추격하지 못했다.

진동의병대장 권중희 장군이 지휘하는 경기·황해지구 민군은 고도로 훈련된 정병으로서 4일 개성(開城)의 왜적을 토멸한 뒤 7일 해주(海州)로 진격하여 승리하고, 11일 재령(載寧)에서 일본군과 접전을 벌였다. 허덕천(許德天) 의병장이 거느린 민군은 옹진(甕津)으로 진출하여 일본군을 토벌하였는데, 15일에는 다시 해주로 회군하여 일본군 증원부대를 쳐부수고, 16일 배천(白川)에서 전쟁하다가 19일부터 20일까지 다시 해주에서 치열하게 전투하여 일본군 수백 명을 사살하고, 24일에는 해주와 배천에서 접전하여 승리하고 28일에는 신천(信川)과 개성에서 일본군을 타격하였다.

교남창의대장(嶠南倡義大將) 신돌석(申乭石) 장군과 김성운(金成雲) 의병장 그리고 유시영(柳時榮) 의병장이 연합하여 지휘한 민군 2만여 명은 경북 일월산(日月山)과 안동(安東), 영주(榮州), 경주(慶州) 지역의 일본군을 토벌하여 수백 명의 일본군을 처단하였다. 2월 9일에는 의성(義城)과 언양(彦陽)으로 동시에 진격하여 왜적을 토벌하고, 15일에는 함창(咸昌 : 尙州)의 왜적을 토벌하여 격렬하게 전투하였으며, 16일에는 울진(蔚珍)의 불령사(佛靈寺) 계곡에서 전투하였다.

이진규(李晋圭) 의병장과 최선직(崔善直) 의병장이 거느린 민군은 영덕(盈德)으로 진군하여 왜적을 토벌하였으며, 19일에는 봉화(奉化)에서 전쟁하여 왜적을 격파하고, 26일에는 함창(咸昌)에서 전투하였으며, 29일에는 언양에서 일본군 증원부대와 크게 전투하여 격파하였다.

호영양남민군(湖嶺兩南民軍)의 선구자 김동식(金東植) 장군은 호남창의대장 대행(代行) 김용구(金容球) 통령(統領) 그리고 전북의병대장 이석용(李錫庸) 장군과 때로는 연합작전을 전개

하고 때로는 단독작전을 구사하여 크고 작은 전투에서 연전연
승하였으며, 호남창의대장 대리 김용구(金容球) 장군과 그 선
봉장 김준(金準) 장군과도 합동하여 대대적으로 전개한 춘계
토벌작전은 장렬하기 그지없었다. 2월 4일부터 능주(綾州)와
삼등(三登) 그리고 광주(光州)에 있는 일본군을 일제히 토벌하
여 왜적의 간담을 서늘케 하였다. 11일에는 김태원(金泰元) 의
병장이 거느린 민군이 함평(咸平)에서부터 광주(光州)까지 왜
군을 맹렬히 추격하며 종일 교전하고, 같은 날 전주(全州) 갈
담(葛潭)에서 접전하고 또 순천(順天)에서 맹렬히 토벌하여 수
백 명의 왜군을 사살하는 대첩을 거두었다. 13일에는 순창(淳
昌)에서 왜적을 토벌하고 16일 광주로 진격하여 토벌하였다.
일부 민군은 산청군(山靑郡)으로 진출하여 왜적을 소탕하고,
17일 함양(咸陽)에서 일본군 토벌작전을 개시하여 왜적을 토벌
한 다음 18일 다시 산청으로 와서 일본군 증원부대와 전쟁하
여 많은 왜적을 사살하였다. 30일에는 거창(居昌)으로 진격하
여 기세를 올렸다.

한편 광주에 주둔한 일본군을 토벌하던 민군은 완강한 왜적
의 저항으로 소강상태에 있다가 17일 고창(高敞)에서 전투하고
19일 다시 광주로 회군하여 왜적을 토벌하였다. 22일에는 담양
(潭陽)에서 접전하였으며, 24일에는 영광(靈光)과 전주 고산(高
山)에서 일본군과 합전하여 21명의 일본군을 사살하는 전과를
올렸다. 또한 김태원(金泰元) 의병장은 장성(長城)에서 전투하
여 일본군 50여 명을 목베었으며, 29일에는 나주(羅州)와 구례
(求禮)에서 왜적을 토벌하는 등 종횡무진 광야를 누비며 많은
전과를 올렸다.

이밖에도 2월의 전황은 전국 각지에서 요원의 불길처럼 일
어나 일본군 소탕작전을 전개하였으니, 12일 고원(高原)의 일

진회(一進會) 20여 호(戶)를 소각하고 14일 강령(康翎)에서 전쟁하였으며, 15일에는 고원군(高原郡)의 왜적을 토벌하여 관아(官衙)를 접수하였다. 같은 날 함남 이원(利原)에서 전투하고 17일은 평남 맹산(孟山)에서 전투하였는데, 2월의 토벌작전에서 우리 민군의 피해도 적지 않았으니 가장 불행한 사건은 그동안 관북(關北)지역에서 일본군 제50연대와 교전하여 공을 세운 진용욱(秦容郁) 의병장이 일본군의 유인작전에 빠져 갑산(甲山)전투에서 장렬하게 전사한 것이다. 그러나 우리 민군은 전열을 다시 정비하여 25일 평남 양덕(陽德)에서 왜적을 계속 토벌하여 열렬히 싸웠다.

이와 같이 국내에서 8로(路) 민군이 일본군을 토벌하는 대공세를 펴면서 통감부를 비롯한 각 지역의 왜적을 포위공격하는 동안 2월 20일 장인환(張仁煥)과 전명운(田明雲)은 미국 상항(桑港)에서 미국인으로 우리나라 외부고문으로 고용되었던 스티븐슨을 사살하였다.

이 장거(壯擧)를 김승학(金承學)은 다음과 같이 기술하였다.

"4239년 병오(丙午 : 1906년) 미국의 스티븐슨은 왜정부(倭政府)의 추천으로 우리나라의 외교고문에 선임되어 재임하는 동안에 이등박문이 소위 보호조약을 강제로 체결하는 것을 극력 알선하고 한국의 월봉(月俸)을 받으면서 왜적에게 충성을 다하여 한국 침략을 일삼던 자로서 해임되어 귀국할 때에 이등박문의 비밀청탁을 받고 상항(桑港)에 건너가 신문지상에 발표하되 '한국의 궁중(宮中)은 실덕(失德)이 많고 완고당(頑固黨 : 유림의 의병과 동학당)은 인민의 재산을 빼앗으며 인민이 우매하여 독립할 자격이 없으므로 일본이 한국을 보호하지 않았더라면 러시아에게 빼앗겼을 것이라.' 하고 또 '이등박문이 한국

을 다스리는 정책이 유익한 까닭에 한국인은 반대하지 않는
다.'고 하였다.

　이에 정재관(鄭在寬) 등이 분격하여 4241년 무신(戊申 : 1908
년) 2월 스티븐슨을 방문하고 그 이유를 힐책하다가 분노하여
의자를 들어서 내리쳤고 동월 22일(陰 2월 20일) 스티븐슨이
워싱턴으로 가려고 우크랜드 역(驛)에 나가 있는 것을 우리 대
동보국회원(大同保國會員) 전명운이 권총으로 저격하다가 불발
되고 장인환이 두 방을 발사하여 한 방은 전명운을 오중(誤中)
하고 한 방은 스티븐슨을 명중하였는데, 병원에서 가료한 결과
전명운은 완치되고 스티븐슨은 사망하였다. 장과 전은 원래 서
로 모의한 것은 아니었다. 장인환은 미국법원으로부터 25년 징
역을 선고받았다.”(『韓國獨立史』 제3장, 제7절 義士의 壯擧)

　도적이 동관왕묘(東關王廟)에 침입하여 옥대(玉帶)와 상탑
(床榻)을 훔쳐서 도주하였고, 동대문과 남대문의 양쪽 성첩(城
堞)을 헐어버렸으며, 왜승(倭僧) 고천대항(古川大航)이 묘향산
(妙香山) 보현사(普賢寺)의 주지권(住持權)을 탈취하는 일이 벌
어졌다. 보현사는 단군(檀君)의 옛 터전으로서, 건물이 700칸이
고 조정에서 인정해 준 경계가 길이가 15리(里)요 넓이가 10리
로서 정부의 토지대장에 오르지 않은 토지에 대하여 부과하던
세금이 900여 원(元)이었는데 고천대항이 내부(內部)에 협박하
여 300원으로 감액하였다.

　성주 금광(星州金鑛), 함평 동광(咸平銅鑛), 용천 흑연광(龍
川黑鉛鑛), 창원 동철광(昌原銅鐵鑛), 의주 금광(義州金鑛), 부
평 동광(富平銅鑛), 창원 동광(昌原銅鑛), 순안사 금광(順安砂
金鑛)의 채굴권을 모두 일본인에게 허가하였고, 도적이 경주
(慶州) 신라(新羅) 선덕왕릉(善德王陵)을 도굴하였다.

3월에 이완용 등이 스티븐슨이 죽었다는 소식을 듣고 부의금(賻儀金) 15만 원(元)을 거두어 보냈다.

3월 10일에 시천교인(侍天敎人)이 최제우(崔濟愚)의 생일이라고 하여 기념연(紀念宴)을 개설하였는데, 이때 일진회(一進會)가 흩어지는 형세에 있었기 때문에 천도교주(天道敎主) 손병희(孫秉熙)가 그 기회를 타서 일진회원을 유도하여 천도교로 입교시켜 하나의 단체로 통합하였다.

공주관찰사(公州觀察使) 양재익(梁在翼)이 전우(田愚)가 산림학자(山林學者)의 중망(重望)을 받고 있으므로 마침내 의병으로 돌아설까를 두려워하여 서둘러 체포해 그 미리를 깎게 하려고 하였으나, 전우가 죽음으로 항의하여 굴복하지 않고 그 제자 수백 명이 스승을 따라 죽기를 원하므로 석방하였다. 자칭 통감부가 강요하여 내관(內官 : 內人, 武監, 別監, 別軍, 官員役 포함) 3,500여 명을 축출하여 감원하였다. 김윤식(金允植)이 중추원 의장이 되었다.

12. 우리 민군의 영웅적 일본군 소탕작전

3월로 접어들자 13도민군 총대장대리 허위(許蔿) 군사장과 호서의병대장 이강년(李康秊) 장군은 경기·강원·충청지역의 민군 7만, 정병 2만을 총동원하여 일본군 토벌작전에 돌입하였다. 2일에 이강년 장군이 경기도 영평(永平)에서 왜적을 물리치고 기세를 올리기 시작하여 4일에는 허위 장군이 양주(楊州)의 주치(舟峙)에서 회전하여 일본군을 섬멸하였다. 같은 날 일본군이 영평(永平)을 습격하였으나 이강년 장군이 맹렬히 요격하여 대승을 거두고 도망하는 적을 밤낮으로 추격하였다. 허위 군사장과 이강년 장군이 합세해서 5일 서울 동대문 밖 봉화현(烽火峴)에 이르러 서울 진공작전을 펴니, 일본군이 대포와 기관총으로 방어하였기 때문에 종일 싸웠으나 방어선을 뚫지 못하다가 6일 고양(高陽)으로 진출하여 크게 싸웠다.

한편, 강원도 민병은 3일 원주(原州)에서 전투하고, 4일부터 회양(淮陽)에서 일본군을 토벌하기 시작하여 7일까지 치열하게 작전을 전개하였다. 8일에는 양구(楊口)와 김화(金化)에서 동시에 왜적을 토벌하였다. 이날 박남화(朴南化) 의병장이 거느린 민병은 인제(麟蹄)의 왜적을 토벌하여 승리하고 관아(官衙)를 접수하였으며, 경기도민군은 양지군(陽智郡)의 왜적을 토벌하고 관아를 접수하였다. 10일 장단(長湍)에서 전투를 벌이고, 12

일에는 고양(高陽) 문산포(文山浦)에서, 13일에는 가평(加平)에서 전투가 벌어졌다.

충청도민군은 2일 충청도 정산(定山)에서 왜군과 접전을 벌였고, 6일에는 연산(連山)에서 전투가 벌어졌으며, 8일에는 충청도 연풍군(延豊郡)의 왜적을 토벌하여 관아(官衙)를 접수하였다. 9일에는 공주(公州)와 강화(江華)에서 일본군을 대대적으로 토벌하였고, 14일에는 충청도 홍산(鴻山)에서 투쟁하였다.

15일 영동(永同)에서 철도를 폭파하였는데, 이로 인해 일본군이 기습작전을 전개했기 때문에 공주와 대전에서 전투를 벌였고, 또 정산(定山)에서 전투가 벌어졌다. 16일은 단양(丹陽)의 왜적을 토벌하고 관아(官衙)를 접수하였으며, 같은 날에 이병수(李秉壽) 의병장은 홍주(洪州)에서 왜적을 토벌하여 크게싸웠다. 또 강원도 진부역(珍富驛)에서도민군과 일본군과의 전투가 치열했다.

17일 경기도민군이 고양(高陽)에 진출하여 일본헌병 2명을참(斬)하고 18일 파주(坡州)의 죽원리(竹院里)에서 합전하였는데 일본군이 불을 질러 마을을 불태웠다. 19일에는 강화(江華)승천포(昇天浦)와 횡성(橫城) 그리고 원주(原州)에서 전투가 벌여졌고, 20일에는 청주(淸州)에서 대대적으로 토벌작전을 전개하여 많은 전과를 올렸다.

이와 같이 민군이 적극적인 공세로 나아가서 열렬하게 싸워연전연승하자 허위 군사장과 이강년 장군 등은 13도민군원수부(民軍元首府)의 이름으로 전국 13도(道)에 통지문을 발송하여, 현재 일본은 재정이 궁법하여 과중한 선생비용에 시달리고있으며, 또한 우리나라를 침략한 일본군은 각지에서 우리 민군이 이미 포위하여 분산고립시켰기 때문에 진퇴유곡의 함정 속에 있으므로 이때를 당하여 우리 국민이 총궐기하여 최후의 승리를 쟁취해서 독립을 되찾자고 격려하였다.

그리고 자칭 통감부(自稱統監府)에 4개 항목의 요구서를 보냈는데, 첫째 태황(太皇 : 高宗)을 복위(復位)하라, 둘째 자칭 통감부를 철거하고 통감은 돌아가라, 셋째 일본인 관리를 파면하라, 넷째 우리나라의 외교권을 반환하라 등이었다.

이에 일본군은 전국 방방곡곡에 민군이 가득하여 대처할 방법이 없으므로 마침내 정규전을 포기하고 살육전으로 전환하여 무자비한 보복살인책을 시도하였으니, 우리나라 사람으로 일본어를 아는 자를 모두 군사통역관으로 채용해서 민군과 내통한 주민을 색출하여 즉각 현장에서 죽이는 비열한 응징적 보복작전을 전개하였던 것이다. 이로 인해 통역관에게 뇌물을 주지 않은 무수한 양민이 학살당했는데, 경북 김전시(金田市)의 일구(一區)에서만 죽은 사람이 100여 명에 이르렀다.(『梅泉野錄』卷六 隆熙 二年 四月條)

경기·강원·충청의 민군은 조직적으로 작전을 수행하여 21일에는 강원도 평강(平康)에서, 또 22일에는 강화(江華)와 옥천(沃川)에서, 23일에는 경기도 양지(陽智)와 강원도 영월(寧越)에서 전투를 하였다. 25일에는 연산(連山)에서 두 번이나 일본군과 접전을 하였고 26일에는 천안과 경기도 마전(麻田)에서, 27일에는 진천(鎭川)·평창(平昌)·영평(永平)에서, 28일에는 양주(楊州)와 공주(公州) 그리고 29일에는 부여(扶餘)와 충청도 영춘(永春), 30일에는 온양(溫陽)과 강원도 평강(平康)에서 일본군을 토벌하여 막대한 성과를 거두었다.

호영양남민군(湖嶺兩南民軍)의 선구자 김동식(金東植) 장군은, 전남의병대장 고광순(高光洵) 장군이 연곡사에서 전사한 뒤 남은 병력을 통합하고, 또 호남창의대장 기삼연(奇參衍) 장군이 광주에서 일본군에게 살해당하자 그 잔여부대와 손을 잡았다. 그런 다음 전북의병대장 이석용(李錫庸) 장군과 합세하여 호영남(湖嶺南) 일대를 종횡무진 누비고 다니면서 대대적인 일본군 토벌작전을 치열하게 전개하여 왜적을 수없이 사살, 일본군을 공포의 도가니 속으로 몰아넣었다.

융희 2년(1908년) 3월이 되자 나라는 망했어도 산천에 꽃이 붉게 피어남에 우리 국민의 마음속에도 애국심이 뜨겁게 솟구쳤다. 이러한 민족혼을 가슴속에 간직한 채 김동식 장군은 직접 정병 3천 명을 지휘하여 1일에 거창(居昌)에서 왜적을 토벌하기 시작하여 2일에는 함양(咸陽)에서 전투하여 승리하고, 3일에는 성주(星州)에서 접전하였다. 7일 다시 거창으로 진출하면서 일본군 증원부대를 격파하였으며, 8일에는 합천(陜川)으로 진격하여 삼가(三嘉)까지 추격하여 왜적을 섬멸하고 가야산(伽倻山) 일대를 장악하였다. 10일에는 호남의병대장 문태수(文泰洙) 장군과 합세하여 진안(鎭安)의 왜적을 토벌하고 이어 장수(長水)의 일본군을 격파하여 관아(官衙)를 접수한 뒤 일본인이 사용하는 건물 17호(戶)를 소각하였다. 11일에는 다시 삼가(三嘉)에서 일본군과 접전을 벌이고, 13일에는 무주(茂州)에서 일본군 증원부대를 격파하였다.

김동식 장군은 사기충천한 정병을 이끌고 15일 하동(河東)으로 진출하여 왜적을 토벌하고, 16일에는 단성군(丹城郡)의 왜적을 격퇴하고 관아(官衙)를 접수하였으며, 또 일부는 화순(和順)의 일본군을 토벌하였다. 17일에는 곡성(谷城)으로 진출하여 왜적을 토벌하니, 일본군이 감히 대항하지 못하므로 지리산 일원이 민군의 천지가 되었다.

한편 이석용 장군이 이끄는 전북의병부대와 김준(金準) 장군이 이끄는 호남창의부대는 각각 독자적으로 작전을 구사하여 7일 영광(靈光)에서 전투하고 9일에는 익산(盆山)에서 왜적을 토벌하였으며 11일에는 광주(光州)에서 접전을 벌였다. 그리고 13일부터는 전체 민군이 총력전을 전개하여 임실(任實), 무주(茂朱), 순창(淳昌)에서 동시에 일본군을 토벌하니, 사방에 총소리가 진동하고 칼끝에 섬광이 번쩍번쩍 빛났다.

22일에는 함평(咸平)의 왜군을 토벌하고, 23일에는 무장군(茂長郡)의 일본군을 격퇴한 뒤 관아(官衙)를 접수하였다. 24일에는 광주(光州)와 전주(全州)를 동시에 진격하는 총공세를 결행했으나 기관총과 대포로 완강하게 저항하는 일본군을 쉽게 격파하지 못하여 광주에서는 25일 밤까지 어두산(魚頭山)에서 크게 싸웠고, 전주로 진공했던 부대는 26일 남원(南原)으로 진출하여 크게 싸웠다.

27일에는 함양(咸陽)에서 전투하고, 28일에는 나주(羅州)로 진출하여 죽포(竹浦)의 일본군을 섬멸하고, 다시 함평(咸平)에서 접전을 벌였다. 29일은 순창목재창(淳昌木材廠)의 왜적을 토벌하고 또 화순군(和順郡)의 왜적을 토벌하여 사살하였다.

교남창의대장 신돌석(申乭石) 장군이 지휘하는 민군은 경주(慶州)를 거점으로 하여 일본군과 치열한 결사전을 전개하였으니, 2일부터 접전하여 10일까지 계속하여 마침내 경주 지림사(祇林寺) 계곡에서 왜적을 격퇴하고, 13일에는 문경(聞慶)으로 진출해서 왜적을 토벌하였다. 17일에는 청송(靑松)과 경주 옥산(玉山)에서 크게 토벌하였는데, 청송에서는 26일까지 전투가 계속되었고, 며칠 뒤인 29일 최성집(崔成執) 의병장이 청송에서 일본군을 다시 크게 격파하였다.

경기도와 황해의 창의대장 권의희(權義熙) 장군은 해주를 중심으로 용감하게 왜적을 토벌하여 적군을 지리멸렬한 상태로 몰아넣었는데, 4일에는 해주(海州)와 장연(長淵)의 왜적을 토벌하여 하루종일 치열하게 전투를 벌였고, 6일에는 연안(延安)으

로 진출하여 일본군을 격파하고 8일에는 평산(平山)에서 접전
하였다. 10일에는 황주(黃州)의 왜적을 토벌하고, 13일에는 곡
산(谷山)에서 전투하였으며, 17일에는 다시 연안에서 전투하고,
19일에는 또 평산과 수안(遂安)에서 크게 싸웠는데, 연안에서
는 22일까지 치열하게 접전하여 왜적에게 큰 타격을 주었다.
25일은 곡산에서 다시 접전을 벌였고, 26일 수안에서 일본군
증원부대를 격파한 뒤 27일 해주(海州)로 총진군하여 일본군을
토벌하였는데, 29일까지 밤낮으로 계속 토벌작전을 전개하여
일본군 다수를 사살하였다. 이즈음 권득규(權得奎) 의병장의
부하인 강만국(姜萬國) 의병이 해주에서 일본군을 사로잡았다.
　관서창의대장 방인관(方仁寬) 장군이 거느린 민군은 6일 평
안도 양덕(陽德)에서 일본군을 토벌하기 시작하여 13일에는 신
계(新溪)에서 접전을 벌이고, 14일에 후창(厚昌)으로 진출하여
신파강전선(新坡江電線)을 모두 절단하였다. 19일에는 상원군
(祥原郡)의 일본군을 격파하고 관아(官衙)를 접수하였으며, 27
일에는 강계(江界)에서 치열하게 일본군과 교전하여 다음날까
지 계속 공격해서 일본군을 다수 사살하는 전과를 올렸다.
　관북창의대장 정봉준(鄭鳳俊) 장군이 지휘하는 함경도민군은
3월이 되어 날이 풀리자 토벌작전을 대대적으로 전개하였다.
9일 함경도 안변(安邊)에서 일본군을 토벌하기 시작하여 12일
에는 갑산(甲山)에서 전투을 벌이고, 18일에는 문천(文川)과 고
원(高原)에서 왜적을 토멸하였다. 19일부터 20일까지 장진(長
津)과 삼수(三水) 사이에서 일본군을 격파하고, 같은 날 무산
(茂山)의 왜적도 도벌하였으며, 일부 민군은 문천주재소(文川
駐在所)를 공격하여 접수하였다. 또 21일에는 간도(間島)의 복
섭평(伏涉坪)에서 전투하고, 22일 삭녕(朔寧)에서 접전하였다.
23일은 안변(安邊) 철령(鐵嶺)에서, 24일은 고원(高原)에서 크

게 접전하여 연전연승하였다.

융희 2년 4월에도 13도민군은 3월 대공세의 여세를 몰아 적극적으로 왜적을 토벌하였다. 호서창의대장 이강년 장군은 4월 4일 안동 서벽(西壁)전투에서 일본군 수백 명을 사살하고 군마(軍馬) 수백 필(匹)을 노획하였으며, 4월 5일에는 내성(乃城)전투에서 일본군 200여 명을 사살하고 7일에는 영주 재산(才山)전투에서 일본군 500여 명을 도륙하여 민군의 위세를 떨쳤다. (『韓國獨立史』, 義烈士 및 獨立運動者略傳, 李康秊條 참조)

그러나 이강년 장군이 경북지역의 왜적을 토벌하는 틈을 이용하여 일본군은 군대를 증원하고 대대적으로 경기와 강원지역의 민군을 습격하였다. 임진강유역에서 13도민군 총대장대리 허위(許蔿) 군사장의 부대에 총공세를 펴므로 허위 장군이 밤에 민가에서 머물다가 여영조(呂永祖)와 박대원(朴大遠)의 밀고로 일본군에게 신용(神勇)으로 이름난 김규식(金奎植) 의병장과 함께 포로로 잡혔다. 그러나 김규식 의병장은 중도에서 포박줄을 끊고 몸을 날려 탈출하였다.

허위 장군은 일본군 한국침략사령부에 구속되었으나 더운 여름임에도 정장을 하고 태연자약하였다. 일본군이 의병을 일으킨 사람은 누구고 대장은 누구냐고 심문하자 허위 장군은 웃으면서 말하기를, "의병을 일으킨 사람은 이등박문이고, 대장은 나다" 하였다. 일본인이 말하기를, "어째서 이등박문인가?" 하므로 허위 장군이 말하기를 "박문이 우리나라를 뒤엎지 않았더라면 의병은 반드시 일어나지 않았을 것이다. 그러니 이등박문이 아니고 누구냐!" 하면서 큰소리로 꾸짖으며 굽히지 않았다.

13도민군 총대장대리 허위 군사장이 일본군의 포로로 잡히고, 이어서 삼남의병도대장(三南義兵都大將)으로 공주, 금산, 용담에서 용명을 날리던 김동신(金東臣) 장군이 회덕(懷德)에서 사로잡히게 되니, 13도민군은 물론이고 전국민이 커다란 충격과 비통에 빠졌다. 그 동안 민군의 연전연승으로 나라의 독립이 눈앞에 있다는 확신과 희망으로 불탔던 드높은 기세가 일시에 꺾이고 절망의 신음소리가 이어져, 각도민군 가운데 2,300여 명이 항복하기에 이르렀다. 그러나 13도민군은 다시 전열을 정비하여 적개심을 더욱 불태우면서 자체적으로 일본군 토벌작전에 나섰으니, 나라의 독립을 쟁취하고 인민을 보호하는 일을 끝까지 포기할 수 없기 때문이었다.

김수민(金秀民) 의병장은 경기도민군을 이끌고 구화장(九化場) 헌병분견소를 토벌하여 병기와 탄약을 확보하고, 이어서 장단(長湍)과 양합리(兩合里), 풍덕(豊德)의 왜적을 토벌하였다. 황해도민군은 두 패로 나뉘어, 민효식(閔孝植) 의병장이 이끄는 민군은 태탄(苔灘)과 장연(長淵), 송화(松禾), 은율(殷栗)지방에서 일본군을 물리치고, 허덕천(許德天) 의병장이 이끄는 민군은 옹진(瓮津), 마산(馬山), 강령(康翎) 지방에서 맹렬하게 일본군을 격파하였다.

강원도와 충청도, 경상북도에서는 호서창의대장 이강년(李康秊) 장군이 지휘하는 부대가 거의 전지역을 석권하며 왜적을 토벌하여 연전연승하였고, 지리산을 중심으로 전라도와 경상남도에서는 호영양남민군의 선구자 김동식 장군과 호남창의회맹소(湖南倡義會盟所) 도통령(都統領) 김용구(金容球) 장군 그리고 전북의병대장 이석용(李錫庸) 장군이 연합하여 광주, 곡성, 고창, 순창 등에서 왜적을 토벌하였다.

일본은 호남의 민군을 진압하기 위한 술책으로 이석용 장군과 김용구 장군 이하 270명을 사살했다고 거짓 전선을 하면서

그들의 피해를 덮으려고 했으나(조선주차구사령부 편, 『조선
폭도토벌지』 제5편, 제2장, 6. 경상남도 및 전라남도 條 : 『독
립운동사자료집』 3) 우리 민군은 의연히 각처에서 용맹하게
일본군을 토벌하였다.

　평안도에서는 차도선(車道善) 의병장의 부하 양혁진(梁嚇鎭)
과 한영준(韓永俊)이 병력을 이끌고 삼수(三水), 후창(厚昌), 후
주고읍(厚州古邑)을 탈환하여 관아(官衙)를 접수하였고, 함경도
에서는 홍범도(洪範圖) 장군이 차도선 의병장 부대와 함께 마
전동(馬轉洞)과 고원(高原)에서 왜적을 토벌하였다.

　일본의 자칭 통감부는 가옥세(家屋稅)를 신설하여 봄과 가을
에 부과하였으니, 100칸 이상은 1등급으로 하고 차례로 등급을
정해서 10칸 이하는 8등급으로 하여, 1등급은 10원을 징수하고
8등급은 30전을 징수하였다. 그리고 외국인 거류지의 지세(地
稅) 및 잡세규정을 만들어 모두 일본인 이사관(理事官)이 징수
키로 하였다. 또 병기취급령(兵器取扱令)을 반포하여 병기를
색출하였다.

　융희 원년(1908년) 5월, 13도민군이 질풍노도처럼 방방곡곡
에서 왜적을 토벌하여 위세를 떨치고 있음에도, 임금[純宗]은
이에 전혀 개의치 않고 직접 성균관(成均館) 문묘(文廟)에 가
서 참배하고 학생에게 삭발(削髮)을 명령하였다.

　일본의 자칭 통감부는 호서(湖西)와 호남지방에서 거적으로
만든 빈소(殯所)의 설치를 금지시켰는데, 그 까닭은 민군이 곳
곳에 거적으로 만든 빈소를 위장 설치하여 그 속에서 일본군
의 동향을 살피다가 왜적을 사살한 사건이 빈발했기 때문이다.

　이리하여 일본은 우리 민군의 토벌에 대항하기 위하여 각
군(郡)마다 모두 6개의 침략기관을 두었으니, 소위 분견소(分
遣所), 토벌대(討伐隊), 경무청(警務廳), 재무서(財務署), 헌병소

(憲兵所), 수비대(守備隊) 등이 그것들이다. 또 이것으로도 모자라서 요로에 수많은 분파소(分派所)를 설치하여 일용물품을 모두 현지의 주민으로부터 보급하였으며, 또한 헌병보조원을 비롯하여 각종 보조원과 밀정으로 인민을 학대하며 민군조직을 파괴하려고 광분하였다.

이등박문의 교활한 간교에 농락당하여 일본의 꼭두각시가 된 매국노 이완용은 정권을 장악하여 자기의 친척을 모두 등용해서 요직에 배치하였으니, 그 아들 항구(恒九)와 조카 명구(明九)는 모두 시종(侍從)이 되었고, 종질(從姪) 회구(會九)는 부경(副卿), 용구(龍九)는 기주관(記注官), 삼종제(三從弟) 인용(仁用)은 예식관(禮式官), 삼종손(三從孫) 병찬(丙瓚)은 전무관(典務官)이 되었다. 또한 궁내부대신(宮內部大臣) 민병석(閔丙奭) 등 18인이 모두 그 인척이요, 시종(侍從) 박선빈(朴善斌) 등 47인은 모두 그와 친한 가신(家臣)이어서 인민이 비난하니, 일진회까지 이완용에게 사퇴를 종용했으나 듣지 않았다. 이에 13도민군은 이를 이완용 역적의 가족정부(家族政府)로 규정하여 우리의 정부가 아님을 분명히 선언하였다.

일본의 강제 침략사실을 날카롭게 보도하는 매일신보를 없애기 위하여 일본이 매일신보사를 매수하려고 하였으나 영국이 거절하자 갖은 압력으로 배설(裵說) 사장을 면직시키고 만함(萬咸)이 사장이 되었다.

도적이 강릉향교(江陵鄕校)의 문선왕상(文宣王像)을 훔쳐가고 순천(順川) 자산(慈山) 등지의 뜨내기 사람들이 백백백(白白白) 적적적(赤赤赤) 감응감응(感應感應)이라는 백백교(白白白)의 주문을 외우고 밤에 맑은 물을 길어다가 하늘에 제사를 지내면서 서로 말하기를, 머지 않아 백백교의 교주가 출현하면 일본 사람이 장차 저절로 멸망한다고 예언하였다.

곡산(谷山)에 때아닌 큰 우박이 내리고 위원(渭原)에 눈과
우박이 내렸다. 미국에서는 대홍수가 났고, 일본의 동경에도
계란 같은 큰 우박이 내려서 많은 사람이 다쳤다. 그리고 일본
군함 송도호(松島號)가 대만 앞바다에서 침몰하여 300여 명의
군인이 죽었다.

5월이 되자 13도민군은 5월이 되자 하계 대토벌작전에 돌입
하여 의연히 우세한 전투력으로 공세를 늦추지 않고 일본군을
강타했다. 13도민군을 실질적으로 통합지휘하게 된 호서의병대
장 이강년 장군은 경기·강원·충청지역과 경북 일원의 민군
을 총동원하여 일본군을 토벌하였다. 5월 2일에는 청주(淸州)
의 왜적을 격파하고 3일에는 음성(陰城)의 무극시(茂極市)를
접수함과 동시에 충주(忠州)와 장호원(長湖院) 그리고 평창(平
昌)의 왜적을 토벌하였다.

4일에는 이강년 장군이 직접 지휘하는 민군이 봉화(奉化)에
서 일본군과 접전하여 6일까지 치열하게 싸워 마침내 격파하
는 대승을 거두었다. 경기도민군은 6일에 광주(廣州)의 왜적을
토벌하고 관아(官衙)를 접수한 뒤에 일본군 4명을 생포해서 참
수하였다. 7일에는 이강년 장군이 대군을 거느리고 남쪽으로
진출하여 영천(榮川)에서 일본군을 토벌하고 일부는 남포(藍
浦), 정선(旌善), 홍천(洪川), 안동(安東)에서 일본군을 격멸하
였다. 8일에는 부평(富平)과 보령(保寧)에서, 9일에는 광주(廣
州)와 김포(金浦), 금성(金城)에서 크게 싸웠다. 10일은 진천(鎭
川), 11일은 양주(楊州)와 삼척(三陟) 전거리(田巨里), 13일은
온양(溫陽)과 부여(扶餘), 14일은 공주(公州)와 포천(抱川), 15
일은 홍천(洪川)과 광주(廣州), 교하(交河), 단양(丹陽), 16일은
당진(唐津), 17일은 안동, 19일은 강릉(江陵), 20일은 강화(江
華) 반산포(半山浦), 30일은 경기도 풍덕(豊德) 조강(祖江)에서

일본군을 연일 토벌하니, 일본군이 극도로 혼란에 빠져 진퇴유곡의 곤경 속에서 망연자실 저항력을 상실하여 버렸다.

호영양남민군의 선구자 김동식 장군과 호남창의회맹소 도통령 김용구 장군 그리고 전북의병대장 이석용 및 김태원(金泰元), 심남일(沈南一), 전해산(全海山), 강무경(姜武京), 안진사(安進士), 이학사(李學士) 등의 용감무쌍한 의병장이 연합하여 지리산에 병영을 세우고 장벽을 설치하여 방책(防柵)을 만들고 총과 탄약 그리고 양곡을 저축하여 영구지책(永久之策)을 강구하고서 신출귀몰한 전략으로 일본군을 토벌하니, 일본군이 대처방법이 없어서 난감한 형세로 전락하게 되었음을 일본군은 서기 1913년판 소위 『조선폭도토벌지』에서 다음과 같이 기술하였다.

"그들의 행동은 극히 교묘하여 백주에 양민(良民)을 가장하고 공공연히 군청 소재지를 배회하면서 관서의 동정을 정찰하고 만약 호기(好機)를 잡으면 곧 자객적(刺客的) 행동을 감행 총기, 탄약, 재화를 약탈하고 혹은 허(虛)를 틈타 저격 내습을 하는 등 그 은현 출몰을 미리 헤아릴 수가 없었다.

또 순사 주재소는 거의 전부가 습격을 당하였고, 양민을 위협하여 조세(租稅)를 횡령하고 재류 일본인 및 그 사역(使役)하에 있는 조선인은 대개 폭도의 독수(毒手)에 목숨을 잃어 다년간의 사업경영을 포기하고 그 근거지로 퇴각하여야 하게끔 되었으므로 농업이 번성하였던 전라 양도는 이제 바야흐로 황무지화되있다.

그뿐 아니라 대대로 내려오던 그 고장의 본토인 양민도 폭도의 위압에 눌려 그들에게 가담하여 교통의 방해가 빈번하였으므로 첩보의 소통이 방해되어 군대의 행동도 극히 곤란을 느껴 일야(日夜)로 그들을 소탕하는 데 노력을 하였으나 그 효과는 현저하지 못했으니 이 역시 만부득한 일이었다. 그리고 폭도는 2월 이후 화승총(火繩銃)의 개조에 고심하여 4월 초순경에는 거의 대부분 뇌관식(雷管式)으로 개조하였다."(朝鮮駐箚軍司令部 編, 『朝鮮暴徒討伐誌』제5편 제3장 7. 전라남북 양도에서의 토벌 大正二年三月三十日 發行 : 『독립운동사자료집』 3)

지리산에 호영양남민군 본부를 두고 화승총을 뇌관식으로 개조한 우리 민군은 나라의 독립만이 살길임을 천명하면서 천시(天時)와 지리(地利)와 인화(人和)의 이점을 십분 활용하여 거침없이 일본군을 토벌하였으니, 1일에는 순창(淳昌)과 산청(山淸)의 왜적을 토벌하고 2일에는 곡성(谷城)과 무장(茂長)의 왜적을 토벌하였다. 무장에서는 3일까지 일본군과 계속 전투하여 격파하고, 또 함평(咸平)에서도 싸웠다. 4일에는 하동(河東)과 전주(全州)의 왜적을 토벌하고 7일에는 다시 함평과 의령(宜寧)에서 전투하였으며, 10일에는 무장과 거창(居昌) 어수사(漁水寺) 계곡에서 용감하게 싸웠다. 11일에는 능주(綾州)와 순천(順天)에서 일본군을 토벌하고, 12일에는 다시 전주(全州)의 일본군을 토벌하였다. 14일은 함평과 보성(寶城)에서 전투하여 승리하고, 15일은 영광(靈光)과 음지촌(陰地村)에서 일본군을 격파하였다. 17일에 또다시 함평에서 전투하고, 19일에는 태인(泰仁), 25일은 장성(長城), 27일은 함양(咸陽)에서 일본군 증원부대를 격파하였다.

한편, 교남창의대장 신돌석 장군이 지휘하는 경북민군은 4일 진보(眞寶)에서 일본군을 토벌하고 5일은 울진(蔚珍), 26일에는 양산(梁山) 황산역(黃山驛)에서 왜적을 격파하고 29일은 영덕

(盈德)에서 승리를 거두었다.

경기·황해창의대장 권의회 장군이 거느린 황해도민군은 의연히 해주를 중심으로 용감하게 토벌작전을 수행하였으니, 5월 4일에는 해주(海州)에서 일본군을 토벌하고, 6일 곡산(谷山)과 재령(載寧)에서 치열하게 전투를 벌였으며, 10일에는 토산(兎山) 백동(柏洞)에서 일본군을 격파하고, 20일에는 신계(新溪)에서 크게 싸워 승리하였다.

관서창의대장 방인관 장군이 거느린 평안도민군은 5월 1일부터 1,000여 명의 정예부대를 출동시켜 성천(成川)과 맹산(孟山) 창평(倉坪)에서 격렬하게 일본군을 격파하였다. 6일에는 덕천(德川)에서 왜적을 토벌하였으며, 12일에는 또 강계(江界)와 상원(祥原)에서 크게 싸웠는데, 상원에서는 다음날까지 계속 싸워서 일본군을 격파하였다. 19일에서 초산(楚山)의 일본군을 토벌하고, 20일은 덕천(德川) 서창(西倉)에서 크게 싸우고, 23일은 순안(順安)의 왜적을 토벌하였다.

관북창의대장 정봉준 장군과 홍범도(洪範圖) 장군이 거느린 민군은 험난한 산악지형을 이용하여 혁혁한 전공을 세웠으니, 4일에는 홍원(洪原)의 왜적을 토벌하고, 6일에는 홍범도 장군이 거느린 부대가 함흥(咸興)에서 왜적을 격파하였다. 8일에는 안변(安邊)에서 싸우고, 9일에는 고원(高原) 백산리(柏山里)에서 전투를 벌였다. 11일에는 윤보문(尹甫文)의 병장이 삭녕(朔寧)의 왜적을 토벌하고 또 장진(長津)에서도 싸웠으며 12일은 영흥(永興)에서 종일 싸워서 일본군을 격파하였는데, 16일에는 일본군 증원부대와 또다시 싸워서 격퇴하였다. 17일에는 함흥 보포리(甫浦里)에서 전투하여 승리하고, 25일은 갑산(甲山)과 북청(北靑) 그리고 문천(文川)에서 대대적으로 일본군을 토벌하였다.

  5월의 독립전쟁은 대단히 치열했고 또 그만큼 전과도 다대
하였다.

  융희 2년 6월에도 방방곡곡에서 독립전쟁의 초연이 작렬하
였으나 자칭 통감 이등박문은 추호의 반성도 없이 독기를 입
에 물고 역적 이완용의 괴뢰정권을 거침없이 농락하였는데,
전라도와 경상도의 결세(結稅)를 다른 도의 예에 의거하여 8원
(元)으로 정한다고 명하고, 악공(樂工) 700여 명을 해임하고
240인 만을 선발하여 존치하였다.
  홍삼제조법(紅蔘製造法)을 반포하여 정부가 전매하기로 하였
고, 탁지부(度支部)에서 역둔토(驛屯土)를 관장하여 금년 가을
부터 그 수입을 국고(國庫)에 넣기로 하였다. 그리고 양력(陽
曆)으로 경축일을 개정하여 시행한다고 공포하였으며, 또 엽전
(葉錢)의 통용가격을 정하여 1매(一枚) 당 5리(厘)로 하고 5매
당 1전(錢)으로 하였다. 또 일본인은 창덕궁(昌德宮)의 인정전
(仁政殿)을 헐고 반서양식으로 개축하였는데, 그 비용이 12만
8천 원(元)이었다. 동북의 두 궁궐이 의연히 아름답고 장대함
에도 일본이 혹 헐고 혹 신축하여 그 비용만 무한히 소모하고
쓸모가 없었으나, 또한 우리의 국고를 잠식하기 위하여 이 공
사를 벌린 것이다.
  친일파들이 이완용의 집에서 이등박문을 초청하여 연회를
개최하고 술을 마셨는데, 이등박문은 한시 한 수를 지어 친일
파들을 다음과 같이 능멸하였다.

  여러 신선이 서로 모이니 바로 무릉도원이요
  반일(半日)을 즐겁게 놀며 한 동이 술을 함께 마셨도다
  진(秦)나라를 피했던 것을 보지 못한 사람들이 앉아 있으니

석류꽃 붉게 피고 홰나무 푸른 옆에 서늘한 대청일세

이등박문은 더욱 기세등등하여 또 한 수를 지어 이완용에게
주었으니 다음과 같다.

만리의 푸른 바다에 한 척의 외로운 배가
미친 파도 속에 반쯤 잠기어 헤엄치기 시작하니
만약 부침(浮沈)하는 신세의 자취를 묻는다면
푸른 하늘이 웃으면서 물 가운데 물거품을 가리키겠지

개화파(開化派)의 거두 김윤식(金允植)이 기제(忌祭) 및 절사
(節祀)를 폐지하고 오직 봄가을 계월(季月)에 4대를 합동제사
하겠다고 통고하였다, 또한 그 과부가 된 외손녀를 개가시키
며, 그 아들 유증(裕曾)이 자식이 없어 죽으니 적파(嫡派)의 손
자를 놓아두고 서종질(庶從姪)의 아들로 후사를 세우니, 주변
사람들이 진개화(眞開化)라고 일컬었다. 김윤식과 이등박문이
함께 일본으로 갔다. 6월 현재 일본인으로 우리나라에 들어와
서 거류한 자가 모두 111,299명으로 조사되었다. 일본이 간도
(間島)의 독립군에 대항하기 위하여 헌병부대를 북간도에 파견
하였다.
13도민군 원수부(元首府)를 실질적으로 지휘하던 호서창의대
장 이강년(李康秊) 대장은 울창한 녹음이 짙어진 산하를 질풍
노도처럼 달리며, 일본의 주력군을 연일 강타하여 6월 1일부터
청주(淸州)와 인제(麟蹄) 오작동(烏鵲洞)에서 일본군을 토벌하
고 2일은 해미(海美)에서 왜적을 토벌하였다.
4일 이강년 장군이 이끄는 민군은 충청도 청풍(淸風)전투에
서 일본군 수천 명의 기습을 받아 무수한 왜적을 사살하였으

나, 선봉장(先鋒將) 하한서(河漢瑞) 등 7명의 의병장이 전사하고 많은 사졸이 계속 쓰러졌으며, 이강년 장군 또한 왼쪽 다리에 총상을 입어 거동을 못하게 되었다. 이에 이강년 장군은 부하 이명하(李明夏) 의병장에게 민군 통수권을 위임하여 독립전쟁을 계속할 것을 당부하고 피비린내나는 전장에서 포로로 잡혔다. 이강년 장군을 사로잡은 일본군은 어둠 속에서 광명을 찾은 듯이 날뛰며 환호하였고, 우리 민족은 산이 무너지고 땅이 꺼진 듯이 앞이 깜깜하여 가슴을 치며 하늘을 우러러보고 탄식하였다.

그러나 수년간의 독립전쟁에서 역전의 용사로 성장한 우리 민군은 조금도 흔들림 없이 더욱 가열차게 왜적을 토벌하였으니, 그 불퇴전의 전의는 아무도 막을 수 없는 민족정기의 표상이었다. 이강년 장군이 포로로 잡힌 4일에도 경기·강원·충청도의 민군은 횡성(橫城) 소학동(巢鶴洞)과 양양(襄陽) 및 한강 우안(漢江右岸)에서 맹렬하게 일본군을 토멸하였고, 5일에는 용인(龍仁) 능동(陵洞)에서, 6일에는 청주와 조치원 그리고 석시장(石市場)에서 일본군을 모조리 격파하였다.

8일에는 이천(利川)에서, 13일에는 춘천에서, 14일에는 단양(丹陽)에서, 17일에는 원주(原州) 문막(文幕)에서 일본군을 격파하였다. 19일에는 홍산(鴻山)의 왜적을 토벌하고, 21일에는 고양(高陽)의 일본군을 토벌하였다. 22일에는 간성(杆城)에서 왜적을 격파하였으며, 24일에는 평해(平海)에서 전투하여 27일까지 격렬하게 싸워 일본군을 대파하였는데, 일부는 27일 또 춘천에서 일본군을 토벌하고 29일 포천(抱川)에서 일본군을 토벌하여 대승하였다.

한편 지리산에 호영양남민군의 병영을 세운 김동식 장군과 김용구 장군은 문태수, 이석용, 김태원, 심남일, 전해산 등의 의병대장과 연합하여 호남과 영남을 넘나들며 연일 왜적을 토벌하였으니, 1일에 고산(高山)의 일본군을 토벌하기 시작하여 5일에는 화순(和順), 8일에는 구례(求禮)에서 일본군을 격파하였다. 9일은 담양(潭陽) 장체동(長替洞)에서 전투하고 13일은 고부(古阜)와 영광(靈光) 사이에서와 장수(長水)에서 전투하였다. 장성(長城)에서는 15일부터 17일까지 치열하게 전투하여 승리하고, 16일에는 동복(同福)과 화순(和順)에서, 18일에는 부안(扶安)에서 일본군을 토벌하였다.

20일에는 경남 삼가(三嘉)에서 왜적을 토벌하고, 21일에는 정읍(井邑)에서 일본군을 격파하였으며, 22일에는 용담(龍潭)과 진안(鎭安)에서 일본군을 격파하여 크게 승리하였다. 25일에는 남평(南平), 26일부터는 순천(順天)에서 집중적으로 왜적을 토벌하여 28일까지 격렬하게 싸워서 승리하였다. 또 다른 부대는 28일 하동(河東)과 삼기(三岐)에서 일본군을 토벌하고, 29일에는 흥덕(興德), 합천(陜川), 순창(淳昌)에서, 30일에는 삼가(三嘉)와 곡성(谷城)에서 일본군을 토벌하여 대승을 거두었다.

한편 경상북도민군은 신돌석 장군을 비롯하여 변학기(邊鶴基), 성익현(成益顯), 김상태(金相泰), 정경태(鄭敬泰), 백남규(白南奎), 정연철(鄭蓮哲), 최성집(崔成執), 이사옥(李四玉), 서주일(徐周一), 이만파(伊萬波) 등의 의병장이 연합하여 조직적으로 왜적을 협공, 토벌하였으니, 3일에는 이전(梨田)의 왜적을 격멸하였고, 11일에는 청송(靑松)에서, 14일에는 장기(長鬐)에서, 17일에는 영덕(盈德)에서 일본군을 격파하였다. 19일에는 영해(寧海)에서 왜적을 토벌하였고, 24일에는 순흥(順興)의 왜군을 토멸하고 관아(官衙)를 접수하였다.

경기·황해창의대장 권의희 장군이 거느린 황해도민군은 민효식(閔孝植) 의병장과 허덕천(許德天) 의병장의 용맹이 진동하여 일본군을 압도한 가운데, 병력을 집중하여 9일에는 해주 (海州)에서 일본군을 토벌하고 11일에는 수안(遂安)에서 크게 싸웠다. 16일에는 송화(松禾)에서 왜적을 토멸하고, 17일에는 신원(新院)에서 일본군을 격파한 다음 23일 재녕(載寧)과 곡산 (谷山)과 수안(遂安)의 왜적을 일제히 토벌하여 크게 승리하였 으며, 25일에는 풍천(豊川)에서 크게 싸웠다.

관서창의대장 방인관 장군이 거느린 평안도민군은 양혁진 (梁嚇鎭), 한영준(韓永俊) 두 의병장의 용맹이 진동하여 종횡무 진 왜적의 간담을 서늘하게 만들었으니, 14일에는 갑산(甲山) 에서 종일 전투하여 왜적을 격파했고, 19일에도 위원(渭原)에 서 종일 전투하여 승리하였다. 23일에는 맹산(孟山) 창평(倉坪) 에서, 26일에는 양덕(陽德)에서, 27일에는 초산(楚山)과 성천 (成川)의 일본군을 토벌하여 승리하였다.

관북창의대장 정봉준 장군과 홍범도 장군이 거느린 민군은 청(淸)나라 길림(吉林)에 머물고 있는 8도의병대장 유인석(柳 麟錫) 장군이 거느린 독립군부대와 도문강(圖們江) 유역에서 독립군을 조직한 이범윤(李範允) 장군이 모집한 수천 명의 군 사와 합세하여 독립전쟁의 혈투를 전개하였으니, 7일에는 경흥 (慶興)의 일본군을 토벌하여 격파하였다. 같은 날 이범윤 장군 이 거느린 독립군은 간도(間道)에서 크게 싸워 승리하였다. 11 일에는 함흥에서, 20일에는 홍원(洪原)의 일본군을 격멸하였으 며, 21일에는 북청(北靑)의 왜적을 토벌하였다. 그리고 25일에 는 단천(端川)의 왜적을 토벌하고 같은 날 한·청(淸) 국경지 대에서 관북민군 1만여 명이 일본군과 크게 싸워 일본군 43명 을 사살하는 전과를 올렸다.

삼복염천 아래 풍찬노숙하면서 나라의 독립을 되찾기 위하 여 연일 일본군을 토벌하는 장렬한 민족정기는 13도민군 원수부 총대장대리 허위 군사장과 호서의병대장 이강년 장군의 지휘권을 자체적으로 인계받아 일사불란 흔들림 없이 방방곡곡에서 연일 토벌작전을 전개함에도 일본은 발악적으로 총력을 다하여 대항하면서 악독하게 발버둥을 쳤다.

융희 2년 7월에 사찰재산보호령(寺刹財産保護令)이 반포되었다. 일본의 풍속이 본래 승려(僧侶)를 높이어, 일본의 승려로서 우리나라에 거주한 자들이 팔을 걷어부치고 힘써 보호하니, 우리나라의 승려까지 그 일본 세력을 믿고 날로 횡행하여 방자하게 굴어도 평민이 감히 대항하지 못했다. 이런 상황에서 통감부에 부탁하여 이 법령을 반포하게 하고 또 곳곳에 학교를 설립하여 신교육을 익히게 하였으나, 간교한 승려들이 마음대로 날뛰어 계율을 무너뜨렸기 때문에 사람들이 우리나라가 쇠망함에 석씨(釋氏)가 먼저 망했다고 말했다.

충북관찰사 권봉수(權鳳洙)가 관하 관리에게 삭발을 강요하였으며, 중부지역에 대홍수가 나서 한강물이 24척(尺)에 이르렀고, 5강(江)의 민가 500여 호가 표류하고 또 전남과 충북에 대홍수가 났다. 26일에는 전국에 큰 비바람이 있었다.

이범윤(李範允) 장군이 러시아 영토 연추(烟秋)지방에서 독립군을 모집했는데, 7,000여 명에 이르러 북쪽 변방이 크게 진동하였다. 또 관서의병(關西義兵)은 청(淸)나라 의적(義賊 : 소위 馬賊)을 고용하여 세력을 크게 확장하니 일본군이 두려워하였다.

경기·강원·충청도의 민군은 허위 군사장과 이강년 장군의 지휘 아래 능수능변하는 전략전술을 익혔으므로 무더위와 비바람 속에서도 자체적으로 합심협력하여 추호도 빈틈없이 총력으로 토벌작전을 전개하였다. 7월 1일부터 청양(靑陽)과 포천(抱川)에서 밀물처럼 돌격하여 일본군을 토벌하여 대승을 거두었고, 4일에는 면천(沔川)의 왜적을 격파하였으며, 5일에는 공주(公州)로 진격하여 전투력을 과시하고, 6일에는 금성(金城) 중추령(中秋嶺)에서 일본군을 격파하였다. 8일에는 강화(江華)에서 왜적을 토멸하고, 10일에는 제천(堤川)에서 크게 싸워 승리하였다. 12일에는 영월(寧越)에서, 13일에는 춘천(春川) 학곡(鶴谷)에서, 14일에는 원주(原州)에서 일본군을 소탕하였다.

16일에는 마전(麻田)에서 일본군을 격파했고, 19일에는 다시 공주에서 일본군 증원부대와 크게 싸웠다. 25일에는 폭우가 내리는데도 이미 뇌관식으로 교체한 장총과 양총으로 무장한 민군이 부여(扶餘)의 일본군을 토벌하여 대승을 거두었다. 29일에는 통진(通津)의 왜적을 토멸하였으며, 30일에는 광주(廣州) 판교(板橋)의 일본군을 완전히 포위하여 섬멸하였다.

호영양남민군은 선각자 김동식 장군이 지리산에 본부병영을 설치하고 화승총을 뇌관식으로 모두 교체한 막강 정병은 일본군 야포까지 노획하여 무적의 민군으로 성장했다. 그리하여 각 의병장의 부대는 장총 수백 정과 야포 수십 문씩 보유하고 무인지경으로 말을 달려 왜적을 토벌하였으니, 특히 김태원(金泰元) 의병장의 부대는 장총이 1천 정이요 야포가 50문으로 영광(靈光)과 장성(長城)지역에서 혁혁한 전공을 세웠다.

호남의병대장 문태수 장군은 2일 거창(居昌)에서 일본군을 토벌하였고, 김동식 장군은 3일 운봉(雲峰) 유곡(酉谷)에서 일본군을 격파하였으며, 김태원 의병장은 이대국(李大局)·최봉선(崔奉仙)·심덕원(沈德元)·조만길(曺萬吉)·김치면(金致面) 등의 부장을 거느리고 4일 함평(咸平)에서 종일 싸우다가 나산(羅山)으로 일본군을 유인하여 섬멸하였다.

5일은 광주(光州)로 진군하여 일본군을 토벌하고, 6일은 하동(河東)에서 일본군을 토벌하여 7일까지 치열하게 싸워서 격파하였다. 같은 날 무장(茂長)에서도 전투가 벌어졌으며, 8일에는 고부(古阜)에서 왜적을 토벌하였다.

9일에는 이석용 장군이 이끄는 민군이 임실(任實)에서 왜적을 토벌하였으며, 일부는 태인(泰仁)에서도 크게 싸웠다. 10일에는 함양(咸陽)의 왜군을 격파하고, 11일에는 남원(南原)과 영광(靈光)에서 동시에 토벌하여 쾌승을 거두었으며, 12일에는 금산(錦山)에서 맹위를 떨쳤다. 13일부터 15일까지는 태인에서 일본군 증원부대와 싸워 격파하였고, 14일은 순창(淳昌)에서, 15일은 무안(務安)과 순천(順天)에서 일본군을 토벌하였으며, 16일은 다시 임실에서 격파하였다. 18일에는 담양(潭陽)에서 종일 싸웠고, 또 전주(全州) 용계원(龍溪院)에서도 왜적을 토벌하였다. 19일에는 진주(晋州) 안간(安澗)과 산청(山淸) 허부치(許婦峙)에서 일본군을 토벌하였는데, 일본군이 완강하게 저항하여 21일 산청과 밀양(密陽)에서 다시 싸워 격파했다. 20일에는 나주(羅州)의 왜적을 토벌하고, 23일에는 경남 덕산(德山)에서 일본군을 격파하였다. 24일은 보성(寶城)에서 전투가 벌어졌는데, 같은 날 이안심(李安心) 의병장이 거느린 부대는 전남 진산(眞山)에서 왜적을 토벌하였다. 28일의 영암(靈岩)전투에서는 김태원(金泰元) 의병장이 장렬하게 싸우다가 전사하였다. 29일에는 보성 대원사(大源寺) 계곡에서 왜적을 섬멸하였으며, 30일에는 광주(光州)와 경남 덕산(德山)에서 일본군을 토벌하여 승리하였다.

신돌석 장군이 지휘하는 경상북도민군은 7월 5일 순흥(順興)과 경주(慶州)에서 동시에 대대적인 일본군 토벌작전에 돌입하여 통쾌하게 격파하고, 8일에는 예안(禮安)으로 진출하여 왜적을 소탕하였다. 16일에는 상주(尙州)에서, 19일에는 진보(眞寶)

에서, 그리고 26일에는 경주 장지동(長枝洞)에서 전투하여 승리하였다.

권의희 장군이 통솔하는 황해도민군은 2일 황주(黃州)에서 전투를 벌였고, 6일에는 태탄(苔灘)에서 크게 싸워 승리하였으며, 7일부터 9일까지는 곡산(谷山)에서 격렬하게 전투하였다. 또한 일부는 8일 신계(新溪)에서 일본군을 토벌하고, 9일에는 연안(延安) 탁영대(濯纓臺)에서 왜적을 토멸하였다. 16일에는 온정원(溫井院)의 일본군을 토벌하고, 29일에는 수안(遂安)에서 왜적을 토벌하였다.

방인관 장군이 거느린 평안도민군은 1일 덕천(德川)에서 일본군을 토벌하였고, 8일 희천(熙川)에서, 25일에는 양덕(陽德) 약현(藥峴)에서 왜적을 격파하였다. 27일에는 진남포(鎭南浦)의 일본군을 토벌하고, 28일에는 강계(江界)에서, 30일에는 맹산(孟山) 방산동(防山洞)에서 일본군을 격멸하였다.

정봉준 장군과 홍범도 장군이 연합한 함경도민군은 1일 홍원(洪原)에서 일본군을 토벌하고, 8일에는 문천(文川)에서, 9일에는 회령(會寧)에서 왜적을 토멸하였다. 13일에는 북청(北靑) 통팔령(通八嶺)에서 크게 싸워 승리하였고, 19일에는 함경남도 남평(南坪)과 황수원(黃水院)에서 일본군을 격멸하였다.

융희 2년 8월이 되자 일본은 동양척식회사법(東洋拓殖會社法)을 반포하고는 일본인 우좌천일정(宇佐川一正)을 총재(總裁)로, 민영기(閔泳綺)를 부총재로 앉혔다. 일본인 정친정실정(正親町實正)이 회사위원장이 되었다. 또 재무감독국(財務監督局)의 관제를 개정하여 한성국(漢城局)은 경기·충청·강원도를 관할하고, 평양국은 평안과 황해도를 관할하며, 대구국은 경상도를 관할하고, 전주국은 전라도를 관할하고, 원산국(元山

局)은 함경도를 관할하였다.

일본의 자칭 통감부는 전국에 사립학교령(私立學校令)을 반포하여 학교의 설립을 통제하고, 관제교과서(官制敎科書) 이외에 사제교과서(私制敎科書) 사용을 금지하였다. 이때 산림학자 양반 세력은 일본이 서당을 금지하므로 부득이 방방곡곡에 많은 사립학교를 세우고 자체적으로 교과서를 만들어, 독립의식을 고취하는 교육을 통해 매국노를 양성하는 관립(官立)학교에 대항하였다. 일본은 이를 두려워하여 나라가 망하는 것을 통분하게 여기는 내용을 모두 삭제하고 친일적인 내용으로 교과서를 바꾸어 가르치게 하였다.

일본경찰은 인력거부(人力車夫)에게 삭발(削髮)을 강요하면서, 삭발하지 않으면 임거영업(賃車營業)을 허락하지 않았다. 이에 인력거부 신태윤(申泰潤), 김경춘(金敬春), 조덕규(趙德奎) 등이 분노하여 말하기를, "영업을 안 해서 차라리 굶어죽을지라도 삭발은 못하겠다."고 항의하다가 모두 구속당했다.

경기도의 양근(楊根)과 지평(砥平)을 합쳐 양평군(楊平郡)을 만들고, 경남 진해(鎭海)와 웅천(熊川)을 합쳐 창원부(昌原府)를 만들었다.

8월 12일 일본인이 13도민군 원수부 호서의병대장 이강년(李康秊) 장군을 서대문감옥에서 살해하였다. 이강년 장군이 일본군 한국침략사령부의 재판을 거부하므로 재판 없이 교살하니, 하늘에서 우박이 쏟아졌다. 13도민군은 이강년 장군이 장렬하게 순국(殉國)했다는 비보를 듣고 일제히 태극기를 걸어놓고 분향소(焚香所)를 실지하여 엄숙하게 군례(軍禮)로 애도를 표했으며, 일반국민들도 하늘을 우러러 슬퍼하였다.

독립을 갈망하는 전국민의 뜨거운 지원 속에 무적의 전투력을 갈고 닦은 우리 13도민군은 독립전쟁의 승리가 눈앞에 왔다고 확신하면서 추계 대토벌작전을 힘차게 전개하여, 우리 민군 3십만 대군과 일본군 1십만이 방방곡곡에서 날마다 접전하여 전국토가 모두 유격장으로 화하는 듯하였다. 8월 30일에는 공주(公州)를 순찰하던 일본군과 예산(禮山)을 순찰하던 일본군이 서로 의병(義兵)으로 오인하고 처절한 살상전을 벌여 자멸하는 지경에 이르렀다.

경기·강원·충청도민군은 침략군을 박멸하는 작전을 세우고 1일부터 강원도 금성(金城)과 충남 홍주(洪州) 구봉산(九峰山)에서 일본군을 토벌하기 시작하여, 3일에는 홍성의 왜군을 격파하고, 6일에는 금성(金城)의 일본군을 통쾌하게 섬멸하였다. 8일에는 공주(公州)의 일본군을 토벌하였으며, 9일에는 양성(陽城)에서, 10일에는 과천(果川)에서 왜적을 격파하고 관아(官衙)를 접수하였다. 11일에는 음성(陰城) 토택동(土澤洞)과 청양(靑陽), 그리고 남포(藍浦)에서 동시에 토벌작전을 수행하였으며, 14일에는 이천(利川)의 왜적을 토벌하였다.

17일에는 민군 1천여 명이 대흥군(大興郡)의 왜적을 토벌하고 관아(官衙)를 접수하였으며, 20일에는 고양(高陽) 공릉(恭陵)에서 크게 싸웠다. 이날 황재호(黃在浩) 의병장과 이헌찬(李憲贊) 의병장은 수천의 민군을 거느리고 포천(抱川)과 지평(砥平)의 왜적을 격파한 뒤 두 관아(官衙)를 접수하였으며, 박익래(朴盆來) 의병장은 수천의 민군을 거느리고 양양(襄陽)과 인제(麟蹄)의 일본군을 섬멸하고 두 관아(官衙)를 접수하였다. 이영준(李永準) 의병장도 김학습(金學習) 의병장은 수천 명의 민군을 거느리고 회양(淮陽)과 양구(楊口)의 왜군을 토멸하고 두 관아(官衙)를 접수하니 우리 민군의 사기는 하늘을 찔렀고, 일본군의 사기는 땅에 떨어져 전의를 완전히 상실하게 되었다.

우리 민군은 승승장구하여 21일에는 용인(龍仁)에서 전투를 벌였고, 22일에는 광주(廣州) 무갑산(武甲山)으로 적군을 유인하여 섬멸하였다. 27일에는 고양(高陽)에서 크게 싸워 승리하였으나, 아깝게도 용감무쌍한 김석하(金錫夏) 의병장이 용감하게 왜군을 추격하다가 전사하였다. 그러나 우리 민군은 가을 태양처럼 뜨거운 정열과 가을 물처럼 깨끗한 정신으로 독립전쟁을 쉬지 않았으니, 28일에는 청양(靑陽)에서, 30일에는 남포(藍浦)에서 계속 일본군을 토벌하였다.

지리산에 태극기를 높이 게양하고 호영양남민군 본영을 설치한 김동식 장군과 호남의병대장 문태수 장군, 그리고 전라북도의병대장 이석용 장군 등은 추계 대토벌작전을 빈틈없이 수행하였으니, 1일에는 익산(益山)의 왜적을 토벌하고 3일에는 태안(泰安)의 왜적을 토벌하였다. 7일은 금산(錦山), 9일은 정읍(井邑), 12일은 고부(古阜)에서 일본군을 연속 토벌하였다. 14일에는 영암(靈岩)에서, 16일에는 전주(全州) 만수동(萬水洞)에서 격렬하게 전투하였다. 19일부터는 구례(求禮)에 있는 일본군을 토벌하였으며, 20일에는 구례 백운산(白雲山)으로 왜군을 유인하여 섬멸하였다. 또 20일에는 함양(咸陽) 신평(新坪)에서 크게 전투하여 종일 격렬하게 싸우다가 밤에 함양 천평(天坪)에서 야전(夜戰)하여 대승하였다.

21일은 고창(高敞)과 고부(古阜)의 접경지대와 전남 백암촌(白岩村)에서 전투를 벌였고, 23일에는 심남일(沈南一) 의병장이 거느린 수백 명의 민군이 장흥(長興) 웅치(熊峙)에서 왜적과 전투를 벌였다. 또 다른 민군은 순창(淳昌)의 왜적을 토벌하였다. 24일은 진주(晋州) 원전(院田)에서, 26일에는 고창(高敞) 광암(廣岩)에서 크게 싸워 승리하였으며, 27일에는 다시 익산(益山)의 일본군을 토벌하고, 28일에는 영광(靈光)에서, 29일에는 장성(長城)의 일본군을 토벌하였다.

한편 교남창의대장 신돌석 장군이 거느린 경상북도민군은 3일 안동(安東)의 일본군을 토벌하고, 5일에는 봉화(奉化)에서 크게 싸워 승리하였으며, 16일 상주(尙州)로 진출하여 일본군을 격파하였다. 18일에는 영천(永川)에서 크게 싸웠고, 19일에는 진보(眞寶)에서 왜적을 토벌하였다.

황해도민군은 3일 신계(新溪) 가무동(歌舞洞)에서 일본군을 토벌하여 큰 전과를 올렸으며, 11일에는 신경칠(辛敬七) 의병장이 거느린 수천 명의 민군이 해주(海州)와 장연(長連)의 일본군을 격퇴시키고 두 관아(官衙)를 접수하였다. 그리고 15일에는 청주(靑州)에서, 24일에는 온정원(溫井院)에서 왜군을 토벌하였다.

평안도민군은 4일 삼등(三登) 춘리(春里)에서 전투를 벌이고, 9일에는 위원(渭原)의 일본군을 토벌하였으며, 30일에는 강동(江東) 회간(晦間)에서 왜군을 격파하였다.

정봉준 장군과 홍범도 장군이 연합한 함경도민군은 3일 1천여 명의 민군으로 명천(明川)의 일본군을 토벌하기 시작하여 9일 명천 내전장(內田場)에서 격파하였으며, 11일에는 북청(北靑)의 왜적을 토멸하고, 19일에는 홍원(洪原)에서 크게 싸워 승리한 다음 28일 장진(長津)의 일본군을 토벌하였다.

융희 2년 9월이 되었다. 영국인 의사 점나(占那)와 지석영(池錫永)이 우리나라에 우두(牛痘) 예방접종을 처음으로 보급하였고, 의주(義州)사람 임상옥(林尙玉)이 청나라와 무역하여 왕실(王室)을 능가하는 재화를 모아 거부가 되었다. 일본인이 82개의 학교를 우리나라에 세우고, 일본인 학생 10,594명을 교육하였으며, 미국인 우락월(禹洛月)과 여자의사 흘씨(訖氏)가 평양에 맹아학교(盲啞學校)를 세웠다. 영국인 허수두(許壽斗)와

반우거(班禹巨) 등이 구세군(救世軍)이라 일컬으며 서울 평동(平洞)에 건물을 세우니 수천 명이 모여들었다. 이용익(李容翊)이 죽은 뒤에 그 손자 이종호(李鍾浩)가 많은 유산을 가지고 장곡천호도(長谷川好道)의 보호를 받아 국고에 반납하지 않았다. 이종호(李鍾浩), 윤치호(尹致昊), 안창호(安昌浩) 등이 평양에 대성중학교(大成中學校)를 세웠다.

시천교인(侍天敎人) 21명이 태인(泰仁) 행담점(杏坩店)에 숙박하였는데, 일본군 순찰대가 의병으로 알고 포위 사격하여 모두 죽었다. 나주(羅州)사람 나삼덕(羅三德)이 관리의 탐학과 포악을 통열하게 항의, 성토하며 인민을 구하고 성의를 주장하니 3세(世)를 사형에 처하여 죽였다. 이러한 사태임에도 임금(純宗)은 수원(水原)에 가서 융릉(隆陵)과 건릉(健陵)을 배알하고 여러 학교와 농림모범장(農林模範場)에 상금을 하사하였다.

전남 옥과군(玉果郡)을 폐하여 담양(潭陽)과 창평(昌平)에 분속하고, 화순군(和順郡)을 폐하여 능주(綾州)에 합치며, 낙안군(樂安郡)을 폐하여 순천(順天)과 보성(寶城)에 분속하였다.

9월 28일 일본인이 13도민군 원수부 총대장대리 겸 군사장 허위(許蔿) 장군을 서대문감옥에서 살해하였다. 허위 장군이 일본군 한국침략사령부의 군사재판을 거부하므로 재판 없이 교살하려고 함에 일본인 승려가 불경을 읽어 그 명복(冥福)을 빌어 천도하려고 하자 허위 장군이 크게 소리쳐 꾸짖으며, "충의(忠義)로운 귀신은 스스로 응당 하늘로 올라갈 것이고, 비록 지옥으로 떨어진다고 하여도 어찌 너희들 원수나라의 오랑캐 승려에게 천도를 받겠느냐!" 하여 거절하니 일본 군관이 유언이 있느냐고 물었다. 이에 허위 장군이 말하기를, "대의(大義)를 펴지 못했는데 유언은 해서 무엇하겠느냐." 하였다. 일본 군관이 또 묻기를 시신(尸身)을 거둘 사람이 있느냐고 하니 장군이 말하기를 "시신을 무엇하려고 거두어 묻겠느냐 이 감옥에서 썩어 문드러지는 것이 좋다."고 하면서 안색이 양양(揚揚)하여 크게 소리치며 나를 속히 죽이라고 하였다.

신문기자가 이 교살광경을 목도하고, "하늘에 태양이 광채를 잃고 보는 사람이 눈물을 흘리지 않은 이가 없었다."고 했으며, 옥졸(獄卒) 2인이 허위 장군과 이강년 장군의 죽음을 보고 비분함을 이기지 못하여 모자를 찢어버리면서 물러갔다. 13도민군은 허위 군사장이 늠연하게 순국(殉國)했다는 비보를 듣고 각 부대마다 일제히 태극기를 걸어 분향소(焚香所)를 설치하여, 엄숙하게 군례(軍禮)로 애도를 표하며 필승으로 복수할 것을 다짐하였다.

애당초 각 마을의 서당(書堂)을 중심으로 의병을 일으켜 대중적 조직기반이 튼튼하고 또한 투철한 의리정신(義理精神)과 탁월한 지략(智略)을 구비한 민군의 전투능력은 기삼연(奇三衍) 고광순(高光洵), 민긍호(閔肯鎬), 허위(許蔿), 김동신(金東臣), 이강년(李康秊), 김태원(金泰元), 김석하(金錫夏) 대장 같은 역전의 지휘관을 차례로 전선에서 잃었음에도 조금도 흔들림 없이 연일 침략군을 강타하여 지리멸렬 상태로 몰아넣었다.

13도민군 원수부 호서의병대장의 지휘권을 대행한 이명하(李明夏) 장군은 경기·강원·충청도의 민군을 지휘하면서 양주(楊州)의 황재호(黃在浩) 의병장, 광주(廣州)의 김춘호(金春浩) 의병장, 파주(坡州)의 이인순(李仁順) 의병장, 삭녕(朔寧)의 연기호(延基浩) 의병장과 함께 공동전선을 형성하여 독립전쟁을 힘차게 전개하였으니, 3일 이규용(李奎鎔) 의병장이 거느린 민군은 임천(林川)의 왜적을 토벌하고 4일에 광주(廣州) 경안역(慶安驛)을 접수하였다. 5일에는 오양선(吳良善) 의병장이 거느린 1천여 명의 민군이 청양(靑陽)의 왜군을 토벌하고 관아

(官衙)를 접수하였으며, 이민철(李敏哲) 의병장과 민창식(閔昌植) 의병장이 거느린 민군은 충남 유구(維鳩)에서 일본군과 회전하여 승리하였다. 8일은 아산(牙山)의 일본군과 크게 싸워 승리하였고, 10일에는 온양(溫陽)의 왜군을 토벌하였다. 12일에는 양주(楊州) 덕소(德沼)와 개성(開城) 그리고 단양(丹陽)에서 일제히 일본군을 토벌하였는데, 단양에서는 13일까지 격렬하게 전투가 벌어졌으며 같은 날 화천(華川)에서도 토벌작전을 전개하였다.

경기도민군은 대대적으로 토벌작전을 전개하여 15일에는 인천(仁川)과 마전(麻田)에서 크게 싸우고, 또 16일부터 17일까지는 파주(坡州)에서 크게 싸워 대승을 거두었다. 20일에는 정산(定山)의 왜적을 토멸하고, 23일에는 강원도 평강(平康)과 횡성(橫城)에서 동시에 왜군을 토벌하였다. 24일에는 1천여 명의 민군이 청양(靑陽)의 일본군 증원부대를 격멸하고, 25일에는 영월(寧越)의 약수동(藥水洞)에서 전투하였다. 또 같은 날 안성(安城)에서 일본군을 격파하였는데, 이 전투에서 이강년(李康秊) 장군의 위임을 받아 호서의병을 지휘했던 이명하(李明夏) 장군이 장렬하게 전사하였다.

26일에는 한산(韓山)과 임천(林川)에서 동시에 일본군을 토벌하여 큰 전과를 올렸고, 27일에는 면천(沔川)의 왜적을 토멸하였다. 29일에는 1만여 명의 경기도민군이 강화(江華)에서 일본군과 크게 싸워, 일본군을 무수히 사살한 대첩을 거두어 일본군의 간담을 서늘하게 만들었으며, 또 같은 날 강원도 회현(灰峴)과 삼척(三陟)에서 일본군을 격파하였다.

지리산 영봉에 태극기를 게양하고 오로지 독립전쟁에 신명을 바치기로 결의한 호영양남민군의 선각자 김동식 장군은 호남의병대장 문태수 장군, 전북의병대장 이석용 장군, 전남의

심남일 장군, 전해산 장군과 연합하여 추계 대토벌작전을 치밀하게 전개하였으니, 1일에는 고부(古阜)의 왜적을 토벌하고 5일에는 하동(河東)과 광양(光陽)에서 크게 싸웠으며, 7일에는 구례(求禮) 중산촌(中山村)에서, 8일에는 하동(河東) 웅동(熊洞)에서 일본군을 격멸하여 큰 승리를 거두었다. 또 8일에는 수백 명의 민군이 함평(咸平)의 왜적을 토벌하고, 12일에는 고창(高敞)에서 일본군을 토멸하였으며, 14일에는 순창(淳昌) 복전(福田)에서 크게 싸워 승리하고, 16일에는 단성(丹城)과 순창의 왜군을 토멸하였다. 17일에는 수백 명의 민군이 나주(羅州)의 일본군을 격멸하였으며, 19일에는 경남 단성(丹城)에서 일본군 증원부대를 격파하였다. 20일에는 용담(龍潭), 고부(古阜), 순천(順天), 보성(寶城) 봉내시(峰內市)에서 일제히 토벌작전을 개시하여 일본군을 모조리 격파하였다.

23일에는 함평(咸平)과 창평(昌平)에서 동시에 토벌하여 일본군을 격파하고, 25일에는 의령(宜寧) 외방촌(外方村)에서 전투하였으며, 26일에는 광주(光州)와 순창(淳昌)에서 동시에 토벌하여 대승을 거두었다. 또한 28일에는 영암(靈岩)과 해남(海南)에서 동시에 일본군을 토벌하여 승리하였다. 강춘삼(姜春三) 의병장이 거느린 민군은 마산(馬山)을 통과하면서 왜적을 토벌하였고, 30일에는 수천 명의 민군이 나주(羅州) 영산포(榮山浦)와 정읍(井邑)에서 동시에 일본군을 격멸하였다.

일월산을 중심으로 혁혁한 전공을 세운 신돌석 장군은 경북 민군을 지휘하여, 8일에는 예천(醴泉)에서 종일 일본군을 토벌하고 17일에는 울진(蔚珍)의 왜적을 토벌하였으며, 30일에는 봉화(奉化)의 일본군을 격멸하였다.

권의희 장군이 지휘하는 황해도민군은 민효식(閔孝植) 의병장과 허덕천(許德天) 의병장과 연합하여 6일 연안(延安)의 왜적을 토벌하였다. 10일에는 대토벌작전이 일제히 전개되어 신천수(辛天洙) 의병장이 거느린 수백 명의 민군은 재령(載寧)에서 일본군을 격파하였고, 또 조명서(趙命瑞) 의병장이 거느린 수천 명의 민군은 해주(海州)의 일본군을 대대적으로 토벌하고 관아(官衙)를 접수하였다. 한편, 기린시(麒麟市)에서도 수천 명의 민군이 크게 싸워 대승하였다. 14일에는 다시 해주에서 일본군 증원부대와 격렬하게 전투를 벌였으며, 15일에는 일본군을 해주 운봉산(雲峰山)으로 유인하여 섬멸한 다음 16일 다시 해주로 진격하여 일본군을 소탕하였다. 이 패전으로 인하여 일본군부대는 궤멸상태에 이르러 거의 대항하지 못하게 되었다. 23일에는 온정원(溫井院)의 왜군을 격멸하고, 30일에는 토산(兎山)에서 일본군을 토벌하였다.

양혁진(梁嚇鎭) 의병장과 한영준(韓永俊) 의병장이 연합하여 대대적으로 일본군을 토벌하여 연전연승한 평안도민군은 1일부터 2일까지 영변(寧邊)에서 일본군을 토벌하여 대승을 거두었고, 4일부터 7일까지는 삼등(三登)에서 격렬하게 혈전을 전개하여 대승하였다. 10일에는 평남 약수동(藥水洞)과 평북 위원(渭原)에서 동시에 왜군을 토벌하여 섬멸하였으며, 19일에는 맹산(孟山) 혹천리(雀泉里)에서 크게 싸워 일본군을 격파하고, 21일에는 맹산으로 진공하여 대승하였다. 24일에는 양덕(陽德)에서 왜적을 소탕하고, 25일에는 성천(成川)의 일본군을 토벌하였으며, 30일에는 다시 성천과 영원(寧遠)에서 크게 싸워 일본군을 궤멸시켰다.

정봉준 장군과 홍범도 장군이 연합한 함경도민군은 7일 길주(吉州) 화태리(花笞里)에서 일본군을 격파하였고, 10일에는 영흥(永興)에서, 11일에는 단천(端川)과 둔포(屯浦)에서 크게 싸워 왜적을 토멸하였다. 16일부터 19일까지 다시 영흥(永興)

에서 일본군 증원부대와 전투하여 대승하고, 19일에는 함남 신풍리(新豊里)에서도 전투를 벌였다.

21일부터 22일까지 함흥(咸興)의 일본군을 대대적으로 토벌하여 크게 승리하였으며, 24일 다시 함흥에서 일본군 증원부대를 격파하였다. 또한 같은 날 장진(長津)에서도 왜군을 토벌하여 승리하였다. 이와 같이 우리 13도민군의 영웅적인 일본군 소탕작전에 일본군의 지도부는 모든 응징적 탄압책을 다 구사하였으나 도리어 반감만 더해서 걷잡을 수 없게 되자 거의 전의를 상실하고 자구책에만 몰두하는 데 이르렀다.

13. 13사단 무너졌다, 6사단을 쳐부수자

우리 2천만 동포의 8할이 넘는 산림학자양반(山林學者兩班) 세력의 절대적인 지원 속에 전개된 독립전쟁은 참으로 놀라운 투혼을 발휘하였으니, 1년여에 걸친 일본군 토벌작전에서 13도 민군은 100만을 헤아리는 재가민군(在家民軍)으로부터 정보통신과 군수조달을 받아서 막강 30만의 토벌군으로 성장, 신출귀몰한 전략전술을 구사하며 일본군을 방방곡곡에서 격파하였다.

이에 일본정부는 병력을 계속 보충하여도 조선의 전황이 크게 불리함을 우려하여 초조한 나머지 6사단을 증파하니, 일본군 한국침략사령관 육군대장 장곡천호도(長谷川好道)는 10월에 마침내 그 동안 거의 궤멸하여 부대편성이 어려운 13사단과 교대하여 6사단을 서울 경기지역에 투입하였다. 그리하여 일본군 한국침략사령부에는 6사단장 서도(西島) 중장(中將), 13사단장 강기(岡崎) 중장(북부수비관구사령관), 북청(北靑)에 있는 동부수비관구사령관 환정(丸井) 소장(少將), 남구수비관구사령관 의전(依田) 소장, 또한 남부수비대사령관 동조(東條) 소장 등이 지휘하는 6사단, 13사단, 보병 제3여단 등의 휘하에 보병 제13연대, 14연대, 17연대, 23연대, 27연대, 29연대, 47연대, 50연대, 51연대, 52연대, 55연대, 60연대와 기병 17연대가 기동력을 발휘하며, 또 침략군 헌병대 사령관 육군소장 명석원이랑

(明石元二郎)과 친일내각 내부(內部)의 경무국장 송정무(松井茂)가 거느린 각 지역의 5,000여 명의 경찰과 5,000여 명의 헌병과 합세해서 우리 민군 토벌에 나섰다.

이와 같이 일본은 침략군의 전력을 크게 증강하였을 뿐만 아니라 또한 군사작전도 가장 야만적인 수단을 선택하였으니, 오로지 날마다 수색작전이라는 명목 아래 자행한 행위는 살인과 방화와 약탈로 눈에 독기를 뿜었다.

이에 원주(原州) 사람 김운선(金雲仙)이 작년 7월부터 국권(國權)이 타락하여 일본군이 날뛰는 것을 보고 비분강개하여 죽으려다가 왜적을 토벌하기로 뜻을 세우고 그 아내에게 일러 말하기를, "내가 바야흐로 의병을 일으키면 화(禍)가 반드시 당신에게 미칠 터인즉 당신이 이제 나의 손에서 죽어 나의 손으로 장사지내는 것이 어떻겠는가?" 하니 아내가 웃으면서 말하기를, "이것은 나의 소원입니다." 하면서 목을 빼어 죽여달라고 하여 죽음에, 운선이 그날로 거적에 쌓아서 장사지냈다. 그리고 마침내 혼자 총을 들고 원주와 제천(堤川) 사이를 왕래하며 혹은 숨어서 혹은 나타나서 일본군인을 사살하니 백발백중하여 10여 일 동안에 30여 명을 죽이므로 일본군이 매우 두려워하면서 말하기를, "숲처럼 많은 대부대의 의병은 족히 두렵지 않지만 한 사람의 장군은 천하에 대항할 길이 없도다."고 하였다.

우리 13도민군은 그 동안 실전에서 익힌 전략전술을 십분 활용하여 종횡으로 연락망을 구성하여 합동과 분산을 자유자재로 하면서 일시에 적을 포위공격한 다음 즉시 분산하는 벌떼작전을 구사함으로써 적군을 무기력 상태로 몰아넣었다.

경기·강원·충청도민군은 동계 대토벌작전을 세우고 10월 3일에는 평창(平昌)의 일본군을 토벌하고, 4일에는 죽산(竹山)

의 왜적을 격멸하였으며, 5일에는 단양(丹陽)과 장단(長湍)에서 크게 싸웠다. 8일에는 경기도민군이 서울로 진공하여 일본군의 전력을 탐색한 뒤 동대문 밖에서 크게 싸웠다. 같은 날 강원도 민군은 제천(堤川)의 일본군을 공략하고 또 일부 경기도민군은 죽산(竹山)의 왜적을 토벌하였다.

10일에는 문산포(汶山浦)의 일본군을 토멸하고, 12일에는 횡성(橫城)에서 전투를 벌였으며, 13일에는 온양(溫陽)·포천(抱川)·이천(伊川)·삭녕(朔寧)·강화(江華)·아산(牙山)에서 동시에 일제히 일본군 토벌작전을 전개하여 적군을 여지없이 궁지에 몰아넣었고, 14일에는 광주(廣州)의 왜군을 토멸하였다. 그런데 같은 날 수원(水原)의 왜적을 공략했던 최봉래(崔鳳來) 의병장과 김순옥(金順玉) 의병장은 패전하여 그 부하 이완보(李完甫), 김귀학(金龜鶴), 이찬실(李贊實), 허백석(許白石)과 함께 포로로 잡히는 불행을 당했다.

15일에는 마전(麻田)의 일본군을 토벌하고, 19일에는 비인(庇仁)과 황간(黃澗)에서 동시에 토벌작전을 수행했으며, 21일에는 양주(楊州) 퇴계원(退溪院)과 남포(藍浦)에서 동시에 토벌작전을 전개하였다. 퇴계원에서는 22일까지 격렬하게 싸워서 일본군을 격파하였으며, 24일에는 부여(扶餘)의 왜적을 토벌하고, 25일에는 정산(定山)의 왜적을 토벌하였다.

26일은 경기도민군 1만여 명이 강화(江華)로 총진군하여 대대적인 결전을 전개하여, 왜장(倭將) 이하 일본군과 일진회 회원을 헤아릴 수 없이 사살하는 통쾌한 대첩을 거두고 관아를 모두 집수하였다. 이에 일본군 한국침략사령부 6사단장 서도(西島) 중장은 용산에 있는 13연대 병력을 강화도로 급파하여 광성보에 상륙시켜 강력히 도전했기 때문에 우리 민군은 3일 동안 방어전투를 하다가 황해도로 후퇴하였다.

27일에는 춘천(春川)의 일본군을 토벌하여 기세를 올렸고, 28일에는 윤인순(尹仁順) 의병장이 거느린 민군이 양주(楊州)의 왜군을 토벌하고 관아(官衙)를 접수하였으며, 29일에는 영춘(永春)의 왜적을 토멸하고, 30일에는 금화(金化)와 마전(麻田)의 왜적을 토벌하여 승리하였다.

호영양남민군의 선각자 김동식 장군은 일찍이 독립전쟁을 전개함에 있어서 전국민의 총화단결만이 이 땅에서 일본군을 몰아내고 나라의 독립을 쟁취할 수 있다고 확신하였다. 따라서 산림학자양반과 유생(儒生) 세력과 기층민중 계층 및 동학농민군의 대동단결을 호소하여 모두 함께 통일적 연합전선을 구축하여 토벌작전이 일사불란하게 수행될 수 있도록 조직하였다. 그리하여 전해산(全海山) 의병장과 심남일(沈南一) 의병장이 각각 1천여 명의 의병을 거느리고 전라남도 연해를 휩쓸면서 왜적을 소탕하였으니, 전해산은 동학혁명의 지도자 전봉준(全琫準)의 아들이다.

호남민군은 10월 7일 금산(錦山)에서 일본군을 토벌하기 시작하여, 15일에는 나주(羅州)에서, 16일에는 동복(同福)에서, 그리고 19일에는 광주(光州)에서 일본군을 대파하였다. 22일에는 능주(陵州) 석정리(石亭里) 전투에서 일본군을 대파했는데, 25일 다시 능주(陵州) 이양원(利陽院)에서 일본군 증원부대를 격파하였고, 23일 광주(光州) 대치(大峙)전투에서는 수천 명의 민군이 왜군을 섬멸하였다. 24일에는 곡성(谷城)의 일본군을 토벌하고, 25일에는 담양(潭陽)의 왜군을 토멸한 다음 26일 순창(淳昌)의 일본군을 토벌하였다. 27일에는 1천여 명의 민군이 장흥(長興)의 왜군을 격멸하고, 28일에는 1천여 명의 민군이 영광(靈光)의 일본군을 공략하여 백 명에 가까운 일본군을 사살하였다. 또 같은 날 경남민군은 밀양(密陽)의 왜적을 토벌하였다.

교남창의대장 신돌석 장군이 지휘하는 경북민군은 10월 6일 청송(靑松)의 일본군을 토벌하고, 13일에는 안동(安東)에서 대대적인 토벌작전을 수행했으며, 17일에는 영양(英陽)에서 왜적을 소탕하였다. 또한 22일에는 풍기(豊基)의 왜군을 격멸하고, 23일에는 신녕(新寧)과 영양(英陽)에서 크게 싸워 승리하였다.

권의희 장군이 지휘하는 황해도민군은 2일 해주(海州)에서 일본군을 토벌하고, 4일에는 청단(靑丹)지방에서 전투하여 대파하였다. 20일에는 다시 청단진(靑丹津)에서 일본군 증원부대를 격멸하였으며, 24일에는 1만여 명의 민군이 동시에 대대적으로 곡산(谷山)과 은율(殷栗), 장연(長淵)에서 일본군을 토벌하였는데, 곡산(谷山)에서는 25일까지 격렬하게 싸워 대승하였다.

평안도의병대장 방인관 장군이 지휘하는 평안도민군은 청(淸)나라 의적(義賊 : 소위 馬賊)을 고용하여 용감무쌍한 일본군 토벌작전을 전개, 일본군을 공포의 도가니로 몰아넣었으니, 10월 6일 영원(寧遠)과 유원진(柔遠鎭)전투에서 일본군을 격멸하고 7일은 희천(熙川)과 이수원(梨樹院) 그리고 안주(安州)에서 동시에 대대적으로 일본군을 토벌하여 대승을 거두었다. 그리고 9일부터 11일까지 맹산(孟山)의 일본군을 토벌하여 크게 싸워 격파하였으며, 10일에는 오류동(五柳洞) 전투에서 왜군을 격멸하고, 15일에는 다시 맹산(孟山)에서, 16일에는 덕호령(德豪嶺)에서, 17일에는 영원(寧遠)에서 크게 싸워 승리하였다.

21일의 용림(龍林)전투와 22일의 회창(化倉)전투에서는 무수한 일본군을 사살하였고, 23일에는 성천(成川)에서 왜적을 소탕한 다음 24일 총력전을 전개하여 삼등(三登), 상원(祥原), 위원(渭原), 강계(江界)의 4개 군에 걸쳐 일본군을 동시에 토벌하여 우리 독립군의 전투력을 크게 과시하였다.

함경도의병대장 정봉준 장군과 홍범도 장군이 거느린 함경도민군은 경성(鏡城)의 최덕준(崔德俊) 의병장 부대가 크게 활약하면서 그 세력을 확대하여 조직적으로 토벌작전을 전개하였으니 5일 영홍(永興)에서 일본군을 토벌하고, 또 23일과 24일에는 대대적으로 영홍(永興)에서 일본군을 격파하였다. 일부는 23일에 장진(長津)의 왜적을 토벌하고, 24일에는 삼수(三水)의 왜군을 격멸하였다.

13도민군은 10월의 전투에서 유문재(柳文在) 의병장과 나성일(羅性一) 의병장이 포로로 잡히는 불행을 당했으나 조금도 굴하지 않고, 눈보라가 휘날리는 겨울의 산하를 누비며 무너진 일본군 13사단을 계속 추격하고 새로 침입한 6사단을 거듭 강타하면서 독립전쟁의 승리를 확신하여 의심하지 않았다.

융희 2년 11월이 되자 매서운 한파가 몰아닥쳐서 낙엽이 떨어진 산하에 흰눈이 가득 쌓이니, 일본군 한국침략사령부는 집중적으로 각 지역의 민군본영을 격파하기 위한 기습작전을 감행하였다. 그리하여 10일 일본군은 100여 수레의 군수물자를 싣고 서울 동대문으로 나아갔고, 또 하동군(河東郡)에는 일본군이 개미떼처럼 모여서 지리산에 있는 호영양남민군의 본부를 습격하려고 시도하면서 날마다 살인과 약탈을 일삼았다. 하동군수 이승두(李承斗)가 남루한 옷과 떨어진 신발을 신고 일본군의 길을 향도하며 먼저 가면서 주민들로 하여금 피하여 숨게 하고, 일본군이 민가에 불을 지르려고 하면 문득 소리치며 울면서 간곡히 말렸다. 이에 일본군이 분노하여 무자비하게 군화발로 차서 땅에 쓰러뜨리니, 이승두 군수가 배가 부어서 죽었다. 일본군은 또 강화도(江華島) 정족산성(鼎足山城)에 침입하여 사초(史草)를 수색하여 가지고 갔다.

경기·강원·충청도민군은 1일부터 용인(龍仁)과 강화(江華)에서 일본군을 토벌하기 시작하여 2일에는 고양(高陽)에서 크게 싸웠으며, 3일에는 관동(關東) 녹산(鹿山)에서 왜군을 격파하였다. 4일에는 포천(抱川)과 양주(楊州) 그리고 진부역(珍富驛)에서 동시에 일본군을 격멸하고, 5일에는 경기도 주포(周浦)와 영평(永平)에서 동시에 왜적을 토벌하였다. 6일에는 인제(麟蹄)에서, 7일에는 또 양주(楊州)와 횡성(横城)에서 크게 싸워 승리하였으며, 8일부터 11일까지는 강원도 이천(伊川)에서 전투하여 큰 타격을 주었다. 10일에는 원주(原州)와 화천(華川)에서 일본군을 토벌하여 큰 전과를 올렸고 12일에는 양근(楊根)과 목천(木川)에서 종일 격렬하게 싸워 승리하였는데, 13일부터 큰 눈보라가 쏟아져서 토벌작전을 수행할 수 없었다. 그럼에도 우리 용감한 민군은 독립전쟁을 쉬지 않았으니, 16일부터 21일까지 강원도 평강(平康)에서 격렬한 토벌작전을 계속하여 일본군을 난타하였고, 21일에는 수백 명의 민군이 양주(楊州) 퇴계원(退溪院)에서 전투를 계속하였다. 또 조경환(曹京煥) 의병장이 거느린 수백 명의 민군은 천안(天安)의 일본군을 토멸하였다.

일본군의 대대적인 기습작전에도 금성철벽의 요새를 지리산에 구축하여 호영양남민군 수뇌부를 확고하게 지킨 김동식 장군은 문태수 장군, 이석용 장군, 심남일 장군, 전해산 장군과 조직적으로 토벌작전을 전개하여 전라남북도의 일본군을 거의 괴멸상태로 몰아넣었으니, 2일에는 수천 명의 민군이 무장(茂長)과 순창(淳昌)의 왜적을 토멸하고, 3일에는 곡성(谷城)에서, 4일에는 영광(靈光) 명월산(明月山)에서 크게 싸워 격파하였다. 7일에는 장수(長水)의 일본군을 격파하고, 9일에는 담양(潭陽)

의 왜군을 섬멸하였으며, 11일에는 익산(益山)과 창평(昌平)에
서 동시에 일본군을 토벌하였다. 13일부터는 폭풍과 대설의 한
파로 19일까지 토벌작전이 불가능해서 20일에야 임실(任實)과
나주(羅州)의 일본군을 토벌하여 격멸하였으며, 21일에는 2만
여 명의 민군이 대대적으로 동계 토벌작전을 실시하여 고창
(高敞), 무장(茂長), 흥덕(興德) 등의 여러 군(郡)을 일시에 진
격하니, 왜적뿐만 아니라 고을의 부민(富民)까지 모두 집을 비
우고 도망하였다. 이어 보성(寶城), 나주(羅州), 남평(南平) 이
하 여러 군읍(郡邑)을 접수하여 일본군을 모두 소탕해서 호남
지역을 거의 해방지대로 만들었다. 24일에는 안의(安義)에서,
25일에는 동복(同福)에서, 27일에는 산청(山靑)에서, 29일에는
또 담양(潭陽)에서 일본군 증원부대를 격파하였는데, 11월은
날마다 지리산을 습격하는 왜군을 요격하여 무수히 사살하였
다.
　경상북도민군은 기상조건이 악화되어 휴식을 취하다가 23일
부터 30일까지 예안(禮安)의 일본군을 대대적으로 토벌하였다.
　황해도민군은 혹한과 대설 속에서도 열렬하게 독립전쟁을
계속하였으니, 3일 신원(新院)에서 일본군을 토벌하기 시작하
여 4일에는 배천(白川)과 금천(金川)의 일본군을 동시에 토멸
하고, 6일에는 해주(海州)의 왜적을 집중 공격하여 큰 전과를
올렸다. 7일에는 토산(兎山)의 왜군을 격멸하고, 8일에는 청단
진(靑丹津)에서 일본군을 격파하였으며 10일에는 수천 명의 민
군이 온정원(溫井院)과 평산(平山)에서 동시에 토벌작전을 전
개하여 쾌승하였다. 13일부터 21일까지는 대풍설(大風雪)로 토
벌이 불가능했으나 22일 수천 명의 민군이 금천(金川)의 왜군
을 다시 토벌하여 관아(官衙)를 접수했다. 24일에는 청단진(靑
丹津)에서, 27일에는 온정원(溫井院)에서 또 크게 싸워 일본군

증원부대를 격멸하였다.

평안도민군은 혹한의 악천후 속에서도 독립전쟁을 줄기차게 계속하였으니 3일에는 영원(寧遠)의 왜적을 토벌하고, 9일에는 영변(寧邊)의 일본군을 강공했다. 산하가 모두 눈 속에 얼어붙은 10일부터 25일까지는 토벌작전이 불가능해서 26일에야 양덕(陽德)의 일본군을 맹렬히 토벌하였는데, 이 전투에서 신응의(申應義) 의병장이 포로로 잡히는 불운이 있었다.

함경도민군은 악천후를 무릅쓰고 독립전쟁을 계속하여 3일에는 장진(長津)에서 일본군을 토벌하고, 4일에는 함흥(咸興)의 왜군을 강타하여 큰 전과를 올렸다. 그리고 6일에는 홍원(洪原)에서 크게 싸웠는데, 혹한에 대풍설(大風雪)까지 겹쳐 5일부터 22일까지는 토벌작전이 불가능해서 23일에야 수백 명이 무산(茂山)의 일본군을 토벌하여 수십 명의 일본군을 사살하였다.

11월의 엄동설한에도 독립전쟁의 총성은 그치지 않았으나 우리 민군의 손실 또한 적지 않았으니, 그것은 인종명(印宗鳴) 의병장과 방사필(方士必) 의병장이 일본군의 포위망을 격파하지 못하여 포로로 잡히는 불행을 당한 것이다.

일본의 통감부가 서울시민에게 청결비(淸潔費)를 징수하여 민가(民家)의 매칸(每間)마다 2전(錢)씩 부과하고 불같이 독촉하니 시민이 매우 고통스러워하였다. 그리하여 각 지역의 민군은 세금불납운동을 전개하고, 또 징세기관장 이하 250여 명을 처단함과 동시에 34,570원(元)의 세금을 징수하지 못하게 저지하였다. 그러나 적군(敵軍)의 포악한 정치로 우리 인민이 모두 도탄에 빠졌으니, 서울의 가옥 4만 호(戶) 가운데 생계를 위하여 외국인에게 가옥을 전당잡히지 않은 집이 겨우 4천 호에 지나지 않았다.

일본 통감부는 우리 민군의 토벌로 산간벽촌의 지방관청을 수비할 수 없게 되자 군민들의 강력한 반대에도 불구하고 계속 지방군읍을 통폐합하였으니 강원도 금화군(金化郡)을 금성(金城)에 통합하고, 양구군(楊口郡)을 화천(華川)에 통합하였다.

청(淸)나라는 덕종(德宗)이 죽고 순친왕(醇親王)의 아들로 방금 6세인 부의(溥儀)를 임금으로 세우고 순친왕이 섭정하였다.

일본은 한국침략전쟁의 전비를 조달하기 위해 계속 국채(國債)가 늘어 국내 부채가 1,075,128,578원(元), 외채가 1,165,701,220원으로 집계되었다.

융희 2년 12월 해삼위(海參威)에 거류한 한국교포가 합자하여 대동공보(大東共報)를 간행하고, 미국 상항(桑港)에 거주하는 한국교포가 대도보(大道報)를 간행하여 우리 민족의 독립정신을 선양하였다.

이등박문이 일본정부로부터 한국침략전쟁의 인적·물적 손실에 대한 질책을 받고 서울로 들어와, 일본군 한국침략사령부 사령관 장곡천호도(長谷川好道)를 해임하여 보내고 육군대장 대구보래(大久保來)를 임명하였다.

자칭 통감부는 한국의 역법(曆法)을 개정하여 이 해 음력 12월 10일 신유(辛酉)를 새 해의 1월 1일 금요일로 정하여 양력(陽曆)을 사용한다고 반포하였다. 그리하여 달력에 태양력을 상란에다 쓰고 태음력은 하란에다 썼으니, 일본의 역법과 맞추기 위한 조치였다.

나라의 독립과 민족의 생존권을 사수하기 위하여 불철주야 성전(聖戰)을 계속한 13도민군의 탁월한 지략과 용기는 일본군 13사단장 강기(岡崎) 중장을 물리치고 6사단장 서도(西島) 중장을 무력하게 만들었고, 마침내 일본군 한국침략사령관 장곡천호도까지 축출함에 사기가 충천하여 한겨울의 추위에 얼어붙은 산천도 녹일 것처럼 뜨겁게 달아올랐다.

경기·강원·충청도민군은 12월 1일 장단(長湍)에서 일본군을 토벌하였고, 2일에는 진잠(鎭岑)에서 일본군을 격멸하였으며, 4일에는 포천(抱川)에서 싸우고, 6일에는 영평(永平)과 원주(原州)에서 동시에 왜군을 격파했으며, 7일에는 부여(扶餘)에서, 9일에는 충주(忠州)와 파주(坡州)에서 동시에 일본군을 대대적으로 토벌하였다.

호영양남민군은 1일 나주(羅州) 고막원(古幕院)과 고부(古阜)의 일본군을 격멸하였으며, 2일에는 망간(望間) 호남의병장 김영백(金永伯) 장군이 거느린 수천 명의 민군이 광주(光州)의 일본군과 대치(大峙)에서 맞붙어 크게 승리하였다. 3일에는 함평(咸平)의 왜군을 토벌하고, 5일에는 또다시 고막원(古幕院)과 화순(和順)에서 일본군을 섬멸하였으며, 6일에는 능주(綾州)와 광주(光州)의 왜적을 토벌하였다. 7일은 흥덕(興德)의 왜군을 격파하고, 9일은 해남(海南)에서 전투하였으며, 10일 다시 광주(光州)의 일본군 증원군을 토벌하여 일본군을 강타했다.

황해도민군은 이진룡(李鎭龍) 의병장, 하성태(河聖泰) 의병장, 한정만(韓丁萬) 의병장이 강화(江華) 의병장 지홍기(池洪基) 장군과 연합하여 황해도를 누비며 일본군을 토벌하였는데, 2일 수백 명의 민군이 평산(平山)의 일본군을 토벌하고, 4일에는 청단진(靑丹津)에서 왜군을 섬멸하였다. 그러나 불행하게도 평산(平山)의병장 이근수(李根秀) 장군이 해주(海州) 연평도(延平島) 전투에서 부하 60여 명과 함께 장렬하게 싸우다가 모두 전사하였다. 이근수 장군은 광무 11년에 의병을 일으켜 평산과 해주를 왕래하며 민군 3,000여 명과 정병(精兵) 500여 명으로 일본군과 30여 회의 전투를 하였으나 일찍이 한 번도 패하지 않았다. 그런데 설이 돌아와서, 명절을 쇠기 위하여 모두 귀가 시키고 기간요원 60여 명을 데리고 연평도로 들어가서 겨울을 넘기려고 하였으나, 이것이 일본군의 염탐꾼에게 알려져서 일본군이 먼저 연평도로 들어가 매복하였기 때문에 뜻밖에 그 포위망에 빠져서, 힘써 싸워 일본군 60여 명을 사살하고 장렬하게 60여 명이 모두 전사하였다.

평안도민군은 송상봉(宋相鳳) 의병장이 거느린 수백 명의 민군이 7일부터 9일까지 운산(雲山)에서 일본군을 토벌하여 승리하였다.

융희 3년(1909년) 1월 1일이라, 음력으로는 12월 10일이다. 이날 이후의 기록은 양력으로 표기하노니 우리의 현대사를 국제적 연표로 인식하고자 함이다.

허수아비 총리인 역적 이완용(李完用)은 양력으로 해가 바뀌었다고 하여 일본인에게 세찬(歲饌)을 바쳤으니, 초피(貂皮)가 3,000장, 녹용(鹿茸)이 500대(對)나 되었다. 역적 송병준(宋秉畯)은 일본의 습속을 모방하여 양력 신정(新正)에 대문 밖 양쪽에 솔가지와 나무가지를 꽂아놓고 새끼에 종이쪽지를 매달았다. 그러나 극소수의 친일파 역적을 제외하고 우리 국민은 아무도 신정을 쇠지 않았으니, 주체성도 정통성도 없는 허수아비정권의 용렬한 임금을 전혀 인정하지 않고 오로지 일구월심 13도민군의 독립전쟁이 조속히 승리하여 빛나는 해와 달이 다시 솟기만을 손꼽아 기다렸기 때문이다.

일본인과 일본군이 쇠고기를 즐겨 지난해 전국에서 소를 도살한 것이 70,071두(頭)나 되었고, 도적이 장단 고랑포에 있는 신라 경순왕의 능(陵)을 도굴하였으며, 우리의 상무(尙武)정신을 말살하기 위하여 일제가 서울 남악묘(南岳廟)를 폐철했다.

이등박문이 일본군 조선침략부대의 사기를 진작하고 또 인민으로부터 신임을 잃은 친일파의 권위를 되살리기 위한 간교한 술책으로, 1월 17일부터 23일까지 임금(純宗)이 이완용 등과 함께 대전·대구·부산·마산을 순행하고, 또 27일부터 2월 3일까지 개성·평양·의주를 순행하였으니 모두 일본군의 철통 같은 호위 속에 진행되었다. 이때 개성(開城) 지영소(祗迎所) 옆에서는 임금이 도착하기 전날 배행한 이등박문을 살해하기 위한 폭발탄이 작렬했고, 평안남도 관찰사 이진호(李軫鎬)는, 각급 학교 생도들에게 임금의 수레를 기다리게 하면서 한국기와 일본기를 교차하여 들고 도열하라고 하였는데 생도들이 따르지 않고 오직 태극기(太極旗)만 게양하자 분노하여 그 교장을 구속하여 징계하였다. 또 의주(義州) 비현학교(枇峴學校) 교사 이정근(李鼎根), 박형권(朴亨權)도 또한 일장기(日章旗)를 게양하지 않았기 때문에 구속당하여 엄한 형을 받았다.

나라를 빼앗긴 민족에게는 시간이 정지하므로 우리 민족은 이미 세월의 흐름을 잊은 지 오래였다. 수많은 민군의 용사가 독립전쟁에서 불귀의 고혼(孤魂)이 되어 집집마다 마을마다 가족을 잃고, 집을 잃고, 재산을 잃은 슬픔과 탄식만 가득할 뿐이므로 1월 22일이 음력 정월 초하루 우리 민족의 명절인 설날이지만 옛날과는 아주 다른 침통한 날로 변하여 아침부터 까막까치만 짖어대고 여우와 이리만 싸늘한 마을 주변을 맴돌았다.

13도민군은 이미 나이를 잊었거늘 어찌 세월의 변화를 알리오! 독립전쟁은 촌각도 지체할 수 없는 것, 모두 총칼을 들고 양력설도 음력설도 쉬지 않고 전선으로 달려갔다. 결국 나라를 되찾아야 가정이 있는 것. 부모처자를 이별하고 독립전선에 투신한 몸은 독립을 쟁취하여야 부모처자를 떳떳하게 만날 수 있는 것이다.

경기·강원·충청도민군은 3일 양주(楊州) 의정부(議政府)와 문산포(汶山浦) 그리고 회인(懷仁)에서 동시에 일제히 포문을 열어 일본군을 토벌하고, 6일에는 포천(抱川) 송우시(松隅市)에서 왜군을 대파하였다. 16일에는 퇴계원(退溪院)의 왜적을 격파하고, 다음날인 17일에는 고양(高陽)에서 크게 싸웠으며, 20일부터 21일, 즉 섣달 그믐날까지 고양(高陽), 포천(抱川), 영월(寧越) 등 3개 지역에서 대대적으로 일본군을 토벌하였다. 23일에는 다시 문산포(汶山浦)에서 일본군 증원부대를 격파했고, 27일에는 수천 명의 민군이 강릉(江陵)과 양주(楊州) 덕소(德沼)에서 일본군을 토멸하였다. 28일은 또 양주 삼패리(三牌里)에서 일본군 증원부대를 강타하여 궤멸시키고, 31일에는 다시 의정부(議政府)와 고양(高陽)의 일본군 증원부대를 격파하였으며, 또 연산(連山)의 왜적을 토벌하였다.

호영양남민군의 선각자 김동식 장군은 지리산의 본영을 금성철벽 굳게 사수하면서 종횡으로 각 지역의 의병장을 지원하여 거침없이 일본군을 사살하였으니, 8일에는 곡성(谷城)의 왜군을 토멸하고, 11일에는 순창(淳昌)과 순천(順天) 광천점(廣川店), 나주(羅州)에서 동시에 왜적을 토벌하여 큰 전과를 거두었다. 16일에는 태안(泰安)과 남원(南原)의 일본군을 토벌하여 승리하고, 17일에는 영암(靈岩) 남창(南倉)에서 전투하였으며, 19일에는 하동(河東), 나주(羅州) 고막원(古幕院), 임실(任實)의 일본군을 동시에 토벌하여 궤멸시켰다. 음력 섣달 그믐인 21일에는 광양(光陽)의 일본군을 대파하고, 음력 정월 초이튿날인 23일에는 순천(順天)과 영광(靈光)의 일본군을 토벌하여 승리하였다. 그리고 24일은 무주(茂朱)에서, 25일은 남평(南平)에서 왜적을 토벌하여 승리하였다.

황해도민군도 살을 에는 혹한과 강풍 속에서 독립전쟁의 불을 뿜어 얼어붙은 산하를 뜨겁게 달구었으니, 13일에는 강령(康翎)에서 일본군을 토벌하여 승리하고, 14일에는 대탄(大灘)에서 전투를 하였으며, 15일에는 해주(海州)의 일본군을 토벌하였다. 16일에는 온정원(溫井院)의 왜군을 토멸하고, 18일에는 평산(平山)의 왜군을 토벌하였다. 평산에서는 완강하게 저항하는 일본군과 다음날 19일까지 격렬하게 전투하여 격파하였으며, 같은 날 지홍윤(池洪潤) 의병장이 거느린 민군은 곡산(谷山)의 왜적을 토벌하여 격멸하였다. 20일에는 신계(新溪)의 왜군을 강타하고, 설날인 22일에는 다시 곡산(谷山)에서 일본군 증원부대를 대파하였으며, 24일에는 또 평산(平山)에서 일본군 증원부대를 격파하였다. 일본은 연전연패한 보복으로 지난 겨울에 포로로 잡았던 금천(金川)의병장 고원직(高元直) 장군을 재판도 없이 살해하는 만행을 저질렀다.

평안도민군은 2일 은산(殷山)에서 일본군을 토벌하고, 14일에는 성천(成川)의 왜군을 격파하였으며, 18일에는 다시 은산(殷山)과 강동(江東)에서 대대적으로 왜적을 토멸하였다.

함경도민군은 15일 송상봉(宋相鳳) 의병장이 거느린 수백 명의 정병이 장진(長津)의 일본군을 토벌하여 승리하였다. 노(露)·청(淸) 영역에서 독립군을 조직한 방덕형(方德亨) 의병장은 수백 명의 의병을 거느리고 간도(間島)에서 무산(茂山)으로 들어와서 일본군을 토벌하고 다시 간도로 돌아갔다가 청국병(淸國兵)에게 무기를 빼앗겼다가 24일에 두도구(頭道溝) 일본 헌병에게 포로로 잡혔다. 나머지 의병들은 러시아와 청나라로 망명하였다. 28일과 29일에 다시 장진(長津)의 왜군을 대대적으로 토벌하였으며, 31일에는 무산(茂山)의 왜적을 격멸하였다.

　융희 3년 2월이 되었다. 봄빛은 강남으로부터 꽃소식을 가지고 오는데 일본정부는 일본군 한국침략사령부의 연일 패전소식에 경악하였다. 수많은 보충병과 6사단을 증파하고 침략군 사령관을 경질했으나 엄청난 군비만 소모할 뿐 전황은 지리멸렬 상태에서 미궁으로 빠져들어 장기전의 양상으로 고착되었기 때문이다.

　일본정부의 이러한 다급한 현실에 더하여 한·일 양국 민중은 많은 인명과 재산만을 잃은 무익한 전쟁에 대하여 점차 일본정부를 원망하고 분노하는 여론이 거세졌다. 이러한 여론이 극도로 악화되자 일본정부는 여론을 무마하기 위하여 급기야 이등박문을 소환하기에 이르렀다. 이에 용렬한 임금(純宗)은 소위 통감부(統監府)에 친임(親臨)하여 이등박문을 위로하여 보내고, 또 일진회(一進會)는 이등박문을 변호하기 위해서 최영년(崔永年)을 일본에 파견하여 일본정부에 이등박문의 유임(留任)을 청원하는 촌극을 연출했다.

　일본정부는 과중한 전비 부담으로 일본국민의 여론이 악화하여 조세저항의 우려가 있자 한국침략군의 전쟁비용을 한국에서 자체조달하기로 결정하고 즉각 가옥세(家屋稅), 주세(酒稅), 연초경작세(煙草耕作稅)를 부과한다고 반포하였다. 그리하여 가옥세 21만여 원(元), 연초경작세 41만 5천여 원, 연초판매세 7만여 원, 주세(酒稅) 16만 3천여 원을 1년에 2차례씩 부과하였다. 그러나 주세는 주점(酒店)뿐 아니라 가정에서 양조한 술에도 징수하였으며, 이때 각 군(郡)의 수비대, 경무청, 재무서, 헌병청 등 소위 토벌대 등이 모두 일본인으로 우리 의병을 쫓는다고 온 나라를 돌아다니면서 하는 일은 오로지 쌀, 닭,

계란, 나물, 고기, 과일, 삼(麻), 면화 등등 일용품을 징수하는
데 바빴다. 거개가 약탈이었고 어쩌다가 반값이나 3분의 1값으
로 강매하였는데, 우리 민중은 아무 말도 못하고 또 아무 곳에
도 하소연 할 곳이 없으므로 손꼽아 민군이 왜적을 축출해 주
기만을 기다렸다.

일본인 척식회사(拓殖會社) 총재 우좌천(宇佐川)이 들어왔다.
우리나라 유림과 지식인이 일본군의 탄압과 착취에 대하여 집
단적으로 대처하고자 13도(道) 각 군(郡)에 민회(民會)를 조직
하여 연명으로 시정을 촉구하였으나 일본군과 경찰은 아무런
반응이 없었을 뿐만 아니라 도리어 이 단체를 서회(鼠會)라고
조소하면서 책임자를 수색하고 탄압하여 해산시켰다.

전 비승(前秘丞) 김승문(金升文)이 해삼위(海參威)로 건너와
거류하는 한국인을 위하여 학교를 설립하고 개명(開明)을 역설
하니, 일본인이 미워하여 그 노모(老母)를 구속하므로 부득이
돌아와 노모의 석방을 요구하자 일본경찰이 이에 김승문까지
구속하였다. 함흥(咸興) 사람 서기준(徐基俊)이 재가민병(在家
民兵)이라고 하여 일본 헌병대에 구속되었는데, 그 아내 오씨
(吳氏)가 서기준 의병이 이미 처형당했다는 헛소문을 듣고 탄
식하며 말하기를, "남편이 이미 순의(殉義)하였으니 내가 살아
서 무엇하겠는가!" 하고 독약을 마시고 순절하였다.

나라의 독립을 되찾고 2천만 민족의 생존을 위한 일념으로
불철주야 전선에서 전선으로 사시사철 용진을 계속하는 우리
13도민군의 장병은 백전백승의 신화를 창조한 주인공이 되었
다. 일본군이 자랑하는 마강 13사단을 궤멸시켰고 또 6사단을
강타하여 한국침략군사령관 장곡천호도를 퇴출시키며 이어 자
칭 통감(統監) 이등박문까지 퇴거시키므로, 우리 국민은 다시
희망을 가지고 13도민군을 독립전쟁의 영웅으로 추앙하여 있

는 힘을 다해서 지원과 협력을 아끼지 않았다. 그리하여 우리 민군의 사기는 하늘을 찔렀고 나라를 팔아먹은 매국역적과 친일주구도배를 지렁이나 굼벵이보다도 더럽게 여겨 멀리 피하였다.

경기·강원·충청도민군은 춘계 대토벌작전을 세워 총력전을 전개하였으니, 2일에는 원주(原州)의 일본군을 토벌하고, 4일에는 500여 명의 민군이 경기도 주포(周浦)에서 일본군을 격파하였다. 5일에는 이은찬(李殷贊) 의병장이 지휘하는 1천여 명의 민군이 가평(加平)에서 전투를 벌였고, 700여 명의 민군은 영평(永平)에서 종일 왜적을 토벌하고, 또 500여 명의 민군은 강원도 회양(淮陽)에서 왜군을 토멸하였다. 7일에는 마전(麻田)의 왜적을 소탕하고, 9일에는 원주(原州) 북창(北倉)에서 크게 싸워 승리하였다. 12일에는 홍산(鴻山)과 장단(長湍)에서 동시에 일본군을 격멸하고, 14일에는 부여(扶餘)와 평해(平海)의 왜적을 토벌하였다. 17일 다시 홍산(鴻山)과 포천(抱川)에서 일본군 증원부대를 격파하고, 18일에는 또 가평(加平)과 금성(金城)에서 왜군을 요격하였다. 23일에는 대대적으로 부여(扶餘)의 일본군을 토벌하고, 25일에는 홍천(洪川)에서, 26일에는 보은(報恩)에서, 27일에는 보은(報恩)에서, 그리고 28일에는 춘천(春川)에서 일본군을 토벌하여 크게 승리하였다. 그러나 불행하게도 무적필승을 자랑하던 이해수(李海秀) 의병장과 이명상(李明相) 의병장 및 종사(從事) 백락천(白樂天) 교관이 충주(忠州)의 왜적을 토벌하다 일본군의 복병에 포위당하여 포로로 잡혔다.

호영양남민군(湖嶺兩南民軍)의 지도자 김동식(金東植) 장군은 지리산 본영을 굳게 지키면서 대대적인 춘계 토벌작전을 총지휘하였으니, 전투지역을 해상으로 확대하여 제주도민(濟州道民)이 일본의 학정에 완전히 노출되었다는 정보를 입수하고 즉각 제주도에서 날뛰는 일본군경을 토벌하기 위하여 용맹한 의병장을 파견하였다.

2월 1일부터 남평(南平)의 왜적을 격멸하고, 2일에는 곡성(谷城)에서 일본군을 토벌하였으며, 4일에는 흥양(興陽)에서 6일에는 영산포(榮山浦) 서남방에서 전투하여 승리하였다. 8일에는 구례(求禮)와 무장(茂長)의 왜군을 격파하고, 10일에는 영암(靈岩)과 고금도(古今島)의 왜적을 동시에 토벌하였으며, 11일에는 경남 안의(安義)의 왜군을 격멸하였다. 12일에는 1천여 명의 민군이 광주(光州)의 일본군을 집중 공격하여 대림(大林)에서 크게 싸워 1백여 명의 왜적을 사살하는 대첩을 거두었다. 13일에는 또 흥양(興陽)에서 일본군 증원부대를 격파하고, 16일에는 능주(綾州) 월곡(月谷)의 관아(官衙)를 접수하여 왜적을 축출했다. 이때 전남민군은 재가민군(在家民軍) 2만여 명을 동원하여 해상(海上)까지 왕래하면서 남한의 등대(燈臺)를 모두 접수하여 파괴하고, 드디어 일부 민군이 제주도로 건너가서 제주의 고승천(高升天) 의병장, 김광일(金光一) 의병장과 합세하여 한라산에 민군본부를 설치하고 악독한 일본군경을 토벌하기 시작하니 일본인이 두려워하여 감히 횡행하지 못했다.

21일에는 김제(金堤)와 태인(泰仁) 그리고 광양(光陽)에서 동시에 토벌작전을 펼쳤고, 22일에는 광주와 나주 사이에서 격렬하게 전투를 벌였으며, 24일에는 영광(靈光)에서, 25일에는 보성(寶城)에서 일본군을 토벌하여 승리하였다. 그러나 순창(淳昌)의 왜군을 토벌하려던 양세건(梁世健) 의병장이 일본군의 복병에 포위되어 포로로 잡히는 불행한 일이 벌어졌다. 26일 박사화(朴士化) 의병장과 박민홍(朴珉洪) 의병장이 거느린 2천여 명의 민군은 남평(南平)에서 일본군과 크게 싸워 승리하고, 또 같은 날 옥과(玉果)와 해남(海南)에서도 일본군을 격멸하였다. 27일에는 박민홍(朴珉洪) 의병장이 거느린 1천여 명의 민군이 영암(靈岩)의 왜군을 토벌하고, 또 500여 명의 민군은 영광(靈光) 법성포(法聖浦)에서 왜적을 토벌하여 수십 명을 사살하였으며, 또 일부는 남평(南平)에서도 싸웠다. 28일에는 임실(任實)의 왜군을 토벌하였는데, 이날 전남 우성오(禹聖五) 의병장이 포로로 잡혀 진도(珍島)로 유배를 가다 민군의 구원작전으로 탈출하였다.

경상북도 민병은 16일 순흥(順興)에서 일본군을 토벌하고, 22일에는 풍기(豊基)의 왜적을 토멸하였다.

황해도민군은 춘계 토벌작전을 대대적으로 전개하였는데, 5일 2천여 명의 민군이 신계(新溪)와 곡산(谷山)의 일본군을 동시에 토벌하여 신계에서는 일본군 수십 명의 목을 베고 8일과 9일에는 배천(白川)에서 크게 싸워 승리하였다. 12일부터 30일까지 1만여 명의 민군이 평산(平山), 토산(兎山), 신계(新溪), 서흥(瑞興), 황주(黃州), 송화(松禾)지방에서 연속적으로 토벌작전을 수행하였는데, 그 세력이 평양(平壤)지역에까지 확대되어 위세를 떨쳤다. 13일부터 16일까지는 온정원(溫井院)에서 계속 전투하여 격파하였다. 17일에는 다시 배천(白川)에서 일본군 증원부대를 격멸하였다.

평안도민군은 1일부터 9일까지 맹산(孟山), 영원(寧遠), 덕천(德川)에서 연일 대대적인 일본군 토벌작전을 전개하여 무수한 왜적을 사살하였고, 일부는 8일에 정평(定平)의 왜군을 토멸하였다. 그리고 28일 유상순(劉尙順) 의병장이 철산(鐵山)의 왜적을 토벌하려다가 일본군의 복병에 포위되어 포로로 잡혔으나 칼을 빼앗아 일본 헌병의 목을 베고 탈출하였다.

이밖에도 13도민군 수백 명이 16일 영천(榮川) 염간(念間)에서 일본군을 토벌하고, 26일에는 남두(南斗)에서 전투를 벌였다. 그러나 또 전해수(田海壽) 의병장이 포로가 되는 불행이 있었다.

융희 3년 3월에 포구(布哇)에 거류하는 우리 동포들이 일찍이 공립회(共立會)와 합성회(合成會) 그리고 전흥회(電興會)를 결성했는데, 이때 3개 단체를 하나로 통합하여 국민회(國民會)로 개칭하고, 7천여 명의 회원이 뜻을 모아 신한민보(新韓民報)와 신한국보(新韓國報)의 두 신문을 창간하여 우리 13도민군의 승전보를 게재하며 일본의 침략정치를 배격하였다.

그 동안 궁내부(宮內部)에서 관장한 국가의 향사(享祀)가 792차였는데 일본인이 201차로 줄이게 하고 남은 비용을 일본군의 경비로 사용하였으니, 일본군은 우리나라 산 사람의 먹을거리만 착취한 것이 아니라 죽은 귀신의 제물까지 탈취한 흡혈귀로 지목하였다.

경남 관찰사 황철(黃鐵)이 임진왜란 당시의 공신을 배향한 창열사(彰烈祠) 및 북문(北門) 밖의 큰 연못을 일본인에게 매도하였다.

13도민군 원수부 총대장대리 겸 군사장 허위(許蔿) 장군이 순국한 뒤로 그 직속부대를 거느리고 독립전쟁을 주도한 권중설(權重卨) 장군이 각 군(郡)의 민군에게 통문(通文)을 보내, 날래고 씩씩한 독립전선의 영웅들은 정의불패(正義不敗)의 정신으로 일본의 자칭 통감부를 철거하기 위하여 일구월심 서울 진공작전의 그날을 손꼽아 기다리면서 열렬하게 싸우라고 격려하였다. 이에 경기·강원·충청도의 민군은 종횡으로 연합전선을 강화하여 3월 1일 마전(麻田)의 일본군을 토벌하고, 2일

에는 양주(楊州)와 적성(積城)에서 동시에 일본군을 격파하였
으며, 4일에는 다시 양주(楊州)에서 일본군 증원부대를 격멸하
였다. 7일부터 9일까지 정선(旌善)의 왜군을 토멸하고, 9일부터
12일까지는 적성(積城)에서 연일 접전하여 크게 승리하였으며,
11일부터 12일까지는 양주(楊州)에서 연일 싸워 왜군을 대파하
였다.

　13일 김상태(金尙台) 의병장이 거느린 1천여 명의 민군이 단
양(丹陽)의 일본군을 토벌하여 관아(官衙)를 접수하였고, 패주
하는 일본군을 추격하여 궤멸시키고 또 경기도 구화장(九化場)
과 충북 단양(丹陽)에서 왜군을 격파하였다. 14일에는 마전(麻
田)에서 전투를 벌였으며, 같은 날 반기학(潘基學) 의병장이
거느린 3천여 명의 민군은 청주(淸州)의 일본군을 토벌하고 관
아(官衙)를 접수하였다. 윤인순(尹仁淳) 의병장이 거느린 5천여
명의 민군은 양주(楊州) 석치(石峙)에서 일본군을 격파하여 승
리하고, 한봉서(韓鳳瑞) 의병장이 거느린 1천여 명의 민군은
청주(淸州) 청천(靑川)에 주둔하여 왜적을 소탕하였으며, 정해
조(鄭海朝) 의병장이 거느린 5천여 명의 민군은 고양(高陽)과
파주(坡州) 일대를 누비며 일본군을 토벌하였다.

　그런데 이와 같이 막강한 전력을 주축으로, 13도민군을 동원
하여 서울의 통감부를 토벌하고자 이은찬(李殷贊) 장군이 직접
일본군 한국침략사령부의 전력을 정탐하기 위하여 용산(龍山)
에 왔다가 잠복한 일본경찰관에게 포로로 잡히고 말았다. 그
동안 비분강개한 33세의 선비였던 이은찬 장군은 윤인순(尹仁
淳) 의병장, 정용대(鄭容大) 의병장과 함께 크고 작은 40여 전
투에서 일본군 470여 명을 사살하는 혁혁한 전공으로 그 명성
이 온 나라에 자자하였다.

　15일에는 포천(抱川)의 왜적을 토벌하여 일본군 20여 명을

사살하고, 또 단양(丹陽)과 적성(積城) 유산리(杻山里)에서도 전투를 하였다. 16일에는 김사성(金士成) 의병장이 거느린 2천여 명의 민군이 양성(陽城)의 일본군을 토멸하고 관아(官衙)를 접수하였으며, 17일에는 양주(楊州)에서 전투를 하고, 19일에는 김수민(金洙敏) 의병장이 거느린 2천 명의 민군이 적성(積城)의 일본군을 격멸하고 관아(官衙)를 접수하였다. 또한 김광희(金光喜) 의병장과 김광준(金光浚) 의병장이 거느린 2천여 명의 민군이 광주(廣州)의 일본군을 토벌하여 관아(官衙)를 접수하였다. 20일에는 포천(抱川)과 파주(坡州)에서 크게 전투하여 승리하였으며, 22일에는 진천(鎭川)에서, 24일에는 문산포(文山浦)에서 전투하여 왜군을 격파하였다. 25일에는 개성(開城)과 삭녕(朔寧), 영월(寧越)에서 동시에 토벌작전을 전개하여 대파하였는데, 삭녕에서는 26일까지 계속 싸웠다. 그리고 27일은 통진(通津)의 왜군을 토멸하였다.

토벌지역을 해상과 제주도에까지 넓힌 호영양남민군은 지리산에서 난공불락의 요새를 철통같이 지키며 탁월한 지략과 덕망으로 독립전선을 총지휘하는 김동식 장군의 영웅적 전략전술에 따라 춘계 대토벌작전을 성공리에 전개하여, 우리 독립전쟁사에 빛나는 조직력을 과시했다.

전라북도는 이원오(李元五) 의병장과 문태서(文太西) 의병장이 익산(益山), 함열(咸悅), 임피(臨陂), 김제(金堤) 지방에서 소탕작전을 전개하였고, 전북의병장 이석용(李錫庸) 장군과 정성현(鄭聖鉉) 의병장은 임실(任實), 순창(淳昌), 남원(南原)지방에서 토벌작전을 전개하였다. 또 양윤숙(楊允淑) 의병장과 신보현(申補玄) 의병장은 정읍(井邑)과 장성(長城), 순창(淳昌)지방에서, 그리고 박춘화(朴春化) 의병장과 이성화(李成化) 의병장은 고부(古阜)지역에서, 김경삼(金京三) 의병장과 최사영(崔士

永) 의병장은 태인(泰仁)과 임실(任實), 장수(長水) 일대에서 일본군 소탕작전을 전개하였다.

전라남도는 심남일(沈南一) 장군이 남평(南平), 영암(靈岩), 보성(寶城)지역의 일본군을 토벌하고, 전해산(全海山) 장군은 영광(靈光) 불갑산(佛甲山)을 근거지로 하여 영광, 함평(咸平), 장성(長城), 고창(高敞), 무장(茂長)지역의 일본군을 소탕하였다. 조경환(曹京煥) 의병장과 박민홍(朴珉洪) 의병장은 나주(羅州), 함평(咸平)지역에서, 그리고 강무경(姜武京) 의병장과 안계홍(安桂洪) 의병장 및 임창모(林昌模) 의병장은 영암(靈岩), 장흥(長興), 보성(寶城), 복내장(福內場)지방에서 웅거하였다. 이에 또한 김동식 장군은 그 아들 김봉환(金鳳煥) 의병장에게 4천여 명의 정예부대를 편성케 하여 구례(求禮), 곡성(谷城), 순천(順天), 하동(河東), 동복(同福) 일대를 소탕케 하니, 전라 남북도 재가 민군이 2십만에 가깝고 정병은 5만에 이르러 완전히 민군의 천하가 되었다.

3월 1일부터 김제(金堤)의 일본군을 토벌하기 시작하여 2일에는 강진(康津)의 왜적을 토멸하고, 3일에는 장성(長城), 곡성(谷城), 영광(靈光)에서 동시에 일본군을 소탕하였으며, 4일에는 능주(綾州), 장성(長城), 순천(順天), 월평(月坪)에서 일제히 일본군을 토벌하여 무수한 적군을 사살하였다.

또 6일에는 영광(靈光)에서 일본군 증원부대와 종일 전투하고, 7일에는 낙안(樂安), 흥양(興陽), 해남(海南), 벌교(筏橋), 흥덕(興德) 5개 지역에서 일제히 일본군 소탕작전을 전개하여 큰 전과를 올렸으며, 8일에는 다시 영광(靈光)에서 일본군 증원부대를 격파하였다. 9일에는 광주(光州)와 순창(淳昌)에서 전투하여 승리하고, 10일에는 경남 안의(安義)의 일본군을 격멸하였으며, 11일에는 동복(同福), 나주(羅州), 영광(靈光)에서 왜적을 토벌하였다. 13일 다시 광주(光州), 남평(南平) 그리고 합천(陜川)에서 크게 싸웠는데, 합천에서는 다음날까지 계속 전투하여 승리하였다. 14일 또 동복(同福)과 태인(泰仁)에서 일본군을 토벌하고, 15일에는 또다시 영광(靈光)과 장성(長城)에서 크게 전투하였는데, 장성에서는 19일까지 연일 전투하여 대승을 거두었다. 18일에는 해남(海南)에서, 19일에는 다시 나주(羅州)에서 왜적을 격파하고, 20일에는 또다시 영광(靈光), 곡성(谷城) 동리산(桐裏山)과 광천(廣川)에서 일본군을 격멸하였다.

22일에는 다시 태인(泰仁)에서 전투하고, 23일에는 고산(高山)의 왜적을 소탕하였으며, 24일에는 순천(順天) 선암사(仙岩寺) 계곡에서 일본군을 요격하였다. 25일에는 또 강진(康津)과 고창(高敞)의 일본군을 토벌하고, 28일에는 석실장(石實場)과 창평(昌平)에서 왜군을 격파하였으며, 29일에는 함평(咸平)의 왜적을 완전히 소탕하였다.

이와 같이 민군의 사기가 충천하여 연전연승하였으니, 정대홍(鄭大洪) 의병장과 정대인(鄭大仁) 의병장, 양상기(梁相基) 의병장, 강현수(姜鉉秀) 의병장, 안계원(安桂源) 의병장 등은 각기 수백 명씩의 민군을 거느리고 배를 타고 다니며 해안지대의 일본군을 토벌하였고, 또 유종환(兪鍾煥) 의병장은 전남지역에서 새로 의병을 모집하여 독립전쟁의 기치를 높이 들었다.

경상북도민군은 2일 울진(蔚珍)에서 일본군을 토벌하고, 7일부터 11일까지 순흥(順興)에서 일본군과 계속 싸웠으며, 12일에는 흥해(興海)의 왜적을 토벌하였다. 그리고 20일에는 교남 창의대장 신돌석(申乭石) 장군이 태백산과 소백산 사이에서 의병을 다시 일으켜 독립전쟁의 전열을 다시 가다듬어 24일부터 27일까지 순흥(順興)의 일본군을 계속 공격하였다.

황해도민군은 9일 사리원(沙里院)의 왜적을 토벌하고, 28일 곡산(谷山)에서 일본군을 토벌하였다.

평안도민군은 10일에 개천(价川)의 일본군을 격멸하고, 다음날인 11일에는 은산(殷山)의 일본군을 토벌하였다.

함경도민군은 1일 영흥(永興)에서 일본군을 토벌하고, 22일에는 정평(定平)에서 왜군을 소탕하였다.

그리고 3월 중순부터 최군심(崔君心) 의병장이 간도(間島)에서 독립군을 모집하여 독립전쟁의 깃발을 높이 세웠다.

융희 3년 4월이 되었다. 일본은 우리나라 전국의 지도를 만들어 3구역으로 나누고 의병(義兵)이 있는 곳과 없는 곳을 기록하여 밀정을 투입하였다.

이용직(李容稙)이 관광단(觀光團)으로 일본에 가서 일본정부에 항의서를 보내 일본의 부도덕한 대한정책을 통렬히 공격하였으니 그 내용은, 첫째 한국인을 일본군으로 징용하여 의병을 습격하게 하는 부도덕한 행위를 중지할 것, 둘째 헌병보조원제도를 철폐할 것, 셋째 동양척식회사를 폐지할 것, 넷째 한국내의 일본관리를 도태할 것, 다섯째 한국관리로 하여금 우리나라 세금을 징수하게 할 것 등이었다. 이에 일본인이 관광단에게 한일연방국(聯邦國) 안을 문의함에 이용직이 즉각 부당성을 지적했다.

태황제(太皇帝 : 高宗)가 13도민군의 군수물자를 지원하고자 비밀리에 서울의 선비 이도표(李道杓)에게 태황제새서(太皇帝璽書)를 내리고, 상해(上海)로 가서 민영익(閔泳翊), 이윤재(李允在), 현상건(玄尙健)과 몰래 만날 것을 명하였다. 고종이 내린 밀서에는 우리나라에서 의병전쟁이 날로 치열한 시기를 이용해서 의사(義士)를 규합하여 국내로 돌아와 왜적을 토멸하

되, 민영익은 고종(高宗) 28년과 29년에 보낸 홍삼(紅蔘)값 은
(銀) 80만 환(圜)을 처분하고 이윤재는 그 숙부 민용익이 상해
노청은행(上海露淸銀行)에 보관하고 있는 국고금 21만 환을 처
분하여 독립전쟁의 자금으로 사용하라는 내용이 들어 있었다.
그러나 밀서를 가지고 서울 남대문에서 기차를 타고 인천항으
로 향하던 이도표는, 곧 일본순경에게 체포당하여 7일 재판소
에 구속되었다. 일본 통감부는 그 새서(璽書)를 위조라고 공표
하여 사건을 축소, 은폐하였다.

  경기·강원·충청도민군은 계속 일본군의 전력을 탐색하면
서 자칭 통감부를 토벌할 기회를 찾았으니, 4일에는 보령(保
寧)과 문산(汶山) 파평산(坡平山)에서 전투하고, 5일에는 인제
(麟蹄)의 왜군을 격파하였으며, 6일에는 횡성(橫城)과 경기 주
포(周浦)에서 동시에 왜적을 토멸하였다. 7일에는 파주(坡州)와
가평(加平) 그리고 양주(楊州) 퇴계원(退溪院)에서 동시에 일본
군을 토벌하였는데, 파주에서는 관아(官衙)를 접수하였다. 9일
에는 강원도 지포(芝浦)에서 전투를 벌이고, 11일에는 다시 퇴
계원에서 크게 싸워 승리하였다. 12일에는 음성(陰城)의 왜적
을 박멸하고, 14일에는 양구(楊口)에서, 15일에는 홍천(洪川)에
서 그리고 16일에는 영월(寧越)에서 전투를 벌였다.

  17일에는 경기 풍덕(豊德)에서 일본군을 토벌하고, 패주하는
일본군을 다수 생포하여 목베었다. 19일에는 고양(高陽)과 음
성(陰城)에서 동시에 토벌작전을 수행했다. 20일에는 삭녕(朔
寧)과 포천(抱川) 그리고 홍천(洪川)에서 크게 싸워 많은 전과
를 올렸고, 22일에는 강원도 회양(淮陽)과 북창(北倉)에서 전투
하를 벌였으며, 23일에는 다시 포천(抱川)과 영평(永平)에서 일
본군 증원부대를 격파했다. 이후 영평(永平)에서는 27일까지
연일 싸워 승리하였고, 24일에는 한봉룡(韓鳳龍) 의병장이 거

느린 2천여 명의 민군이 청주(清州)의 일본군을 토벌하였으며, 같은 날 또 과천(果川)의 왜군을 소탕하였다. 25일에는 다시 포천(抱川)과 보은(報恩)에서 왜군을 격파하고, 26일에는 충주(忠州)와 경기도 구화장(九化場)에서 토벌을 전개하였으며, 29일에는 충남 남포(藍浦)의 왜적을 격멸하였다.

그러나 호서의병대장 이강년(李康秊) 장군이 순국한 이래로 남은 민군 5,000여 명을 거느리고 연일 일본군을 토벌하던 김규항(金圭恒) 의병장이, 서울의 일본군을 토벌하기 위하여 그 허실을 직접 정찰하다 서울에서 일본순경에게 포로로 잡힌 뒤 3년형을 선고받고, 또 이미 포로로 잡힌 김현국(金顯國) 의병장이 경옥(京獄)에서 살해당하는 불행이 있었다.

호영양남민군은 김동식 장군이 지리산을 철벽수비하면서 일본군 남부수비관구 사령관 도변(渡邊) 소장이 지휘하는 17기병연대를 신묘한 전략전술로 완전히 궤멸상태로 만들어버렸다. 또한 3월에 이어 4월에도 계속 일본군을 소탕하였으니, 마치 활화산이 폭발하듯 독립해방의 열기가 남한에 진동하였다.

1일에는 고부(古阜) 줄포(茁浦)에서 전투가 시작되었으며, 2일에는 곡성(谷城)과 순천(順天)에서 일본군을 박멸하였고, 3일에는 나주(羅州)의 왜군을 토벌하였다. 일본군에게 한순간도 숨쉴 틈을 주지 않고 계속 벌떼작전으로 진격하니, 5일에는 흥양(興陽)과 영광(靈光)의 왜군을 토벌하고, 6일에는 해남(海南)과 장성(長城) 그리고 경남 고성(固城)의 일본군을 격멸하였다. 7일에는 박포대(朴抱大) 의병장과 전해산(全海山) 의병장이 무장(茂長)의 일본군을 토벌하여 관아(官衙)를 접수하였고, 8일에는 능주(綾州)의 왜적을 토벌하여 도주하는 일본군을 사로잡아 10여 명을 참수했다. 11일에는 전주(全州)와 순창(淳昌)의 일본군을 토벌하여 승리하고, 12일에는 다시 장성(長城)의 왜군을 격파하였으며, 13일에는 경남 거창(居昌) 웅양(熊陽)에서 전투하였다.

14일에는 700여 명의 민군이 함평(咸平)의 왜적을 토벌하고, 또 1천여 명의 민군은 영광(靈光)에서 종일 일본군을 협공했으며, 1천여 명의 민군이 남원(南原)의 일본군을 토벌하여 모두 승리하였다. 15일에는 다시 고부(古阜)에서 전투가 벌어졌고, 16일에는 영암(靈岩)과 홍양(興陽)에서 동시에 토벌하였으며, 19일에는 재가민군(在家民軍)까지 수만 명의 병력을 동원하여 나주(羅州) 고막원(古幕院), 고부(古阜), 영광(靈光), 홍양(興陽), 순창(淳昌), 장성(長城) 등 6개 지역에서 토벌작전을 일제히 전개하니, 피아간에 포성이 우레와 같고 초연히 산하에 자욱하여 날이 침침하였다. 20일은 순천(順天) 쌍암장(雙岩場)과 임실(任實) 오수역(獒樹驛) 그리고 영광(靈光)에서 왜군을 격파하고, 21일에는 무주(茂朱)의 일본군을 소탕하였다.

22일부터 23일까지 태인(泰仁)에서 격렬하게 전투하여 일본군 증원부대를 격파하고, 24일에는 전남 무안군 지도(智島)에서 일본군을 소탕하였다. 25일에는 만경(萬頃)과 곡성(谷城) 그리고 거창(居昌)의 일본군을 토멸하고, 26일에는 전주(全州), 목포(木浦), 진안(鎭安) 삼향장(三鄕場)에서 동시에 일본군을 토벌하여 대승하였다. 지칠 줄 모르는 독립전선의 용사들은 백전백승의 신화를 창조하면서 27일에는 또 영광(靈光)과 해남(海南)에서 토벌작전을 전개하고, 28일에는 다시 목포(木浦)의 일본군 증원부대를 격파하였으며, 29일에는 강진(康津)의 월정장(月亭場)에서, 30일에는 또다시 전주(全州)의 일본군을 토벌하여 승리하니, 일본군은 완전히 전의를 상실하고 도주할 길만 찾는 오합지졸이 되고 말았다.

교남창의대장 신돌석 장군이 지휘하는 경상북도민군은 7일

과 8일 봉화(奉化)의 일본군을 토벌하여 개가를 올리고, 20일
부터 27일까지 순흥(順興)의 일본군을 협공하여 격렬하게 연일
싸워서 큰 전과를 얻었다.

　연기우(延基禹) 의병장이 활약한 황해도민군은 17일 금천(金
川)의 일본군을 토벌하여 관아(官衙)를 접수하였고, 평안도민
군은 21일에 강동(江東)의 일본군을 토벌하였으며, 26일에는
삼등(三登)에서 크게 싸워 승리하였다. 이외에 30일에는 학령
(鶴嶺)에서도 전투가 있었다. 이 땅이 뉘 땅인데 어찌 일본군
이 날뛰게 할 것이냐고 굳세게 다짐한 우리 13도민군 앞에 일
본군은 초개처럼 쓰러지고 말았으니, 이것은 한국의 정의로운
선비정신을 유감없이 발양하고 일본 무사도(武士道)정신의 불
인(不仁), 불의(不義)한 속성을 여지없이 폭로한 일대 사건이었
다.

14. 상생을 거부하고 공멸로 가는 일본

서구의 열강세력이 동양으로 침략해 오는 국제정세 속에서 한·청·일이 협력하여 동양의 도덕윤리와 서양의 과학기술을 접합시킴으로써 동양의 평화를 지키고 나아가 인류문화발전에 기여할 수 있다고 그토록 호소했고, 마침내 동방예의를 자랑하던 산림학자양반과 유생(儒生) 그리고 민중이 피끓는 목숨을 바쳐 오로지 우리나라의 독립만이 아시아가 공생공영(共生共榮)의 길임을 경고하였으나, 일본정부는 추호도 반성함이 없이 더욱 잔인하고 포악한 방법으로 정의의 함성을 억누르고 아시아 공멸의 길로 치닫기만 했다.

일본군 한국침략사령부는 천만뜻밖에도 한국의 불량배를 모아서 정탐군(偵探軍)을 조직하였으니 보통정탐, 고등정탐, 전문정탐, 임시정탐, 상비정탐, 장발정탐(長髮偵探), 단발정탐(斷髮偵探), 아동정탐, 여인정탐(女人偵探), 구무정탐(構誣偵探) 등등, 그 실체를 헤아릴 수 없을 정도로 무수한 무리를 매수하여 우리 민군이 활동하는 지역에 집중적으로 투입하여 그 정보를 샅샅이 입수하였다. 이로 말미암아 윤리도덕을 숭상하고 명예와 신의를 존중하던 우리 사회는 하루아침에 사람을 의심하는 불신사회로 전락하고 말았다.

그러고도 모자라 우민정책(愚民政策)을 시행하여 『동국사략

(東國史略)』, 『유년필독(幼年必讀)』, 『월남망국사(越南亡國史)』 등의 책을 판매금지시키고, 또 인쇄법을 제정하여 허가없이는 어떤 출판을 못하게 만들었다. 이것은 결국 우리 민족을 어리석은 노예로 길들여서 개나 매처럼 사냥의 도구로 이용하려는 저의였다.

우리나라의 주권을 강탈하고 민족의 정신을 말살하는 전대미문의 악독한 일본의 식민지정책은, 아름다운 동방예의를 파괴하고 희망의 아시아를 파멸의 불행으로 몰아가는 슬픈 장송곡이었다.

13도민군은 완악한 일본의 한국침략정책에 극도로 분개하면서 일본군 토벌작전을 계속 전개하였다. 가급적 일본의 정탐군에게 노출되지 않기 위하여 13도민군의 핵심 지도부의 행적을 숨기고 병력을 감추어 최소한의 필요한 병력만으로 신속하게 작전을 수행하였다. 대장이 죽으면 부장이 대장이 되어 싸우고, 병졸이 흩어지면 다시 태극기를 높이 들고 의병을 모집하였다.

경기·강원·충청도민군은 백전백승의 명장을 무수히 배출하여 혁혁한 전과를 연일 세웠으니 연기우(延基羽) 의병장, 김수민(金洙敏) 의병장, 하상태(河相兌) 의병장, 이진룡(李鎭龍) 의병장, 한정만(韓貞萬) 의병장, 이인순(李仁淳) 의병장, 정용대(鄭用大) 의병장은 서로 연합하여 공동전선을 형성하면서 동쪽으로 철원(鐵原)과 평강(平康)으로부터 서쪽으로 평산(平山)과 배천(白川)에 이르기까지 3도(道)를 왕래하면서 일본군을 소탕하였고, 경기도민군의 유학근(兪鶴根) 의병장, 안상근(安商根) 의병장, 조량서(趙良瑞) 의병장, 김연희(金淵熙) 의병장은 서로 결사동맹(決死同盟)을 맺고 의병을 증모하여 영평(永平)과 포

천(抱川)에서 일본군을 토멸하였다. 또 정용대(鄭用大) 의병장
은 서울의 각국 영사관에 한국의 독립전쟁에 지원을 요청하는
격문(檄文)을 전했다.

6일에 부여(扶餘)의 왜군을 토벌하기 시작하여 9일부터 11일
까지 포천(抱川)에서 일본군을 토벌하였고, 12일에는 원주(原
州)의 일본군을 격파하였으며, 14일에는 풍덕(豊德)과 청양(靑
陽), 15일에는 당진(唐津)의 왜적을 토멸하였다. 19일에는 화천
(華川)과 강원도 율실리(栗實里)에서 크게 전투를 벌이고, 20일
에는 단양(丹陽)의 왜군을 토벌하였다. 그리고 25일에는 수백
명의 민군이 청풍(淸風)에서 일본군을 토멸하였다. 그러나 5월
의 전투에서 일본 정탐군의 침투로 많은 손실을 입었으니, 경
기도민군의 김성균(金聖均) 의병장과 서우삼(徐禹三) 의병장이
포로로 잡혔고, 또 김준식(金俊植) 의병장과 서만삼(徐萬三) 의
병장이 포로로 잡혔다. 연기우(延基羽) 의병장의 동생 연창수
(延昌壽) 의병은 포로로 잡힌 뒤 살해당했다. 일본군은 이미
포로로 잡힌 이은찬(李殷贊) 장군을 재판 없이 경옥(京獄 : 서
대문감옥)에서 살해하니, 성천(成川)과 정선(旌善), 영월(寧越)
지역에 계란만한 우박이 쏟아졌고, 일본 문사(門司)와 복강(福
岡)지방에도 큰 우박이 쏟아졌다.

호영양남민군의 지도자 김동식 장군과 호남의병대장 문태수
장군, 전북의병대장 이석용 장군, 전남의 심남일 의병장, 전해
산 의병장이 일사불란 전도민의 협력 속에 연일 일본군을 토
벌한 호영양남민군은 대대적인 하계작전을 계속 전개하였다.

5월 1일부터 능주(綾州), 장성(長城), 태인(泰仁)에서 일본군
을 토벌하기 시작하여, 4일에는 나산(羅山)과 순창(淳昌)의 왜
적을 토멸하고, 5일에는 영산포(榮山浦)와 임실(任實), 전북 갈
담(葛潭)에서 크게 전투하여 타격을 주었다. 8일에는 수백 명

이 장수(長水)와 거문도(巨文島), 장계(長溪)의 일본군을 토벌하였는데, 장계에서 박춘실(朴春實) 의병장이 포로로 잡히는 불행을 당했다.

9일에는 진주(晋州)와 고부(古阜)에서 일본군을 토벌하고, 11일에는 전북 천원역(川原驛)에서 왜적을 소탕하였으며, 12일에는 강진(康津)과 나주(羅州), 전남 병영(兵營)의 일본군을 토벌하여 큰 전과를 얻었다. 13일에는 전북 중계(中溪)의 왜적을 토멸하고, 14일에는 순천(順天)의 일본군을 토벌하였다.

17일에는 담양(潭陽)과 완도(莞島)의 왜군을 토벌하였는데, 완도에서는 관아(官衙)를 접수하였다. 18일에는 보성(寶城)의 왜군을 토벌하였고, 19일에는 광주(光州)와 태인(泰仁)의 일본군을 토벌하였으며, 20일에는 무장(茂長)과 장성(長城), 완도(莞島), 전남 사창(社倉)에서 격렬하게 전투하여 승리하였다. 22일에는 전남 보암장(寶岩場)에서 전투를 벌이고, 24일에는 능주(綾州)의 일본군을 토벌하였으며, 25일에는 보성(寶城)과 전남 사가점(四街店)에서 전투하였다. 같은 날 호남의병장 문태수(文泰洙) 장군은 직접 1천여 명의 정병을 거느리고 무주(茂朱)에서 일본군을 대파하였다. 29일에는 전북 월성(月城)에서 전투하여 승리하였다.

경상북도민군은 신돌석 장군이 재기한 데 이어, 김상한(金商翰) 의병장이 태백산과 소백산 주변의 네 군(郡)에 근거지를 만들고 이명상(李明相)과 김상태(金相泰)를 소모장(召募將), 이춘삼(李春三)을 좌익장(左翼將), 원근선(元根善)을 우익장(右翼將), 김성부(金聖夫)를 도령장(都領將)으로 삼아 1천여 명의 부하를 거느리고 일본군을 토벌하면서 또 청풍(清風)에서 민영팔(閔永八) 의병장과 합세하였다. 5일에는 봉화(奉化)에서 일본군을 토벌하고, 10일에는 재산(才山)에서 전투를 벌였으며 18일에는 다시 재산에서 크게 싸워 이겼다.

북한의 민군은 일본 정탐군의 득세로 민군의 활동이 크게 위축당하여 거의 지하로 숨고 나타난 활동이 현저히 감소하였으니, 황해도민군은 26일 토산(兎山)의 일본군을 토벌했고, 평안도민군은 5일에는 고산(高山)에서, 14일에는 은산(殷山)에서 일본군을 토벌하였다. 함경도민군은 14일 장진(長津)에서 왜군을 토벌하였을 뿐이지만, 그 세력은 휴화산처럼 언제 활동을 개시할지 전혀 예측할 수 없는 막강한 전력을 유지하고 있어 마치 태풍전야와 같은 적막감이 감돌고 있는 형세였다.

융희 3년 6월이 되었다. 일본의 아시아 공멸(共滅)정책은 마침내 한국침략전쟁의 실패에 대한 책임을 물어 자칭 통감 이등박문을 면직하고 부통감 증미황조(曾彌荒助)로 대체하였다. 완악하고 간교한 증미황조의 계략은 귀신도 알 수 없는 까닭에, 여름의 변덕스러운 날씨처럼 앞날을 전혀 예측할 수 없는 어둡고 답답한 세월 속에 위기감만 고조되었으니 지방의 부자들은 그 재산을 지키기 위하여 서울로 모여들고, 의병과 의병의 가족들은 생명을 보존하기 위하여 심산유곡으로 찾아들었다. 그리하여 나라의 독립을 쟁취하려는 민족의 양심세력은 모두 정든 고향을 떠나 황야를 거니는 나그네로 전락해서 나라 없는 슬픔을 온몸으로 겪으며 한많은 인생을 노래했고, 친일파와 부호들은 민군의 응징을 피해 일본군이 보호하는 서울과 대도시로 서둘러 모여들어 일본에 아첨하고 세력을 부식하며 개인의 안락을 구가하니, 완전히 주객이 전도하여 애국 주체세력은 역사의 소외계층으로 전락하고 매국 종속세력은 현실의 중심계층으로 등장하는 허탈한 시국으로 변모했다.

상무조합부장(商務組合部長) 이학재(李學宰) 등이 고종 31년

갑오동학전쟁에 종군했던 상민전망자(商民戰亡者) 700여 명의 위령제를 고부(古阜) 백산(白山)에서 지냈다.

흥사단장(興士團長) 김윤식(金允植)과 김가진(金嘉鎭) 등이 대한민보(大韓民報)를 창간했다. 증미황조, 자칭 통감은 충효절의(忠孝節義)를 숭상하는 정자(程子)와 주자(朱子)의 의리정신(義理精神)을 말살하기 위하여 서울에 공자교회(孔子敎會)를 세우고, 허수아비 정부의 역신(逆臣)과 종척(宗戚)의 여러 인사를 유혹하여 어중이떠중이를 모아 아무에게나 자질구레한 법도에 순종하는 일본의 황도유학(皇道儒學)을 이식하였다. 이러한 학풍변질 시도는, 공자가 지은 『춘추(春秋)』에 의거하여 정자와 주자가 나라를 강탈하고 인민을 살해한 역적에 대한 철저한 복수론(復讐論)을 주창했던 정주학의 도통(道統)을 계승한 우리나라 유림(儒林)이 식민지 지배를 끝까지 거부했기 때문이었다.

도적이 노량진 사충사(四忠祠)의 영정을 훔쳐가서 일본 상인에게 80원(元)에 팔았고, 또 목은(牧隱)의 영정을 훔쳐다가 일본 승려에게 팔았다.

완악하고 간교한 증미황조(曾彌荒助), 자칭 통감과 교활하고 잔인한 대구보래(大久保來) 한국침략군사령관과 포악하고 거만한 서도(西島) 6사단장은, 일본정부의 지시에 따라 일찍이 고금의 전사(戰史)에 없는 극악무도한 방법으로 13도민군을 습격하기 위하여 거미줄 같은 정탐망을 늘어놓았다. 경비부대와 행동부대로 나누어 2중 3중으로 포위망을 구축하여 수비하면서, 행동부대로 포위선 안을 이잡듯이 뒤져서 의병과 주민을 가리지 않고 보는 대로 사살하고 민가는 모두 불지르는 끔찍한 만행을 저지름으로써 지역민을 아연실색케 하여 의병을 기피하도록 기도했다. 이것은 산림학자양반과 유생 의병장은 어떠한 경우에도 지역주민의 안전을 위하여 철저히 노력한다는 점을 교묘하게 역이용하는 간교한 수단이었다.

그리고 일본정부는 극비리에 육군 제1연대와 제2연대를 포함하여 5개 연대병력을 증파하기 시작하였으니, 그 가운데 2개 연대는 목포(木浦)로 침투시키고 또 2개 연대는 군산(群山)으로 침투시켰으며, 1개 연대는 대구(大丘)로 침투시켰다. 그러고도 모자라서 경찰 1천여 명과 헌병 2천여 명을 증파하여 우리나라는 일본군 천지가 되었으니, 보병이 무려 16개 연대에 기병이 1개 연대이고, 일본의 일본의 경찰 6천 명과 헌병 7천 명, 그리고 진해에는 중포부대(重砲部隊)가 있고 전남 해안에는 제11함정대(해군)가 있어 일본인이 마치 개미떼처럼 우글거렸다. 거기에 더하여 통역관, 정탐군 또 경찰의 밀정과 헌병의 보조원 등등 수만 명이 날뛰고 일진회원까지 꼭두각시로 가세하여 아름다운 우리 강토를 오랑캐의 발자국으로 더럽혔다.

결국 13도민군 원수부(元首府) 총대장이었던 이인영(李麟榮) 장군이 황간(黃澗)에서 일본 정탐군의 밀고로 대전 헌병분견소에 포로로 잡히게 되고, 의병대장 이은찬(李殷贊) 장군을 비롯하여 20여 명의 의병장이 경옥(京獄)에서 일본군에 의하여 재판 없이 살해당했다.

이에 분노한 경기도민군은 강기동(姜基東) 의병장, 남학서(南鶴瑞) 의병장, 오수영(吳壽泳) 의병장, 임명달(任明達) 의병장이 격문을 발송하여 의병을 모아 복수설치(復讐雪恥)를 맹세하였다. 6월 1일에는 양주(楊州) 월계(月溪)에서 전투를 벌여 일본군 다수를 시살하여 큰 전과를 올렸고, 5일에는 양주(楊州) 송산(松山)에 있는 일본군을 토멸하였다. 강원도민군 1천여 명은 6일 회양(淮陽)과 통천(通川)의 일본군을 토벌하여 관아(官衙)를 접수하고, 19일에는 삼척(三陟)에서 전투하였다. 그리고 27일에는 황지리(黃地里)에서 크게 싸워 이겼다. 충청도 민군은 25일에 대흥(大興)의 일본군을 토벌했고, 경기도민군은 29일에는 교하(交河)의 왜군을 토벌하고, 30일에는 영춘(永春)에서 크게 싸워 승리하였다.

호영양남민군의 지도자 김동식 장군은 각 군(郡)의 의병장에게 통문을 보내 격려하고 변화하는 적정을 알림과 동시에, 이에 대한 대책을 자체적으로 철저히 강구하여 재가 민군(在家民軍)의 신분을 가급적 노출시키지 말고, 활동부대를 소수정예 부대로 재편성하여 기민하게 토벌해서 필승의 전략을 세우도록 당부하였다.

이리하여 역전의 명장과 용사로 편성된 호남민군은 신출귀몰하면서 백전백승의 개가를 올렸으니, 6월 1일부터 고창(高敞), 장흥(長興), 전남 동창(東倉)에서 동시에 일본군을 토벌하여 기세를 돋우고, 7일에는 고부(古阜)의 왜군을 토멸하였다. 10일에는 전남의 반남장(潘南場)에서 일본군을 소탕하고, 15일에는 전남 사창(社倉)과 곡성(谷城)에서 크게 싸워 승리하였다. 18일에는 영광(靈光)에서, 19일에는 태인(泰仁)에서, 그리고 20일에는 전남 광천(廣川)에서 일본군을 토벌하였다. 24일에는 임실(任實), 남원(南原), 곡성(谷城), 흥덕(興德)에서 동시에 일제히 대대적인 토벌작전을 전개하여 무수한 왜적을 사살해서 일본군의 간담을 서늘케 하였다. 그리고 다음날 25일에는 순천(順天)과 전남 유둔장(油屯場)에서 일본군을 토벌하여 승리하였다.

27일에는 화순(和順)과 전남에는 적천장(積川場) 및 독천장(犢川場)에서 크게 싸워 이기고, 28일에는 전남 약수정(藥水亭)에서 전투를 벌였으며, 29일에는 나주(羅州)와 전북 천원(川原)에서 일본군을 토멸하였다. 그러나 전남민군의 김현길(金玄吉)

의병장이 광주(光州)의 일본군을 토벌하기 위하여 적정을 직접 탐지하다 일본 헌병에게 포로로 잡히는 불행을 당했다.

교남창의대장 신돌석 장군과 경북의병대장 김상한(金商翰) 장군이 연대한 경상북도민군은 2일에는 봉화(奉化)에서 일본군을 토벌하고, 7일에는 순흥(順興)의 왜군을 협공하여 승리하였으며, 9일에는 다시 봉화(奉化)에서 일본군 증원부대를 격파하였다. 그리고 18일에는 경북 내성(乃城)에서 크게 싸워 이겼다.

황해도민군은 15일 황주(黃州)에서 일본군을 토벌하고, 24일에는 곡산(谷山)에서 왜군을 대파하였다.

평안도민군과 함경도민군은 사태변화를 관망하며 진열을 정비하면서 토벌작전을 전개하지 않았다. 그리고 전해수(全海秀) 의병장이 동현(銅峴)에서 포로로 잡혔다.

융희 3년 7월이 되었다. 영월(寧越) 어민(漁民)이 영춘(永春) 지역의 한강 지류에서 기괴한 물고기를 잡았는데, 길이가 3척(尺)쯤이며 네 발이 달리고 머리와 꼬리는 물고기 모양이지만 온몸에 흰색의 잔털이 났다. 시골 노인들이 전하는 말에, 임진왜란 때와 병자호란 때에도 잡혀서 기어(畸魚)라고 부른다고 하였다. 작열하는 태양은 의병의 피와 땀으로 얼룩진 산하를 뜨겁게 달구건만 일본정부는 냉혈동물처럼 쌀쌀하게 외면하고 전임 통감 이등박문과 신임 통감 증미황조를 보내 마지막 병탄정책을 밀어붙였다.

이등박문과 증미황조가 서울에 들어와 나약한 임금[純宗]을 알현하니, 다음날 용렬한 임금이 통감부에 가서 이등박문의 면직을 위로하였다. 10일 악독한 이등박문과 완악한 증미황조가 역적 이완용과 박제순을 불러 두 가지 사항의 승인을 요구하였으니 하나는 통치권을 모두 일본에 위임하는 것이요, 또 하나는 유명무실한 군부(軍部)를 폐지하는 것이었다. 이에 괴뢰 내각이 각의를 열어 결정하지 못하자 이등박문이 듣고 크게 분노하여 위협하므로 이완용이 두려워하여 따르겠다고 하였다.

이리하여 이등박문은 조선 태조(太祖) 시대부터 내려온 내각 소장(內閣所藏)의 서책(書冊)을 임의로 모두 싣고 일본으로 돌아가고 자칭통감 증미황조가 통치권을 거머쥐었으니, 7월 12일 일본군 200여 명이 궁성을 포위한 가운데 역적 이완용과 완악한 증미황조가 신5협약(新五協約)을 체결하였다. 그 내용은 다음과 같다.

"한국정부와 일본정부는 한국 사법(司法) 및 감옥(監獄)사무를 개선하기 위한 뜻으로 장차 한국 신민(臣民)과 아울러 한국에 거주하는 외국 신민(臣民)의 생명과 재산 일체를 확실히 보호하고 또 한국의 재정(財政)을 공고히 하기 위한 목적으로 아래와 같은 조항을 협정한다.

1. 한국은 사법(司法) 및 감옥(監獄)사무가 완비되기 이전에는 언제까지라도 사법 및 감옥의 사무를 일본정부에 위탁한다.

2. 일본정부는 한국인이나 일본인을 막론하고 그 자격이 있는 사람을 골라서 일본재판소 및 한국관리로 임용한다.

3. 한국에 있는 일본재판소는 협약과 법령에 특별한 규정이 있는 것을 제외하고 한국인민에 대하여는 당연히 한국법을 적용한다.

4. 한국땅에 각 관청의 공무원과 관리는 각각 근무하는 직무에 따라 일본재판소의 지휘를 듣고 아울러 그 일을 도와야 한다.

5. 한국의 사법 및 감옥의 경비는 일본정부에서 부담한다.

　　이상은 각각 그 정부의 위임을 받아 한국과 일본의 문자로 2통을 작성하여 교환해서 후일 고증의 자료로 한다."

일본이 이 신5협약의 즉각 시행을 요구하여 한국 괴뢰정부는 12일 당일부로 법부(法部)를 폐지해서 사법권과 감옥사무를 일본에 위임하고, 또 군부(軍部)를 폐지하여 군부대신 역적 이병무(李秉武)가 시종무관장(侍從武官長)으로 격하되어 유명무실한 친위부(親衛府)를 관장하였다.

함경도와 평안도 그리고 경기와 경남 동부지방에 대홍수가 나서 민가 700호가 유실되고 일본인 가옥도 50여 호가 떠내려 갔으며, 함경남도에는 또 메뚜기떼가 나타나서 새해가 극심했다. 일본 대판(大坂)에서는 화재가 나서 1천여 호가 소실되었고, 청(淸)나라 감숙성(甘肅省)에는 3년 동안 가뭄으로 기근이 들었으며, 미국에도 대홍수가 났다.

나인영(羅寅永)과 오기호(吳基鎬) 등이 서울에 단군교(檀君教)를 창립하였다. 이에 일본은 윤택영(尹澤榮)과 이재극(李載克) 등을 사주하여 단군(檀君)과 일본의 천조대신(天照大神)은 형제라고 주장케 하며 신궁(神宮)을 세우고 교회(敎會)를 열었다. 전 호남의병대장 면암(勉菴) 최익현(崔益鉉) 선생의 제자들이 문집(文集)을 간행하니, 일본군이 듣고 포위하여 수색해서 그 상소문과 일본을 성토하는 내용을 모두 강탈해 갔기 때문에 배포하지 못했다.

경기·강원·충청도민군은 1일에 삭녕(朔寧)의 일본군을 토벌하고, 2일에는 강원도 황지리(黃地里)와 정선 이림리(泥林里)에서 크게 싸워 승리하였다. 5일에는 보은(報恩)에서 일본군을 토멸하고, 7일에는 강원도 임계(臨溪)에서 전투하여 격파하였다. 12일에는 교하(交河)의 일본군을 토벌하여 관아(官衙)를 접수했고, 14일에는 파주(坡州)에서 크게 싸워 승리하였다.

　호영양남민군의 지도자 김동식 장군의 주도면밀한 지휘로 지리산을 굳게 지킨 호남민군은, 의연히 호남의병대장 문태수 장군과 전북의병대장 이석용 장군 그리고 전남민군의 심남일 의병장과 전해산 의병장이 연합하여 전체 도민(道民)과 혼연일체가 되어 독립전쟁의 주도권을 쥐고 우세한 토벌작전을 계속하였다.

　7월 1일 영광과 순천 쌍암장(雙岩場)에서 일본군을 토벌하기 시작하여, 2일에는 순창(淳昌)과 전북 천원(川原) 및 사창(社倉)에서 동시에 일제히 왜군을 토벌하여 통쾌하게 승리하였다. 4일부터 8일까지는 나주(羅州)에서 연일 전투하여 일본군을 무수히 사살하고, 7일에는 장성(長城)에서, 8일에는 흥양(興陽)과 해남(海南), 영광(靈光)에서 일제히 왜적을 토벌하여 기세를 떨쳤다. 해남에서는 9일까지 전투를 계속하였으며, 9일에는 또 전남 보암장(寶岩場)에서 왜적을 토멸하였다. 같은 날 황중옥(黃重玉) 의병장은 1천여 명의 민군을 거느리고 지리산으로 들어가 김동식 장군의 부대와 합류하였고, 또한 기춘호(奇春浩) 의병장은 1천여 명의 민군을 거느리고 순창(淳昌)의 산 속으로 들어갔다. 그러나 호남민군의 조성팔(趙成八) 의병장이 변산(邊山)지역에서 토벌을 전개하여 많은 일본군을 사살한 뒤 임피(臨陂)전투에서 포로로 잡혔고, 이주호(李周鎬) 의병장도 포로가 되었으며, 또 이원오(李元五) 의병장과 김동수(金東洙) 의병장이 부하 3명과 함께 광주(光州)에서 포로로 잡히는 불행을 당했다.

　그러나 호영양남민군은 추호도 흔들림이 없이 독립전쟁을 계속했으니, 18일에는 동복(同福)과 원촌(院村)에서 동시에 토벌작전을 전개하고, 19일에는 보성(寶城)과 곡성(谷城)에서 일제히 일본군을 격멸하였다. 20일에는 또다시 동복(同福)에서

일본군 증원부대를 격파하여 큰 전과를 올렸고, 22일에는 하동
(河東)의 일본군을 격멸하였다. 25일에는 거문도(巨文島)와 석
보장(石寶場)의 왜적을 토벌하고, 26일에는 사가도(四街道), 28
일에는 영광(靈光), 30일과 31일은 나주(羅州)에서 연일 전투하
여 승리하였으며, 31일에는 또 무안(務安)의 일본군을 토벌하
였다.

교남창의대장 신돌석 장군과 경북의병대장 김상한 장군은
전투역량을 비축하면서 독립전선의 전열을 가다듬었으니, 1일
에는 지례(知禮)와 김천(金泉)에서 일본군을 토벌하고 3일에는
영양(英陽)의 왜군을 격멸하였다. 5일에는 봉화(奉化)의 왜적을
토멸하고, 8일에는 풍기(豊基)에서 일본군을 협공하여 종일 싸
워 이겼다. 그리고 10일에는 진보(眞寶)에서 일본군을 토벌하
고, 29일에는 다시 풍기(豊基)의 왜군을 토벌하여 승리하여 기
세를 드날렸다.

황해도민군은 17일 곡산(谷山)에서 일본군을 토벌하여 승리
하고, 31일 다시 곡산(谷山)의 왜군을 격멸하였다. 평안도민군
과 함경도민군은 홍수와 메뚜기떼의 피해가 커서 활동을 중지
하였는데, 15일에는 오류동(五柳洞)에서 전투가 있었다. 이때
청(淸)나라와 일본이 간도(間島)에서 군사적 마찰이 있어 양국
의 군대가 간도로 모여들었으므로 우리 독립군의 활동에 장애
가 많았다.

융희 3년 8월이 되었다. 지난달 한일신5협약을 체결한 뒤로
민심이 동요하니 역적 이완용이 각 도에 시찰원을 파견하여
정찰케 하였는데 먼저 정만조(鄭萬朝)를 전라선유사(全羅宣喩
使)로 임명하였다. 정만조가 일본경찰을 대동하고 광주(光州)
에 이르러 시민대회를 열고, "황태자(皇太子)가 영명(英明)하여

바야흐로 일본에 유학하고 있으니 국가를 중흥할 희망이 멀지 않으므로 서민대중은 안심하고 직업에 종사하여 태평시대가 되기를 기다려야 한다.”고 회유하자 만장의 청중이 입술을 삐죽이며 돌아가 버렸다. 이에 정만조가 매우 무료하게 있다가 곧 숨어서 서울로 귀환했고, 또 고희준(高羲駿)이 국시유세단(國是游說團)을 창설하여 서민대중은 일본인에게 저항하지 말고 함께 나아가 개명(開明)하자고 권유하였다.

일본이 처음 침략하였을 때에 서울의 인구가 19만이었는데, 그 동안 4만 명이 생계가 어려워 지방과 해외로 떠나고 현재 15만 명으로 조사되었다. 또한 전국에서 사립학교 설립을 신청한 것이 2,560개교로 집계되었으며, 지금까지의 국채(國債) 총액은 38,870,973원(元)으로 증가했다.

근년에 없었던 혹심한 더위 속에 일본인 8월 13일 우리 13도민군 원수부(元首府) 총대장 이인영(李麟榮) 장군을 서대문 감옥에서 살해하니, 경옥(京獄 : 서대문감옥소) 아래 천연정(天然亭)의 연지(蓮池)에 연꽃은 자고로 홍련(紅蓮)이었는데 홀연히 백련(白蓮) 세 송이가 피었다. 이에 사람들이 이인영, 허위, 이강년 세 장군의 죽음을 애도한 꽃이라고 탄식하였다.

함경북도와 경상북도에 대홍수가 났고, 또 평안북도에서는 메뚜기떼가 일어났으며, 평안남도에 수재가 나서 가옥 4천여 호가 침수유실되고 279명이 익사했다. 일본에는 연일 지진이 일어나서 대판(大坂) 화약고와 문사(門司) 탄광이 폭발하였다.

일본은 호남의병을 포위습격하기 위하여 지리산을 중심으로 북으로는 진안(珍安)·금산(錦山)·김제(金堤)·만경(萬頃), 동으로는 진주(晋州)·하동(河東), 남으로는 목포(木浦)로부터 사방에서 그물처럼 포위하고 순찰대를 파견하여 촌락을 수색하면서 집집마다 빗질을 하듯이 조사하였는데, 조금이라도 재가

민군(在家民軍)으로 의심되면 문득 도륙을 하였다. 이에 행인이 자연히 없으므로 이웃 마을과도 교통할 수 없게 되었다. 그리하여 의병이 삼삼오오 사방으로 흩어져도 숨을 곳이 없는 까닭에 용감한 부대는 결사전으로 대항하며 격퇴하고, 약한 부대는 기습당하여 일본군이 현장에서 모두 목을 베어 잔인하게 죽였다.

호영양남민군의 지도자 김동식 장군은 이러한 절박한 상황에서 승패와 생사를 생각지 말고 용왕분전하라고 독려하였다. 정의는 불의에 굴복해서는 안 되므로 필사의 투혼을 발휘하여 장열한 투쟁을 계속하면 최후의 승리는 우리의 것이라고 거듭 역설하였다.

그리하여 호영양남민군은 3일 전남 월정장(月亭場)에서 전투하고, 4일에는 남원(南原)과 보성(寶城)에서 일본군을 토벌하여 민군의 사기를 드높였으며, 6일에는 전남 성전장(星田場)에서, 7일에는 경남 의령(宜寧)의 일본군을 토벌하였다. 8일과 9일은 장성(長城)에서 연일 격렬하게 전투하여 승리하고, 11일에는 다시 남원(南原)과 낙안(樂安)에서 일본군을 토멸하였다. 12일 다시 보성(寶城)에서 일본군 증원부대를 격파하였으며, 13일에는 순창(淳昌), 14일에는 남평(南平)과 고부(古阜)의 왜군을 소탕하였으며, 15일에는 1천여 명의 민군이 광주(光州)에서 일본군을 토벌하여 큰 전과를 올렸다. 그리고 18일에는 능주(綾州)에서 크게 싸워 이겼으며, 21일에는 하동(河東)의 일본군을 토벌하여 격파하였다. 그러나 고제홍(高濟弘) 의병장이 포로로 잡히는 불운이 일어났다. 26일에는 무장(茂長)에서 크게 싸워 승리하였다.

경기·강원·충청도민군은 필승의 투지로 폭염 속에서도 토벌을 계속하였으니, 정용대(鄭容大) 의병장은 수백 명의 민군을 이끌고 북한산성으로 들어가 삼각산과 도봉산을 넘나들며 서울 동서에서 일본군을 타격하고, 연기우(延基羽) 의병장은 1천여 명의 민군을 거느리고 철원(鐵原)과 연천(連川)지역의 일본군을 토벌하였다. 4일 1천여 명의 민군이 충청도 석성(石城)에서 일본군을 토벌하고, 6일에는 양주(楊州) 퇴계원(退溪院)에서 일본군을 대파하였다. 11일에는 강원도 진부(珍富)에서 크게 싸워 이기고, 12일에는 춘천(春川)의 일본군을 토벌하여 큰 전과를 올렸다. 15일에는 양주(楊州) 갈마동(渴馬洞)전투에서 대첩하여 일본군 30여 명을 참하고, 16일 용두동(龍頭洞)에서 회전하였다. 21일은 경기도 양합리(兩合里)에서 일본군을 격파하고, 22일에는 김영준(金永俊) 의병장이 거느린 1천여 명의 민군이 강원도 이천(伊川)에서 일본군을 토벌하였다. 또 평창(平昌)에서도 전투하였으며, 31일 김억백(金億百) 의병장이 거느린 민군이 평강(平康)의 왜군을 토벌하였다. 그러나 불행하게도 경기도민군의 김수순(金洙順) 의병장이 전선에서 부하 2명과 함께 포로로 잡혔다.

경상북도민군은 신돌석 장군과 김상한 의병장이 연합하여 봉화(奉化)와 안동(安東) 지역에서 10여 회의 전투를 하면서 11일 영양(英陽)에서 일본군을 토벌하고, 13일 청하(淸河)에서 왜군을 격파하였으며, 14일에는 봉화(奉化)의 왜적을 토멸하였다.

황해도민군은 11일 기린장(麒麟場)에서 전투하고, 13일에는 평산(平山)과 서흥(瑞興)에서 동시에 일본군을 토벌하여 기세를 올렸다. 14일에는 공태원(孔泰元) 의병장과 윤기태(尹基台) 의병장이 거느린 1천여 명의 민군이 해주(海州)의 일본군을 토벌하여 대승하였다. 그리고 17일에는 탁영대(濯纓臺)에서 왜적을 격파하고, 21일 다시 평산(平山)의 왜군을 토벌하였다.

함경도민군과 평안도민군의 일부가 압록강과 두만강을 건너서 간도(間島)로 들어가, 유인석(柳麟錫)·이범윤(李範允)·이범진(李範晉) 장군의 부대와 서로 연대하여 일본 헌병대원을 매일 처단하였으며, 또 함경도민군 김정식(金正植) 의병장은 수백 명의 정병을 이끌고 안변(安邊)의 일본군을 토벌하여 관아(官衙)를 접수하였다.

융희 3년 9월에 일본이 간도사건(間島事件)으로 청일협약을 체결하여 간도(間島)의 우리 영토를 청나라에 넘겨주고 토문강(土們江)을 한·청의 경계로 정했다. 또 일본은 전비를 충당하기 위하여 온갖 방법을 다 동원해서 세금을 징수하였으니, 고종(高宗) 32년(1895년)의 세입총액이 4,809,410원(元)에 조세액(租稅額)이 2,268,033원이던 것이, 지금에 이르러서는 세입총액 21,434,723원에 조세액이 10,468,202원으로 증가하였다. 15년 사이에 거의 5배가 된 것이다.

일본은 금강(錦江) 유역에 집중적으로 일본농민을 이식하여 토지를 매입하였으니, 이들이 전북과 충남지역에서 1년 동안 매수한 논이 140,036두락(斗落)이고, 밭이 12,917두락이며, 갈대밭과 진황전(陳荒田 : 묵정밭)이 20,625두락이요, 염전(鹽田)이 799소(所)이었다. 우리 땅을 날로 잠식해도 제한할 방법이 없었으니 일본농민은 늘 들판 가운데의 한 구역을 점거하면 문득 사방으로 그 이웃 땅의 주인을 위협하여 홍수가 나면 그 위 논에서 물을 방류하지 못하게 하고, 가물면 남의 논의 물을 너서 자기의 논에 물을 대면서도 조금이라도 저항하면 즉각 주먹으로 때리고 발로 차기 때문에 우리 농민은 모두 손해를 보았다. 그리하여 마침내 싼값으로 땅을 팔고 다른 곳으로 떠났으니, 일본사람들은 이렇게 해서 날로 넓은 토지를 점유하게 되었다. 그러나 일본인의 농사법은 미개하여 중고법(中古法)이었고 또 토지에 적합하지 못했기 때문에 우리 농민의 수확량에 미치지 못하므로, 이에 왕왕 우리의 신식농법(新式農法)을 따르기 시작하였다.

일본은 개성(開城), 춘천(春川), 연안(延安), 해주(海州)에 전화를 개설하였다. 또 일본경찰은 남방 연해에 16척의 경비선을 배치하여 의병의 활동을 감시하였다. 일본 동경에 대홍수가 나서 1,2000호가 침수되고, 신호(神戶)에 큰 불이 나서 300호가 불탔다. 또 청나라에 호열자가 유행하여 의주(義州)로부터 서울에 들어와 수백 명이 전염병으로 죽었다.

일본은 호영양남민군을 포위섬멸하기 위해 먼저 재가민군(在家民軍)을 소탕함으로써 출정민군(出征民軍)의 연락과 보급망을 끊어 의병의 투쟁력을 위축시키려고 전 지역의 주민을 대상으로 소위 남한 대토벌작전이라는 극악무도한 살육전을 획책하였으니, 이른바 교반적(攪拌的) 방식의 수색작전이다. 즉, 지역을 세분하여 한정된 구역 내에서 수색을 실시하여 전후좌우로 왕복을 계속하고, 또 기병적(奇兵的) 수단을 써서 잠복과 기습을 계속하는 동시에 해상에는 수뢰정, 경비선 및 매복조를 배치하여 포위망을 조밀하게 좁혀 들어가는 압박전술이었다.

일본군 조선침략사령부가 우리 의병을 폭도로 규정하고 감히 토벌이란 이름을 도용하면서 1913년도에 발간한 소위 『조선폭도토벌지』는 그들의 반인륜적 잔인무도한 살육전을 감추기 위하여 전투의 규모와 횟수를 거의 10분의 1이나 100분의 1로 축소하고 그들의 피해를 모두 감추어버린 엉터리 조작문서에 지나지 않지만, 그래도 호남의 살육전은 숨기지 못하여 마치 의병과 싸운 것처럼 포장하여 다음과 같이 실토하였다.

"8월 하순 남부수비관구 사령관 도변(渡邊) 소장은 전라남북도에 대하여 기병 17연대와 임시 파견대 보병 제1연대, 제2연대 그리고 6사단 병력으로 포위, 습격하고 헌병과 경찰관은 이에 협력하면서 9월 1일부터 약 40일간의 예정으로 행동을 개시하였다.

연안의 경비는 일본 해군에서 한국 서해안 경비를 위하여 특별히 파견된 제11함정대 및 전라남북 양도지방 경무관에게 배속시킨 석유발동기함정 10척 및 수비대에 배속시킨 소증기선 및 매환(梅丸)으로 하였다.

포위지구는 하동(河東) 구례(求禮), 갈담(葛潭), 태인(泰仁), 부안(扶安)을 연결하는 선의 서남방 전라남북도로 하고 이 구역을 다시 3기(期)로 구분하여 상기 선에서 보성(寶城), 능주(綾州), 영광(靈光)을 연결하는 선에 이르는 지역을 제1기로 하고, 그 서남해안선에 이르는 지역을 제2기로 하고 연안 도서를 제3기로 하였다.

파견 보병 제1·제2연대는 8월 하순 각기 준비를 갖추고 포위선상에 집중하여 9월 1일부터 행동을 개시하였다. 즉, 제1연대는 오수역(獒樹驛)·건천(乾天)·나주(羅州) 및 영산강(榮山江)을 연접하는 선에서 서북지구로, 제2연대는 그 동남지구에서 각 대대별로 분담지구를 정하고 각 대대는 다시 각 중대별로 분담 지구를 배당하여 수색 점거에 종사하였다. -중략-

제2차 포위작전에 있어서는 다시 수색 점거방법을 엄밀하게 실시하였다. 즉, 각 중대는 장교, 준사관 또는 하사를 대장(隊長)으로 하는 많은 촌락 습격대를 편성하여 경비선 내에 전후 좌우 각 방면으로 기습하고 촌락의 수색 점거에 있어서는 먼저 그 촌락의 주위를 포위하여 경계병을 배치하고 면동장(面洞長)을 초치하여 미리 조사하여 둔 남자들의 명부 또는 민적

(民籍) 등에 의거하여 남자를 대조점호(對照點呼)하여 의심스러운 자는 체포하고, 또는 면장이나 동장 이하 각인(各人)을 장소를 달리하여 심문해서 그 결과에 의하여 재가민군(在家民軍)을 포박하는 등의 방법을 취하였다.

또 수색은 극히 엄밀하게 실행하여 준령 심곡에 이르기까지 척후 혹은 정탐부대를 파견하고 특히 신중한 고려를 하여 주간에 수색한 동일 촌락을 야간에 다시 급습하여 재차 수색해서 재가민군(在家民軍)이 우리 행동을 예상하지 못하도록 불규칙한 습격을 실시하였다. 그리고 또 민군의 복장으로 위장하여 투입한 변장대(變裝隊)를 앞세워 세운 기공(奇功)과 밀정의 공적이 극히 커서 그 얻은 정황에 따라 그후 체포작전 등에 공헌한 바가 적지 않았다. 전라 양도에 있는 지방 관헌은 극히 열성적인 원조를 하여 도로의 개수, 물자의 조달, 숙영지 준비 등 군대행동에 다대한 편의를 주었을 뿐만 아니라 관찰사 이하 각 지방을 순시하여 군수 이하를 독려하고 또 친히 인민을 설득 유세하여 소탕작전에 극력 협조하였다."(朝鮮駐箚軍司令部 編『朝鮮暴徒討伐誌』第6篇 第1章 6. 全羅南北兩道에 있어서의 討伐 :『독립운동사자료집』3)

일본군은 우리 독립전선의 용감무쌍한 정병(精兵)과의 전면전을 회피하고 무고한 촌락의 주민만 해쳤기 때문에, 호영양남 민군의 주력군이 집결한 지리산의 본영은 결연한 각오로 김동식 장군이 총력대항을 선포하였다. 그러나 정보와 연락 및 보급선이 끊어진 까닭에 활동의 제약이 자심하였고, 또 주민의 안전을 고려하여 주민의 피해가 없도록 한정된 지역만을 토벌하는 소부대로 유격전을 전개할 수밖에 없었다.

그리하여 장렬하게 불퇴전의 각오로 전군이 분전하여 호남

전역이 완전히 전장으로 화하였는데, 적군과 아군이 뒤섞이고
또 일본군 변장대와 정탐군까지 밤낮으로 출몰하는 대혼전을
벌이며 무수한 일본군을 격멸하였으나 우리의 손실도 많았다.

  8월 하순부터 일본군의 포위습격에 과감하게 결사전을 전개
한 호남민군은 8월 30일 해남전투에서 황두일(黃杜一) 의병장
과 송병운(宋柄雲) 의병장이 용감하게 일본군을 사살하였으나
탄환이 떨어져 포로가 되었고, 9월 3일은 대군이 출동하여 여
수(麗水)와 광주(光州)의 일본군을 동시에 토벌하여 대파하였
다. 4일에는 염군명(廉君明) 의병장이 복내장(福內場)에서 왜군
을 토벌하다 포로가 되었고, 5일에는 순창(淳昌)의 왜적을 토
벌하다가 김성인(金性仁) 의병장이 포로로 잡혔다. 6일에는 또
순창(淳昌) 쌍암(雙岩)전투에서 이광신(李光信) 의병장이 포로
가 되었고, 같은 날 고창(高敞) 금곡(金谷)전투에서는 국차서
(國次書) 의병장이 포로가 되었다. 이어 장성(長城) 월평(月坪)
전투에서 문원중(文元仲) 의병장이 포로로 잡혔다. 7일에는 또
월평(月坪)전투에서 김민화(金民化) 의병장이 연일 많은 일본
군을 사살하였으나 끝내 포로가 되었고, 9일에는 영광(靈光)
홍정(紅亭)전투에서 오영수(吳永守) 의병장, 무장(茂長) 반계
(盤溪)전투에서 이창수(李昌洙) 의병장이, 또 무장(茂長) 비천
리(飛川里)전투에서 김천홍(金天洪) 의병장이 결사항전하며 왜
적을 무수히 사살하였으나 모두 포로가 되었다.

  10일에는 담양(潭陽)의 일본군을 토벌하다 신재(新材)전투에
서 박정중(朴正中) 의병장이 포로가 되었고, 같은 날 무장(茂
長)에서 일본군을 토벌하던 김홍조(金洪祚) 의병장이 송운(松
雲)전투에서 포로가 되었다. 최경현(崔敬賢) 의병장은 남면(南
面)전투에서 장열하게 전사하였다. 12일에는 전남 비계장(飛鷄
場)의 왜군을 토벌하던 김태구(金泰九) 의병장이 포로로 잡혔

고, 또 함평(咸平)의 일본군을 토벌하던 오윤칠(吳允七) 의병장
이 이교(利橋)전투에서 포로가 되었다. 13일에도 함평(咸平)에
서 토벌작전을 계속하여 일본군을 다수 사살하였으나 김내윤
(金乃允) 의병장이 또 포로가 되었다. 14일에는 전남 계암리
(鷄岩里)전투에서 한국자(韓國資) 의병장이 포로로 잡혔고, 15
일 또 북창리(北倉里)전투에서 김재현(金在玄) 의병장이 포로
가 되었으며, 영광(靈光) 계동(桂洞)전투에서 임처명(林處明)
의병장이 포로가 되었다. 16일 전남 비아장(飛鴉場)의 일본군
을 토벌하던 박기홍(朴基洪) 의병장이 두동(斗洞)전투에서 포
로가 되었고, 같은 날 영광(靈光)의 일본군을 토벌하던 하사리
김용북(金龍北) 의병장은 (下寫里)전투에서 포로가 되었다. 하
죽기(下竹基)전투에서는 박성창(朴成昌) 의병장이 포로로 잡혔
다. 다음날 17일에도 영광(靈光)의 일본군을 계속 토벌하여 무
수히 사살하였으나 삼북면(森北面) 석방리(石方里)전투에서 노
동운(魯東運) 의병장이 포로가 되었고, 마촌면(馬村面) 면점리
(面店里)전투에서는 강필이(姜弼伊) 의병장이 포로가 되었다.
삼북면 사선동(四仙洞)전투에서는 김재명(金在明) 의병장이 역
시 포로가 되었다. 같은 날 무장(茂長)의 일본군을 토벌하여
격퇴하였고, 또 같은 날 남평(南平) 봉황촌(鳳凰村)전투에서 황
견중(黃堅仲) 의병장이 포로로 잡혔다. 18일 전북민군은 군산
항(群山港)에서 왜적을 토벌하여 일본어선을 격침시켰고, 같은
날 전남민군은 여수(麗水)의 일본군을 대대적으로 토벌하였는
데 전남민군의 김준길(金俊吉) 의병장이 자리(自里)전투에서
장열하게 전사하였다. 같은 날 영주(嶺州) 백양장(白楊場)전투
에서는 임행초(林行楚) 의병장이 백병전을 전개하다 포로가 되
었으며, 같은 날 복내장(福內場)의 왜적을 대대적으로 토벌하
여 무수한 일본군을 사살하던 손덕오(孫德五) 의병장과 염규범

(廉圭範) 의병장, 그리고 염인서(廉仁瑞) 의병장이 포로가 되었다. 또 보성(寶城)의 일본군을 토벌하던 임하중(林夏仲) 의병장이 포로로 잡혔다.

19일 전남민군은 나주(羅州)의 일본군을 토벌하여 큰 전과를 올렸으나 오리동(五里洞)전투에서 이봉권(李鳳權) 의병장이 포로가 되었고, 같은 날 대대적인 복내장(福內場) 토벌전에서 일본군의 포위망을 격파하지 못한 유우삼(劉又三) 의병장과 정기찬(鄭奇贊) 의병장 그리고 임재문(任在文) 의병장이 백병전을 전개하다 포로가 되었다. 또 같은 날 사창장(社倉場)의 일본군을 토벌하였는데, 대야(大夜)전투에서 김익수(金益洙) 의병장이 포로가 되었으며, 또 같은 날 함평(咸平)의 일본군을 토벌하던 박대율(朴大律) 의병장이 계불면(係佛面) 수철리(水哲里)전투에서 포로가 되었다. 해보면(海保面) 산내리(山內里)전투에서는 강대성(姜大成) 의병장이 포로가 되었고, 또 같은 날 고창(高敞)의 일본군을 토벌하여 고창읍내로 진격했던 민군은 김세박(金勢朴) 의병장이 포로로 잡히자 후퇴하였다.

20일에는 나주(羅州)의 일본군을 토벌하였는데 아계면(芽界面) 수동(水洞)전투에서 정흥숙(鄭興淑) 의병장이 포로가 되었으며, 21일에는 전남 조성원(鳥城院)에서 일본군을 토벌하였다. 같은 날 함평(咸平) 신원면(新元面) 입점(笠店) 전투에서 이만리(李萬里) 의병장이 분전하다 포로가 되었으며, 또 같은 날 보성(寶城)의 왜군을 토벌하였던 황봉대(黃奉大) 의병장이 포로로 잡혔다. 22일에는 전남 시랑리(侍娘里)전투에서 박병옥(朴炳玉) 의병장이 포로가 되었고, 같은 날 무장군(茂長郡)의 왜적을 토벌하던 한태남(韓太南) 의병장이 임자면(荏子面) 사기점(沙器店)전투에서 포로로 잡혔다. 또 같은 날 사창장(社倉場)전투에서 정인성(鄭仁成) 의병장이 포로가 되었다. 23일에는 영광(靈光)에서 일본군을 토벌하였는데 최경작(崔景作) 의병장이 포로가 되었고, 같은 날 금마면(今麻面) 이암리(狸岩里) 전투에서는 용감하게 일본군을 사살하던 조치덕(曺致德) 의병장이 장열하게 전사하였다. 또 같은 날 무안(務安)의 왜적을 토벌하던 정량수(鄭良洙) 의병장이 해제면(海際面) 금산(琴山) 전투에서 포로가 되었다. 그리고 또 같은 날 함평(咸平)의 일본군을 토벌하던 민군은 영풍면 백련동(白蓮洞)전투에서 많은 왜적을 사살하였으나 김해문(金海文) 의병장이 포로로 잡히는 불운을 당했고, 또 같은 날 나주(羅州)의 일본군을 토벌하던 오덕홍(吳德洪) 의병장은 아계면 일동(日洞)전투에서 포로가 되었다.

24일에는 벌교(筏橋)에서 일본군을 토벌하여 많은 왜적을 사살하였는데, 김영희(金永禧) 의병장이 장열하게 전사했고, 같은 날 월정장(月亭場)에서도 왜군을 토벌하던 손무경(孫武京) 의병장이 국사봉(國師峰)전투에서 무수한 일본군을 사살하고 전사하였다. 또 같은 날 호남민군은 목포(木浦)에서 일본군을 토벌하였는데, 유남(柳南)전투에서 윤상성(尹相聲) 의병장과 이철용(李喆用) 의병장이 포로로 잡혔다. 25일은 무안(務安)에서 일본군을 토벌하였는데 해제면 입석(立石)전투에서 박대원(朴大元) 의병장이 포로로 잡혔고, 같은 날 순천(順天)의 일본군을 토벌하던 중 쌍암면 고산리(高山里)전투에서 조경술(趙敬述) 의병장이 포로가 되었다. 또 같은 날 장흥(長興)의 왜군을 토벌하던 권택(權澤) 의병장이 포로가 되었고 역시 같은 날 복내장(福內場)의 왜적을 토벌하던 안계홍(安桂洪) 의병장이 법화사(法華寺) 계곡전투에서 포로가 되었다. 역시 같은 날 사창(社倉)에서 일본군을 토벌하여 수십 명의 적군을 도륙했던 민군의 주문재(朱文才) 의병장이 장열하게 싸우다가 전사하였다.

26일에는 나주(羅州), 무안(務安), 서창(西倉), 함평(咸平)에서 일제히 일본군을 토벌하여 많은 적군을 도륙하였으나 고산동(高山洞)전투에서 이주백(李朱伯) 의병장이 포로가 되었고, 나주군 시랑면 신기리(新基里)전투에서는 박재홍(朴在洪) 의병장이 포로로 잡혔다. 무안면(務安面)전투에서는 신달원(申達元) 의병장이 포로가 되었으며, 무안군 발다면(發多面)전투에서는 김동식(金東植) 장군의 외아들인 김봉환(金鳳煥) 의병장이 포로가 되었다.

김봉환 의병장은 아버지 김동식 장군의 뜻을 성취하지 못하고 중도에 포로의 몸이 되니, 그 죄송스러운 마음 이루 형언할 수 없어 스스로의 고뇌를 다음과 같이 노래하였다.

한많은 이 운명을 그 누가 지워주었나
염원의 조국독립 신통력이 아쉬워라
가슴속에 타는 긴장 밤과 낮이 없으니
울분에 뛰는 몸 팔다리가 저렸도다

삼역(三役)의 무거운 짐을 지고 달렸거니
화려한 강산풍경 청운(靑雲)에 쌓였도다
근육으로 싸운 정신 군가도 우렁찼거늘
포로로 잡힌 신세 무슨 말을 하리오

2천만 우리 민족 진심으로 단결하여
공들여 세운 탑을 더럽히지 말고
일편단심 독립의 길을 닦고 닦아서
행복한 새나라를 빨리 세우세

27일은 전남 동창(東倉)과 남창(南昌)에서 동시에 일본군을 토벌하여 많은 왜군을 사살하였으나 동창의 신기리(新基里)전투에서 장덕유(張德由)의병장이 전사하고, 남창전투에서는 이사홍(李士洪) 의병장이 장열하게 싸우다가 전사했다.

28일은 음력 8월 15일 추석날로서, 우리 민족 명절인 한가위였음에도 쉬지 않고 여수(麗水), 순천(順天), 무안(務安)에서 일본군을 토벌하여 무수한 왜적을 사살하였다. 그러나 무안의 사천(砂川)전투에서 오진상(吳鎭相) 의병장이 포로가 되었고, 여수 대촌(大村)전투에서 김경윤(金京允) 의병장이 포로로 잡혔다.

29일에는 전남 괴목장(槐木場)전투에서 박동주(朴東柱) 의병장이 일본군을 추격하여 싸우다가 전사했고, 또 같은 날 사창(社倉)의 일본군을 토벌하여 끝까지 결사항전했던 민군의 윤일삼(尹一三) 의병장과 이세창(李世昌) 의병장이 포위망을 뚫지 못해 포로가 되었다. 31일에는 완도(莞島)의 일본군을 토벌하여 왜적을 소탕하고 관아(官衙)를 접수하였다.

경기·강원·충청도민군은 10일 강원도 평강(平康)에서 왜군을 토벌하고, 11일에는 개성(開城)의 일본군을 대대적으로 토벌하였다. 13일에는 양주(楊州) 퇴계원(退溪院)과 강원도 이천(伊川)에서 크게 싸워 승리하고, 18일에는 양주(楊州) 석적리(石積里)와 춘천(春川)에서 일본군을 토벌하였다. 그러나 불행하게도 항일독립전선에서 혁혁하게 용전분투하던 경기도민군의 정용대(鄭容大) 의병장이 고양(高陽) 북한산성전투에서 포로로 잡혔고, 또 김동원(金東元) 의병장이 여주(驪州)전투에서 포로로 잡혔다.

19일은 경기도 마석우리(磨石隅里)에서 일본군을 대파하고, 21일에는 양평(楊平)에서 왜군을 토멸하였다. 그리고 31일에는

충남민군이 예산(禮山)의 일본군을 토벌하여 관아(官衙)를 접
수하였다.

경상북도민군은 용감무쌍한 신돌석 장군이 지휘 아래 20일
순흥(順興)에서 일본군을 토벌하고, 21일에는 안동(安東)에서
왜군을 격멸하였다. 24일에는 청송(靑松)에서 크게 싸웠는데,
불행하게도 패전하여 이석부(李石富) 의병장과 강대경(姜大敬)
의병장이 포로로 잡혔다.

황해도민군은 이정룡(李貞龍) 의병장이 1천여 명의 민군을
지휘하며 일본군 토벌작전을 계속하였고 또 차두환(車斗煥) 의
병장과 김성희(金性希) 의병장이 공태원(孔泰元) 의병장을 응
원하여 기세를 떨쳤다. 31일에는 해주(海州)의 일본군을 토벌
하여 다수를 사살하고 일본인의 어선을 불태웠다.

평안도민군과 함경도민군은 1일 마전동(馬轉洞)에서 전투하
여 승리하고, 19일에는 창평(倉坪)에서 일본군을 토벌하였으며,
27일에는 안변(安邊)에서 왜군을 토멸하였다.

융희 3년 10월 1일이 되었다. 이날은 음력 8월 18일로 추석
(秋夕) 명절의 뒤끝이었으나 일본군의 잔인무도한 호남초토화
작전은 전국민을 분노케 하였으니, 나라가 망하고 인민이 죽어
가는 가장 비통한 한가위를 보내면서 일본에 대한 우리 민족
의 원한은 산처럼 높고 바다처럼 깊어서 모두 이를 갈고 피를
토했다.

드디어 제주도(濟州道)에서 인민이 일제히 봉기하여 왜적을
섬멸하는 민중의거가 일어났다. 제주도민군의 고승천(高升天)
의병장과 김광일(金光一) 의병장은 전남민군과 합세하여 한라
산에 근거지를 만들었다. 지금까지도 왜적의 토벌에 많은 힘을
쏟았으나 일본인이 수산(水産)을 관장하여 독점하므로 주민이

일자리를 잃고 또한 일본인의 학대가 자심한 까닭에, 이에 10월 10일(음력 8월 27일) 공자 탄신일인 성탄일(聖誕日)을 맞아 도내 유림이 향교(鄕校)에 모여 항일독립투쟁을 결의하고 대대적으로 전도의 민중이 궐기하여 민군과 함께 일본인과 친일분자를 처단하니, 학교의 생도들이 일본인 교감을 축출하기도 하였다.

그 동안 강원도에서 의병활동을 하다가 간도로 가서 독립운동을 하던 의군 좌익장 안중근(安重根) 장군은 우덕순(禹德淳), 유동하(劉東夏)와 함께 나라의 원수를 갚기 위해 하얼빈에 도착해서 노래를 지어 함께 불렀으니 다음과 같다.

대장부가 세상에 처신함이여, 그 뜻이 크도다(丈夫處世兮 其志大矣)

시대가 영웅을 만드느냐, 영웅이 때를 만들도다(時造英雄兮 英雄造時)

천하를 웅시하건대 어느 날에 우리의 사업을 이룰 건가(雄視天下兮 何日成業)

동풍이 그리도 냉혹하거니 그들은 반드시 목적을 달성하리라(東風其冷兮 必成目的)

우물쭈물 엿보면서, 우물쭈물 엿보면서 어찌 이런 운명을 허락하리요(鼠窺鼠窺 豈肯比命)

어찌 여기에 이르러 재기만 하고 머뭇거리랴, 시국과 형세가 진실로 그렇도다(豈度至比兮 時勢固然)

동포여 동포여, 빨리 대업을 완성하자(同胞同胞兮 速成大業)

만세 만세 대한독립하세(萬歲萬歲 大韓獨立)
(『梅泉野錄』의 原文을 택하여 번역함)

10월 26일 이범윤(李範允) 장군이 간도(間島)에서 일으킨 독립군의 좌익장(左翼將) 안중근(安重根) 중장(中將)이 하얼빈에서 이등박문(伊藤博文)을 총살하였다. 안중근 장군은 현장에서 일본군경에게 포로로 잡혀 여순(旅順)감옥에 구속당했고 또한 함께 도모한 애국청년 10인이 구속당하였으니, 우덕순(禹德淳)과 홍원(洪原)의 조도선(曺道先), 서울의 우연준(禹連俊), 명천(明川)의 김려생(金麗生), 풍기(豊基)의 유강로(柳江露), 서울의 정대전(丁大鐏 또는 鄭大鎬)과 김성옥(金成玉), 경북의 김구담(金九潭 또는 金衎), 하얼빈의 김형재(金衡在), 위남(威南)의 정공경(貞公瓊 또는 卓公主) 등이었다. 이들 대부분은 30대였는데, 오직 김성옥이 49세이고 유강로가 18세였다.

한국인이 이등박문을 총살했다는 소식이 전해지자 온 세계가 모두 놀라면서 "조선에 아직도 사람이 있다."고 이구동성 치하해 마지않았다. 그럼에도 일본은 국장(國葬)으로 이등박문을 장사지내고, 용렬한 임금[純宗]은 조문사절을 보내면서 조위금 3만 원(元)과 그 유족에게 10만 원을 하사하였다. 이 사건으로 안중근 의사의 동생 안정근(安定根)은 28세로 서울 양정의숙(養正義塾)에서 공부했으나 퇴학당했고, 안공근(安恭根)은 나이 24세로 진남포보통학교(鎭南浦普通學校) 부훈도(副訓導)로 재직하고 있었는데, 면직되었다.

안중근 의사는 체포되어 일본인의 심문에 즉시 이등박문의 15대죄(大罪)를 열거하고 거사의 정당성을 주장하였으니, 첫째 우리나라 명성황후(明成皇后)를 시해한 대죄, 둘째 광무 9년 11월 5협약을 강제로 작성한 대죄, 셋째 융희 1년 7월 7협약을 강제로 작성한 대죄, 넷째 태황제(太皇帝 : 高宗)를 폐위시킨 대죄, 다섯째 우리 군대를 해산시킨 대죄, 여섯째 선량한 우리 민족을 살육(殺戮)한 대죄, 일곱째 이권(利權)을 약탈한 대죄, 여덟째 한국교과서(韓國敎科書)를 금지시킨 대죄, 아홉째, 해외 동포가 간행한 신문(新聞)구독을 금지시킨 대죄, 열째 은행권(銀行券)을 발행한 대죄, 열한번째 동양의 평화를 교란(攪亂)시킨 대죄, 열두번째 일본국민을 기만(欺瞞)한 대죄, 열세번째 정치(政治) 분야 교과서를 금지하여 폐기시킨 대죄, 열네번째 일본의 효명군주(孝明君主)를 시해한 대죄, 열다섯번째는 일본이 숨기고 공포하지 않았다. 이렇게 이등박문의 큰 죄악상이 보도되자 우리 민족은 말할 것도 없고 일본의 양심적 지식인까지 안중근 의사를 존경하여 마지않았다.

단군교(檀君敎) 교인(敎人)이 백두산 석굴 속에서 단군사적(檀君事蹟)을 얻었다고 하면서 마침내 고경각(古經閣)을 세웠는데, 백봉(白峰)이란 사람을 대종사(大宗師)로 추대하며 반드시 백봉의 날인(捺印)으로 신표(信票)를 삼으니 대체로 동학(東學)과 유사했다.

일본은 또 각도에 경찰서 20개 소를 증설하고 봉화(奉化) 군청을 춘양면(春陽面)으로 이전하였다. 목포(木浦)에서 면화(綿花)를 수출한 양이 매년 30만 원(元)에 이르렀는데, 금년에는 더욱 많아 100만 원에 이르렀다. 우리나라의 군함 양무호(揚武號)를 다시 일본에 팔았는데 처음 구입할 때 30만 원(元)을 지불했음에도 이제 4만 2천 원에 되팔았다.

호영양남민군은 일본군의 대대적인 포위습격과 촌락남자들의 민적(民籍) 대조점호(對照點呼) 등으로 극히 제한적인 토벌작전밖에 수행할 수 없었지만, 그러나 역전의 용사들은 조금도 굴함이 없이 나라의 독립을 되찾고 민족의 생명을 지키기 위하여 만난을 무릅쓰고 독립전선을 사수하였다. 9월의 혁혁한 토벌작전으로 일본군에게 대한남아의 기개를 마음껏 뽐내며 피비린내나는 혈투를 연일 전개하여 왜군에게 처절한 타격을 안겨주었다. 그러나 또한 호남민군의 피해도 적지 않아 60여 명에 이르는 용감무쌍한 우리 의병장이 5,000여 명의 병사와 함께 장열하게 전사하거나 포로로 잡혔으니, 전력의 보충이 시급하였다.

그리하여 김동식 장군은 지리산의 모든 병기와 탄약을 나누어주고 병력을 보내서 각 부대를 지원, 격려하여 10월의 토벌작전을 하달하였다. 그것은 아직 지리산의 호영양남민군의 본영이 건재하고, 호남의병대장 문태수 장군과 전북의병대장 이석용 장군이 열렬하게 작전을 지휘하고 있으며, 또 전남에는 전남의병대장 심남일 장군과 호남의병장 전해산 장군 그리고 강무경 의병장이 탁월한 전략전술을 구사하여 사기충천하므로, 독립전선을 밤낮으로 지키고 있는 여러 장병은 역사적 사명을 자각하여 일사불란 신명을 바쳐 최후의 승리를 쟁취하는 영웅적 투쟁만이 영광스러운 우리 민군의 길이라고 강조하였던 것이다.

일본의 침략에 대한 적개심으로 불타는 호남민군은 이미 한 몸의 안위를 잊은 지 오래였다. 망국의 노예로 짐승처럼 살기보다는 차라리 독립전선에 뜨거운 피를 뿌려 나라의 수호신이 되기로 모두 맹세하였다. 죽음을 두려워하지 않은 군대는 무적의 전투력을 발휘하므로 10월의 전투는 더욱 치열하게 전개되어 호남 전역이 마치 화산이 폭발하듯 초연히 자욱하였다.

호남민군은 1일부터 평일도(平日島)와 거도(居島 : 阿久蘭島)의 일본군을 토벌하여 많은 왜적을 사살하였으나 평일도 전투에서 주명준(朱明俊) 의병장이 포로가 되었고, 거도전투에서는 변형중(邊亨仲) 의병장이 포로로 잡혔다. 3일에는 곡성(谷城)에서 일본군을 토벌하여 전과를 올렸는데, 죽곡면 상한(上汗)전

투에서 장사명(張四明) 의병장이 포로가 되었다. 같은 날 영암
(靈岩)의 일본군을 토벌하던 민군의 강찬중(姜贊中) 의병장이
봉덕(鳳德)전투에서 전사하였으며, 또 같은 날 태인(泰仁)에서
는 박락유(朴洛鍮) 의병장이 포로로 잡혔다. 5일에는 순창에서
일본군을 토벌하여 많은 왜병을 사살하였으나 귀암리(龜岩里)
전투에서 최경현(崔敬賢) 의병장이 포로가 되었고, 6일에는 나
산(羅山)전투에서 오(吳) 참봉(參奉) 의병장이 많은 전과를 올
리고 전사하였다.

7일 호남민군은 무장(茂長)의 일본군을 대대적으로 토벌하여
수십 명의 왜병을 사살하였으나 탄환이 떨어져서 서천삼(徐千
三) 의병장과 김만대(金萬大) 의병장이 함께 포로가 되었고 같
은 날 전남 오산(梧山)에서 왜군을 토벌하던 민군의 양재환(梁
在煥) 의병장이 행정(杏亭)전투에서 포로로 잡혔고, 또 같은
날 사창(社倉)에서 일본군을 토벌하던 민군의 윤일(尹一) 의병
장이 와리(瓦里)전투에서 포로가 되었다. 8일은 여수(麗水), 순
천(順天), 고창(高敞) 그리고 능주(綾州)에서 동시에 일본군을
대대적으로 토벌하여 크게 승리하고 기세를 올렸는데, 고창군
고사면 사점리(沙店里)전투에서 김백문(金白文) 의병장이 포로
가 되고, 능주의 성자동(成子洞)전투에서는 선도명(宣道明) 의
병장이 장열하게 싸우다가 전사하였다.

9일 다시 1천여 명의 민군이 능주(綾州)에서 일본군을 대대
적으로 토벌하여 무수한 왜군을 사살하였는데, 불행하게도 그
동안 500여 명을 사살하여 혁혁한 전공을 세웠던 전남의병장
심남일(沈南一) 장군과 그 전군장(前軍將) 강무경(姜武景) 의병
장이 왜군에게 포위되어 포로가 되었다. 10일 제주도민군이 제
주도의 왜적을 소탕하여 전도를 장악하였고, 12일에는 또 1천
여 명의 민군이 복내장(福內場)에서 일본군을 토벌하여 육박전

으로 무수한 왜군을 격멸하였다. 그러나 흑석(黑石)전투에서 그 동안 독립전선에서 수백 명의 왜병을 사살하였던 임창모(林昌模) 의병장과 안찬재(安贊在) 의병장 그리고 임학규(林鶴奎) 의병장이 영웅적으로 싸우다가 모두 함께 전사하였다. 13일에는 복내장(福內場)에서 일본군을 대파하였고 또 같은 날 영암(靈岩)에서 일본군을 토벌하여 전과를 올렸다. 그러나 월평(月坪)전투에서 황복구(黃福久) 의병장이 포로로 잡혔으며, 또 같은 날 일본군을 토벌하여 유격전을 전개했던 호남민군의 박영근(朴永根) 의병장과 나성화(羅性化) 의병장 그리고 백태운(白台雲) 의병장이 차례로 포로가 되었다.

14일은 담양(潭陽)에서 일본군을 토벌하여 수십 명의 왜병을 사살하였으나, 산면 동산리(東山里)전투에서 치열하게 싸우다가 이순안(李順安) 의병장과 이성백(李成伯) 의병장이 장렬하게 함께 전사하였다. 또 같은 날에 월정장(月停場)에서 일본군을 토벌하였는데, 탄환이 떨어져서 장문영(張文英) 의병장이 포로가 되었다. 15일 또다시 담양(潭陽)의 일본군을 토벌하여 많은 왜적을 사살하였는데, 용서면 사암리(四岩里)전투에서는 윤원중(尹元中) 의병장이 끝까지 용전분투하다가 전사하였다. 같은 날 장성(長城)의 일본군을 토벌하던 민군의 황찬경(黃贊敬) 의병장이 탄약이 없어서 포로로 잡혔고, 또 같은 날 전남 오산(梧山)의 세류(細柳)전투에서는 강달주(姜達周) 의병장이 포로로 잡혔다.

19일에는 2천여 명의 민군이 순창(淳昌)과 임실(任實)에서 동시에 일본군을 토벌하여 결사전을 전개하며 무수한 왜병을 사살하였으나, 순창군 무림면 속난치(俗難峙)전투에서 박황근(朴黃根) 의병장이 장열하게 싸우다가 전사하고, 또 임실군 덕치면 고덕치(高德峙) 전투에서는 박학봉(朴學奉) 의병장이 용

감하게 싸우다가 전사하였다. 24일 임실(任實)에서는 또 일본
군을 토벌하여 결사전을 전개하던 중 순안면 율촌(栗村)전투에
서 남기영(南奇永) 의병장이 전사하였다. 25일에도 또다시 임
실(任實)에서 일본군을 토벌하여 무수한 왜병을 사살하였는데,
강진면 율치(栗峙)전투에서는 김성노(金成魯) 의병장이 영웅적
으로 싸우다가 전사하였다. 27일에도 역시 임실(任實)에서 일
본군을 격멸하는 작전을 계속하여 큰 전과를 올렸으나 하운면
거둔리(巨屯里)전투에서 강성구(姜成九) 의병장이 장렬하게 전
사하였으니, 임실의 토벌전에서 독립전선의 별이었던 4장군이
연달아 전사하는 혈전을 9일간이나 전개하였다.
　29일 다시 순창(淳昌)에서 일본군을 토벌하여 다수의 왜병을
사살하였으나 하마리(下馬里)전투에서 신보현(申甫鉉) 의병장
의 부대장 김재봉(金在鳳) 의병장이 포로가 되었고, 30일에는
호남의병장으로 용명을 날리며 500여 명의 왜적을 도륙했던
전해산(全海山) 장군이 부하 모천년(牟千年) 의병장, 이강년(李
江年) 의병장과 함께 나주(羅州)의 일본군을 토벌하다 모두 포
로가 되었다. 같은 날 전북 북성동(北星洞)전투에서 전해산(全
海山) 장군의 아들과 전해산 장군의 부하 조규선(曺圭善) 의병
장이 또 포로로 잡혔다.
　전해산 장군은 포로가 된 뒤에 절명시(絶命詩)를 지어 심경
을 토로하였으니, 다음과 같다.

　서생(書生)이 무슨 일로 군복을 입고
　이처럼 탄식함은 본래의 뜻이 어그러졌기 때문일세
　조정에 신하들이 요물이 된 것을 통곡하노니
　바다 건너 왜적이 침략하여 포위한 것을 차마 논하랴
　태양도 소리를 삼켰는지 강물만 흐르고

푸른 하늘도 눈물을 삼켰는지 빗줄기만 날리도다
이제는 영산강(榮山江)의 길을 떠나노니
죽어서 두견새가 되어 피를 머금고 돌아오리라.

안중근 의사가 아시아를 몰락시킨 장본인 가운데 하나인 이
등박문을 26일 총살했다는 희소식으로 사기가 다시 오른 호남
민군 의병대장 문태수 장군이 대군을 이끌고 이원역(伊院驛)의
일본군을 격멸하고 정거장(停車場)을 불태웠다. 이로 인해 일
본군은 가지역의 역사에 대한 경비를 더욱 삼엄하게 하였다.
  10월의 토벌작전에서도 호남민군은 많은 전공을 세웠다. 그
러나 피해도 많았으니 9월에 이어 또다시 60여 명의 의병장과
5,000여 명의 용사가 전사하거나 포로가 되었다. 호남의 풀과
나무가 모두 시들어버린 쓸쓸한 가을 벌판에 대한독립만세를
외치고 장열하게 전사한 호남민군의 수가 9월과 10월의 두 달
사이에 1만을 헤아렸으니 일본군 임시파견대인 제1연대와 제2
연대가 전라남북도에서 전개한 소위 ‘남한폭도대토벌’에서 110
명의 의병장이 전사하거나 포로로 잡혔다고 임시한국파견대사
령부(臨時韓國派遣隊司令部)가 발표하였다. 그리고 『매천야록
(梅泉野錄)』에서는 해남(海南)과 강진(康津)지역에서 전사한
의병만도 3,000명이 넘고 포로로 잡힌 사람도 수천 명에 이르
러 호남민군의 전력이 반이나 줄었다고 하였다.
  경기·강원·충청도민군은 6일 충북 문의(文義)에서 일본군
을 토벌하였는데, 같은 날 이장춘(李長春) 의병장은 1천여 명
의 민군을 이끌고 속리산(俗離山)으로 들어가 근거지를 만들었
다. 11일에는 양주(楊州)와 포천(抱川) 송우시(松隅市)에서 일
본군을 대대적으로 토벌하여 깨끗이 소탕했는데, 불행하게도
이 과정에서 경기 민군의 윤치장(尹致章) 의병장이 포로로 잡

했다. 22일에는 강기동(姜基東) 의병장이 거느린 1천여 명의 민군이 포천(抱川)의 일본군을 토벌하여 관아(官衙)를 접수하고 의병의 건재를 과시했다.

경상북도민군은 7일 정기철(鄭基哲) 의병장과 정경대(鄭景大) 의병장이 거느린 1천여 명의 민군이 봉화(奉化)의 일본군을 토벌하여 관아(官衙)를 접수하였다. 황해도민군의 신준빈(申竣彬) 의병장이 30일에 포로로 잡혔으며, 평안도민군과 함경도민군은 6일 고산(高山)에서 전투하였다. 포로로 잡힌 김수민(金洙敏) 의병장은 재판 없이 살해되었다.

융희 3년 11월에 일본 전국에 큰 지진(地震)이 일어났는데 구주(九州)가 특히 심했다. 일본 복강현(福岡縣) 탄광의 갱도가 폭발하여 200명의 사상자가 생겼다. 그리고 일본 동경(東京) 시내 세 곳에 벼락이 떨어지고, 다음날 또 지진이 일어났으며, 또 일본 기선이 대련만(大連灣)에서 풍랑으로 전복하여 33명이 죽었다.

진주(晋州)사람이 경남일보(慶南日報)를 창간하고 장지연(張志淵)을 초빙하여 주필(主筆)로 임명하였다.

자칭 통감부의 관저 녹천정(綠泉亭)이 실화로 소실되고 이등박문이 총살당하니, 일본인이 더욱 격노하여 극도로 가혹한 정치를 하여 마치 빨래의 물을 짜듯 압박하므로 어떤 사람은 도리어 안중근 의사를 원망하였다.

역적 송병준(宋秉畯)이 수개월 동안 일본에 머물면서 일본인의 사주를 받아 역적 이용구(李容九), 서창보(徐彰輔), 이학재(李學宰), 홍긍섭(洪肯燮), 최정규(崔晶圭) 등과 연락하여, 한국정부로는 끝내 독립세력을 회유하기 어려우므로 속방(屬邦)을 만들어 일본정부가 진압케 하는 것만 같지 못하다고 논의하고 마침내 합방선언서(合邦宣言書)를 일본정부에 보내니, 일본이 크게 기뻐하여 이에 합방문제를 대대적으로 제기하였다.

경기·강원·충청도민군은 총력을 다하여 동계 토벌작전을 더욱 주밀하게 전개하면서 11일 경기도 축산리(杻山里)에서 크게 싸워 일본군을 격파하고, 20일에는 이한철(李漢喆) 의병장과 안종근(安鍾根) 의병장이 거느린 1천여 명의 민군이 파주(坡州)의 일본군을 토벌하여 관아(官衙)를 접수하였다. 이춘삼(李春三) 의병장이 거느린 1천여 명의 민군은 광주(廣州)의 일본군을 토벌하여 관아(官衙)를 접수하여 민군의 건재를 과시하였다. 그리고 23일에는 양주(楊州)에서 크게 싸워 승리하였다. 그러나 손실 또한 컸으니 경기도민군의 김수두(金垂斗) 의병장이 부하 임우선(林又先), 추삼만(秋三萬)과 함께 포로로 잡히고, 또 최경선(崔敬先) 의병장이 수원(水原)의 왜군을 토벌하려다가 포로로 잡혔다.

호영양남민군의 지도자 김동식 장군은 호남의병대장 문태수 장군, 전북의병대장 이석용 장군과 연합하여 지리산의 본영을 굳게 지키고 사태의 추이를 관망하면서 흩어진 부대의 재편성에 노력하였는데, 1일에는 김제(金堤)에서 일본군을 토벌하여 대승하고 또 전남 비아장(飛鴉場)에서 전투하여 일본군을 무수히 사살하였다. 그리고 3일에는 고창(高敞)에서 일본군을 토벌하였으나 불행히도 이 과정에서 박포대(朴砲大) 의병장이 포로가 되었고, 8일 정읍(井邑)에서는 김영백(金永伯) 의병장이 포로로 잡혔다. 17일에는 1천여 명의 민군으로 여수(麗水)와 순천(順天) 사이에서 일본군을 격퇴하여 불퇴전의 기개를 보였으나 전남민군의 황재풍(黃在豊) 의병장이 포로로 잡히는 불행한 사건이 있었다. 그런데 황재풍 의병장은 끝까지 반항하다 일본군의 총에 맞아 현장에서 순절하였다.

경북민군은 18일 영천(榮川)에서 크게 싸워 이겼고, 황해도 민군은 9일 채응언(蔡應彦) 의병장이 거느린 1천여 명의 민군이 곡산(谷山)의 일본군을 토벌하여 관아(官衙)를 접수하였으며, 23일에는 신정희(申貞熙) 의병장이 거느린 1천여 명의 민군이 평산(平山)의 일본군을 토벌하여 역시 관아(官衙)를 접수하였다. 이로써 민군의 토벌 횟수는 줄었지만 그 전투력은 더욱 막강해서 일본군이 감히 대적하지 못하게 되었음을 확인시켰다. 정탐군의 밀고로 위승환(魏承煥) 의병장이 체포되었다.

융희 3년 12월에 일본 신농(信濃) 잔간산(淺磵山)이 크게 울다가 이어 화산이 폭발하고, 청나라 대련(大連)에 큰 화재가 나서 상점 147호를 소실했다. 함경북도에 대풍이 불어 명태어선(明太漁船) 수백 척이 표류 침몰하였으니, 북청(北靑)에서만 800여 명이 죽고 실종자가 1,800여 명이었다. 또 인천(仁川)에도 대풍이 불어 배가 대부분 파괴되고, 수십 명이 익사하였다. 그리고 평해(平海)에는 대풍과 폭설로 가옥 866호가 파괴되었으며, 전남에서는 대풍이 불어 광주, 여수, 목포의 민가가 500여 호나 피해를 입었다. 또 남포와 보령 연해에도 대풍이 불었다.

민영규(閔泳奎) 등이 서울에서 임시국민대연설회(臨時國民大演說會)를 개최하여 4천여 명의 시민이 모인 가운데 일본의 한·일합방론을 통렬히 반박하니, 만장의 청중이 일진회(一進會)를 매도하면서 맹세코 일진회원과 같이 살지 않겠다고 결의하였다. 일본 유학생 700여 명도 합방선언서를 듣고 격분하여 고원훈(高元勳), 이풍재(李豊載) 등을 국민연설회에 파송하여 일진회의 합방론을 성토하는 데 찬성했다. 또 일본유학생 김익삼(金益三), 이익선(李翼宣)이 귀국하였는데, 영등포역에서 순사가 이용구(李容九)를 죽이려는 자객으로 의심하여 체포하였다.

민영익(閔泳翊)이 상해(上海)에 있으면서 4만 원(元)으로 프랑스와 러시아 변호사를 사서 안중근 의사의 재판을 변호하게 하였다.

대한의원(大韓醫院)은 일본군이 포로로 잡아 교살(絞殺)한 의병의 시신을 해부하여 의과학생의 실습용으로 이용했다. 원산(元山)의 소금장사 김두원(金斗源)이 일본 수상 계태랑(桂太郎) 등에게 여러 번 긴 편지를 보내 소금값을 지불할 것을 요구하였으나 회답이 없었다. 미국에 유학하고 돌아온 이재명(李在明) 의사가 합방론에 분개하여 23일 역적 이완용을 단도로 세 번 찔렀으나 죽지 않았다. 또 일본유학생 원주신(元周臣)이 역적 송병준을 죽이지 못한 것을 통탄하여 하관(下關)에서 유서를 남기고 투신하여 자살했다.

일본인이 26일 경기 의병장 정용대(鄭用大) 장군을 재판 없이 서대문감옥에서 살해하였다. 경기·강원도민군은 18일 경기도 고안(高安)에서 일본군을 토벌하고, 21일에는 평해(平海)에서 왜군을 대파하였으며, 23일에는 구화장(九化場)에서 왜군을 토벌하였다. 28일에는 개성(開城) 대흥사(大興寺) 계곡에서 격렬하게 싸워 격퇴하였으며, 30일에는 강원도 평강(平康)의 일본군을 토벌하였다. 그러나 불행히도 통진(通津)에서 권백중(權百中) 의병장이 포로로 잡혔다.

호남민군은 11일 전북 피로리(避老里)에서 크게 싸워 승리하였으나 이사임(李士任) 의병장이 체포당하고, 또 영산(榮山)에서 심남일(沈南一) 장군의 부하 장문황(張文黃) 의병장이 체포당했다. 경상북도민군은 18일 청송(靑松)에서 일본군을 토벌하여 승리하고, 23일에는 영해(寧海)에서 격렬하게 전투하여 격파하였다. 황해도민군은 21일 이진룡(李鎭龍) 장군의 부하 최순옥(崔順玉) 의병장과 김정환(金貞煥) 의병장이 1천 명의 민군을 거느리고 평산(平山)에서 일본군을 토벌하고, 28일에는 배천(白川)의 왜군을 토벌하였다. 그러나 엄동설한에 추위와 굶주림에 시달리고 또 정탐꾼과 변장대가 우글우글하여 많은 의병이 일본군을 토벌하려다가 도리어 죽거나 포로로 잡히게 되었으니, 심광옥(沈光玉) 의병장은 포로로 잡힌 현장에서 살해당했다.

오직 나라를 구하겠다는 일념으로 독립전선에 투신한 이 나라의 영민하고 명철한 유생(儒生)과 피끓는 애국청년들이 모진 풍상을 온몸으로 겪으며 지난 2년 반 동안 13도에서 투혼을 불태웠어도 나라의 운명은 더욱 암담해졌고 전황은 도리어 불리하게 역전된 현실에서 호영양남민군의 영웅 김동식 장군도 깊은 고민에 빠지지 않을 수 없었다. 왜냐하면 절의를 지켜서 결사항쟁하다가 모두 정의의 화신으로 산화하고자 해도 일본군이 산악전을 회피하고 평야나 시가전투에서는 화력의 열세로 승산이 없는 까닭에, 이 나라의 동량재(棟樑材)를 보호하고 또 독서종자(讀書種子)를 보전하기 위하여 부득이 부대를 축소해서 후일을 기약하기로 결정하였다. 이에 김동식 장군은 여러 장군과 오래 협의한 다음 전 부대장병을 모아 놓고 결사항쟁할 사람은 여기에 남고 후일을 기약할 사람은 돌아가서 때를 기다리라고 명령하였다. 그리하여 늙거나 어린 병사는 대부분 하산하고 지리산에는 각 부대의 의병장과 용감무쌍한 정예병만 남아 뱀사골과 피아골을 넘나들며, 흰 눈 속에 펄럭이는 천황봉·반야봉·노고단의 태극기를 지켰다.

15. 통곡하는 한국인, 아시아의 비극

융희 4년 경술(庚戌 : 1910년) 1월 1일은 음력 12월 20일이었다.

13도민군이 3년에 걸쳐 방방곡곡에서 간과 뇌를 이 땅에 바르며 처절하게 독립전쟁을 계속해도 주한외국공관을 가지고 있는 열강까지도 아무런 지원이 없었다. 국내에서도 역적과 친일파는 더욱 날뛰고 서민은 생존경쟁에 지쳤으며 방황하는 지식인은 현실을 도피하며 관망으로 일관했다.

이 땅은 이미 주인과 손님이 뒤바뀌어 손님이 안방을 차지하고, 주인은 문간방으로 쫓겨나서 종이 되고 시녀가 되어 모진 학대와 구박을 받으면서도 하소연할 데가 전혀 없으므로 절망 속에 통곡하는 처절한 절규뿐이었다.

애국세력은 나라의 독립을 위하여 가족을 산골에 숨기고 의병이 되거나 해외로 나갔고, 빈한한 민초는 살기 위하여 가족을 이끌고 사방을 떠돌았기 때문에 촌락마다 빈집이 늘었다. 그리하여 일본군경이 우리나라 전체의 인구를 민적(民籍)에 의한 대조 점호(對照點呼)를 실시한 결과 조선시대 2천만 인구가 이 때에 1천5백만으로 집계되었으니, 그 동안 500만 명 이상의 정착인구가 감소하였고 우리 땅에 거류한 일본인은 145,094명으로 늘었다. 또 서울의 20만 인구도 161,656명으로 감소하였

는데, 서울의 일본인은 26,316명으로 늘었다. 그리고 전국의 소
는 459,482마리, 말은 23,077마리뿐이었다.

일본은 우리나라 각급 학교에서 정치(政治)에 대한 강의를
금지시키고, 또 백동화(白銅貨)의 사용을 금지하였으며, 강원도
흡곡군(歙谷郡)을 폐하여 통천군(通川郡)에 통합하였다. 그리고
세종대왕이 대마도를 정벌하고 대마도주(對馬島主)에게 내린
인신(印信)을, 고종 13년 병자수호조약 체결 뒤 대마도주 의달
(義達)이 금인(金印) 1개와 동인(銅印) 2개를 우리 정부에 반납
하였는데, 일본이 이때 찾아서 가지고 갔다.

안중근 의사의 동생 정근(定根)과 공근(恭根)이 여순(旅順)으
로부터 서울의 변호사회(辯護士會)에 편지를 보내 한국인 변호
사 1명을 보내 안중근 의사를 변호해 달라고 요청하였으나 서
울의 한국인 변호사가 서로 눈치만 살피고 아무도 가지 않으
니, 평양의 변호사 안병찬(安秉瓚)이 분개하여 스스로 자원해
서 10일 여순으로 출발했다.

이용구(李容九), 민영규(閔泳奎), 민영우(閔泳雨 일명 泳柱),
이칭익(李稱翼), 이학재(李學宰) 등의 무리들이 합방론을 선도
하니, 연안 이씨(延安李氏) 월사종중(月沙宗中)에서 종친회의의
결의로 이칭익과 이학재를 종적(宗籍)에서 삭제하였다.

일본은 지난해 10월부터 각 시장(市場)에 대하여 시장세(市
場稅)를 부과하고, 일본인 재무감독국(財務監督局) 및 재무서
(財務署)가 징수하기 시작하였다. 이에 대하여 우리나라 상인
들이 이에 강력히 항의하였으나 듣지 않으므로 드디어 1월 20
일 안주(安州)에서 상인들이 시장세 납부에 응하지 않고 수백
명이 모여 재무서를 포위하고 투석하며 규탄하였다. 29일에는
순천(順川)의 상인과 주민 1천여 명이 궐기하여 일본의 가렴주
구(苛斂誅求)를 규탄하고 관아(官衙)와 재무서 그리고 우편국

및 금융기관을 모조리 불태워 버렸다. 이어서 일본인 취급소장 대야(大野)를 도살하여 얼굴의 껍질을 벗겨 시체를 소각하고 일본인 9명을 도륙하였는데, 이 과정에서 우리 상인도 10여 명이 죽었다. 이 소식이 평안도와 황해도로 전해지자 연달아 여러 군에서 상인이 궐기하여 의거를 일으켰으니 평양(平壤), 선천(宣川), 박천(博川), 영변(寧邊), 덕천(德川), 개천(价川), 성천(成川), 숙천(肅川), 용천(龍川), 양시(楊市), 진남포(鎭南浦), 증산(甑山), 태천(泰川), 용암포(龍岩浦) 등의 대시장(大市場)이 모두 항거하였다. 이에 일본은 당황하여 일본군 2사단을 황해도지역에 또 증파하여, 2사단장이 직접 지휘하며 강제진압에 들어갔다.

일본군은 소위 의병토벌작전이라는 명목을 빙자하여 일본군 피살자의 수에 상응하는 전과를 올리기 위해 엉뚱하게도 의병이 활동한 지역의 주민을 닥치는 대로 무수하게 살해하고 방화하면서 보복살육을 일삼았다. 이 때문에 13도민군은 주민의 피해를 고려하여 촌락이 전혀 없는 광야나 산 속에서만 일본군 토벌작전을 전개하는 등 극히 제한된 지역에서 활동할 수밖에 없었다. 그리하여 1월 들어 전투상황은 소강상태로 접어들었는데, 6일 경기도민군의 연기우(延基羽) 의병장이 1천여 명의 민군을 거느리고 연천(漣川)과 철원(鐵原) 사이에서 일본군 토벌작전을 전개하여 격파하였고, 7일에는 황해도민군의 추칠성(秋七星) 의병장과 민수현(閔壽顯) 의병장이 땔나무를 파는 상인으로 가장하여 소를 끌고 평산군(平山郡)으로 지나가는 일본군을 색출하여 총살하였다. 또 호남민군은 10일 금산(錦山)에서 일본군을 토벌하여 격파하고 나주(羅州)의 일본군을 토벌하였으나, 불행히도 이 과정에서 김치홍(金致洪) 의병장이 포로로 잡혔다.

경기도민군은 또 18일 후평리(後坪里)에서 일본군을 격파하고, 21일에는 청하(淸河)에서, 23일에는 울진(蔚珍)에서, 그리고 24일에는 평강(平康)의 왜적을 격파하였다. 25일에는 문산(汝山)의 일본군을 토벌하였으며, 28일에는 연천(漣川)에서 일본군을 토멸하고, 29일에는 연기우(延基羽) 장군이 영평(永平)의 일본군을 격파하였다.

우리 민군 김수민(金守民) 의병장이, 효종(孝宗)시대 북벌(北伐)을 위하여 제작해서 대흥산성(大興山城)에 설치한 대포를 일본군토벌전에 사용하다가 패전한 뒤 토굴 속에 감추어 두었던 길이 4척 5촌, 무게 15관(貫)의 대포 3문(門)을, 일본군 수색대가 장단(長湍)에서 발굴해 갔다.

융희 4년 2월 1일이 되었다. 이날은 음력 12월 22일로 중부지역에 한파가 몰아닥쳐 서울에서만 하루 밤 사이에 얼어죽은 사람이 40여 명에 이르렀다. 경기도민군의 연기우(延基羽) 의병장이 부대를 거느리고 이동하다 길에서 추위 속에 굶주려 빈사상태에 있는 아들을 우연히 만났다. 이에 그 부하가 가련하게 생각하여 몰래 50환(圜)을 주니 연기우 장군이 크게 나무라며 말하기를, "이것은 군수전(軍需錢)이거늘 누가 감히 사사롭게 쓰겠는가?" 하고 즉각 회수하였다.

일본은 또 광산세(鑛山稅)를 부과하여 우리나라의 금, 은, 동, 수은, 흑연, 석탄, 아연 등의 광구(鑛區) 427개 소에서 세금 89,370원(元)을 징수하였다. 김성근(金聲根), 남정철(南廷哲), 김학근(金鶴根) 등이 태극교(太極敎) 본부를 창설하고 13도의 도·부훈장(都副訓長)을 선정하였는데 전우(田愚), 곽종석(郭鍾錫), 기우만(奇宇萬), 박문호(朴文鎬), 송병순(宋秉珣) 등이 모두 참여하였다.

절망의 세월에 술집만 늘어 전국에 걸쳐 13만 호(戶)에 이르렀다. 삼랑진(三浪津)에 큰 불이 나서 일본인 가옥 60여 호가 연소하고, 인천항(仁川港)에 또 큰 화재가 나서 70여 호가 연소하였다.

13도민군은 어려운 전황 속에서도 독립의 그날까지 군사조직을 유지하기 위하여 지하망을 구축하고 국제적 지원이 있기를 기다리며 산발적인 토벌작전을 전개하였다. 그리하여 2월 1일에는 해주(海州)에서 일본군을 토벌하여 전과를 올리고, 2일에는 경기도민군이 일본군을 토벌하였다. 패전하여 우리 의병 9인이 전사하고 43명이 포로가 되었으며 양총 178정과 창 260자루 그리고 칼 3자루를 빼앗겼다. 이에 연기우(延基羽) 장군은 삭녕(朔寧)에서 후퇴하여 안협(安峽)으로 들어갔다. 한봉서(韓鳳瑞) 의병장은 청주(淸州) 오공시(蜈蚣市)에서 왜적을 토벌하였고, 강기동(姜基東) 의병장은 포천(抱川)에서 왜군을 토벌하였다.

10일은 음력 설날이었다. 지리산 계곡에서 세 번째 설을 맞이한 호영양남민군의 지도자 김동식 장군은 지난해에 독립전선에서 장렬하게 싸우다가 전사한 용감무쌍한 장병의 충혼을 기리기 위하여 높이 제단을 만들었다. 이에 전 장병이 그 아래에 정렬하여 향을 피우고 술을 올리며 영령(英靈)의 명복(冥福)을 빌고, 그 신성한 정신을 계승하여 필사의 각오로 일본군을 토벌할 것을 맹세하였다. 김동식 장군은 전 장병에게 훈시하여 말하기를, "대한의 독립은 전적으로 우리의 뜻에 달려 있으니 우리가 끝끝지 독립전쟁을 계속하면 마침내 독립을 할 것이고 우리가 독립전쟁을 포기한다면 독립을 잃을 것이다. 공자(孔子)는 일찍이 『춘추』에서 기(紀)나라가 이미 망했어도 그 임금의 부인이 항복하지 않으므로 기(紀)나라는 아직도 멸망하지 않은 것이라고 하였으니 그 의미가 심장한즉, 우리는 독립군이므로 우리가 전의를 상실하지 않은 한 일본은 우리나라를 멸망시킬 수 없다."고 하면서 결단코 민군의 주력부대를 해산하지 말라고 당부하였다.

14일 경기도민군의 유보련(柳甫連) 의병장이 장단(長湍)에서 일본군을 토벌하여 관아(官衙)를 접수하였으며, 18일에는 황해도민군이 평산(平山)에서 왜군을 토벌하였고, 21일에는 함경도민군이 안변(安邊)에서 왜군을 토벌하였다. 또 26일에는 경기도민군이 포천(抱川)과 양주(楊州)에서 동시에 일본군을 토벌하여 수십 명을 사살하였다. 그리고 28일에는 경상북도민군이 풍기(豊基)에서 일본군을 토벌하여 승리하였다. 일본인이 이배근(李培根) 의병장과 정영진(鄭永珍) 의병장을 경옥(京獄)에서 살해하였다.

융희 4년 3월에 일본인 편창조(片倉組)가 대동강 선창을 빼앗고, 상전충가(上田充架)가 한강의 마포선교(麻浦船橋)를 빼앗았다. 천안군민이 군민대회를 열고 주세(酒稅), 가옥세(家屋稅), 연초세(煙草稅) 등 3세(稅)의 거부운동을 전개하기로 결의하였다. 자칭 통감 증미황조(曾彌荒助)의 아들 증미우남(曾彌尤男)이 경복궁(景福宮) 행각(行閣)을 허물고 종묘장(種苗場)을 만들었고, 밀양군(密陽郡) 사문동(沙門洞)에 있는 남림(南林)은 군민의 공동묘지인데도 일본인 탕천(湯淺)과 범평(凡平) 등이 황무지를 개간한다는 핑계를 대고 분묘 1백여 총(塚)을 파헤쳤다. 또 일본인 도굴업자(盜掘業者)들이 문성공(文成公) 안유(安裕) 선생의 묘를 도굴하여 명기(明器)와 고물(古物)을 훔쳐가고 유골만 남겼다.

일본 동경(東京)에 큰 눈이 내리고 방총해(房總海)에 큰바람이 불어 일본의 어민(漁民) 600여 명이 죽었다. 또 석천현(石川縣)에 큰 눈이 와서 갱부(坑夫) 24명과 남녀 13명이 매몰되어 죽었다. 또 기옥현(琦玉縣)에서는 까마귀떼가 싸우고, 방하군(芳賀郡)에 불이 나서 50여 호가 연소되었다. 그리고 일본 전역에 홍역이 크게 돌았고, 일본 궁내대신(宮內大臣) 암창(岩倉)이 죽었다.

정의불패(正義不敗)를 확신하는 우리 13도민군과 간도(間島)의 독립군은 춘계 대토벌작전을 계획하고 계속 일본군을 토벌하여 우리 민군의 끈질긴 독립의지를 과시하였다.

경기·강원·충청도민군은 전 부대를 정예화하여 기민하게 이동하면서 일본군을 교란시켰으니, 3월 1일 수백 명의 민군이 단양(丹陽)의 일본군을 토벌하여 관아(官衙)를 접수하였고, 6일에는 강기동(姜基東) 의병장과 이용규(李容圭) 의병장이 연합하여 영평(永平)의 일본군을 토벌하여 관아(官衙)를 접수하자 일본군이 강기동 의병장을 잡기 위해 천금(千金)을 현상금으로 걸었다. 7일에는 충청도민군의 맹달성(孟達成) 의병장이 공주(公州)에서 일본군을 토벌하다 포로가 되었고, 13일에는 적성(積城)전투에서 경기의병대장 권중설(權重卨) 장군과 고재식(高在植) 의병장이 포로가 되었다. 권중설 장군은 13도민군 원수부(元首部) 총대장대리 겸 군사장 허위(許蔿) 장군이 포로가 된 뒤로 지난 2년간 경기도민군의 김천일(金千日) 의병장과 이인용(李仁用) 의병장을 이끌고 수백 명의 왜병을 사살한 명장이었다. 24일에는 강기동(姜基東) 의병장이 다시 1천여 명의 민군을 거느리고 포천(抱川)의 일본군을 토벌하여 쾌승하였다.

경상북도민군은 신돌석 장군의 지휘하에 최성천(崔聖天) 의병장, 한명만(韓明萬) 의병장, 김상태(金相泰) 의병장, 정경태(鄭敬泰) 의병장, 윤국범(尹國範) 의병장이 각각 수백 명씩의 민군을 거느리고 혁혁한 전과를 올렸으니, 1일에는 일월산(日月山)에서 일본군을 요격하여 대승하고, 6일에는 정경태(鄭敬泰) 의병장이 700명의 민군을 거느리고 울진(蔚珍)에서 일본군을 토벌하였다. 같은 날 주력부대는 순흥(順興)의 일본군을 협공하여 종일 싸워 수십 명의 왜병을 사살하였다. 21일에는 안동(安東)과 용궁(龍宮) 사이에서 전투하고 또 같은 날 예천(禮泉)과 영양(英陽)의 일본군을 동시에 토벌하였는데, 예천에서는 한영만(韓寧滿) 의병장이 성문을 돌파하여 관아(官衙)를 접수하고 왜적을 참하였다.

황해도민군은 1일 이진룡(李鎭龍) 장군이 휘하 우익장(右翼將) 김정안(金貞安), 중군장 최순거(崔順巨), 좌익장 한정만(韓貞滿)과 함께 경의철도 계정(鷄井)과 잠성(岑城) 간의 선로를 폭파하였고, 7일에는 지관식(池寬植) 의병장이 수백 명의 민군을 거느리고 해주(海州)의 일본군을 토벌하여 30여 명의 왜병을 사살하고 장열하게 전사하니, 그 아우 지관복(池寬復) 의병장도 지난해의 토벌작전에서 전사하였으므로 많은 사람들이 일본을 원망하였다. 그리고 10일 3천여 명의 민군이 재령(載寧)에서 일본군 29연대장이 직접 지휘하는 대군과 회전하여 대승하였다.

함경도민군과 간도(間島)의 독립군은 연합하여 9일 무산(茂山)과 보천보(普天堡)의 일본군을 토벌하였으며, 허항령(虛項嶺)전투에서도 크게 승리하였다. 호영양남민군의 지도자 김동식 장군은 은인자중 지리산의 요새를 지키면서 호남의병대장 문태수 장군, 전북의병대장 이석용 장군과 연락하며 전세를 만회하기 위한 대책에 부심하면서, 밤으로는 지방을 돌며 대민 독립정신 고취에 힘썼다.

26일 일본이 대한독립군 좌익장 안중근(安重根) 장군을 여순

감옥(旅順監獄)에서 살해하였다. 안중근 장군은 "장부는 비록 죽으나 마음은 철석 같고 의사(義士)는 위기에 임하여 기상이 구름과 같다."(丈夫雖死心如鐵, 義士臨危氣似雲)는 시구를 남기고 장렬하게 순국하였다. 강경칠(姜敬七) 의병장이 경옥(京獄)에 포로로 갇혔다.

융희 4년 4월 일본이 항일독립전쟁의 주도세력인 유림(儒林) 세력을 말살하기 위한 술책으로 사색위원(四色委員)을 선정해서 산림학자양반가(山林學者兩班家)를 전국적으로 조사하여 특별 감시키로 하면서, 교묘하게 한국유림을 분열시킬 목적으로 그 조사위원을 4색(四色)으로 분류하여 노론(老論)은 김학진(金鶴鎭), 소론(少論)은 이중하(李重夏), 남인(南人)은 강경희(姜敬熙), 북인(北人)은 남규희(南奎熙)를 선정하였다. 지방은 수비대(守備隊)가 자체적으로 산림학자양반과 유생(儒生)을 조사하여 특별 관찰토록 하였다. 이리하여 일본군경은 충효절의(忠孝節義)를 지키는 산림학자양반 원로 10만 명 및 서원(書院)과 서당(書堂)에서 공부하던 젊은 유생(儒生) 1백2십만 명을 수시로 수색하고 탄압하여 범죄인처럼 취급함으로써 사람들로부터 고립시켜 집단행동을 하지 못하게 만들었고, 오직 친일 황도유학자(皇道儒學者)의 양성에 힘썼다. 안악군(安岳郡)에 큰 불이 나서 200여 호가 연소하였다.

덕수궁(德壽宮)에 서양식 석조건물을 건조하면서 국고금 132,299원(元)을 일본인이 사용하고 소위 경성박물관(京城博物館)을 만들어 서화를 전사하였다. 이학재(李學宰)가 천조교(天照敎)를 외쳤는데 이때에 신궁봉경교(神宮奉敬敎), 신도신리교(神道神理敎), 신궁교(神宮敎) 등이 있었다. 경향의 모든 관리가 머리를 깎았다.

단군(檀君)의 등선일(登仙日)을 음력 3월 15일로 지정하고 서울에 국채보상금(國債報償金) 처리회를 설치하여 각 지역의 저축금액을 조사하니 총합계 159,253원(元)으로 집계되어, 이를 교육용으로 쓰기로 예정하였다. 일본인이 우리나라에 설립한 회사가 162개요 조합이 40개에 이르렀고, 지난해 우리나라의 수출액이 12,158,885원(元)이고 수입액이 21,814,091원(元)이었으며, 일본에서 차입한 국채는 현재 총액 44,537,958원(元)이었다. 울진(蔚珍)의 망양정(望洋亭)에 숙종조(肅宗朝) 어필(御筆)이 있었는데, 일본인 수등지부(須藤止夫)가 훔쳐갔다. 서울에 밀매음녀(密賣淫女)가 1400여 명이 생겼다.

일본 신호(神戶)의 선박 속에서 폭발탄이 작열하여 전 선원이 참사하였고, 능등현(能登縣)에 큰 불이 나서 1200호가 연소하였으며, 동경(東京)에 홍역이 크게 번졌다.

동방에 혜성(慧星)이 나타나고, 청(淸)나라 혁명당(革命黨) 왕조명(汪兆銘)이 섭정(攝政) 순친왕(醇親王)의 저택에 폭탄을 던졌다.

13도민군은 불퇴전의 용기와 신출귀몰한 전술로 일본군 한국침략사령부의 포위습격작전을 비웃으며 때와 장소를 가리지 않고 계속 강타하였으니, 일본군은 연일 출동으로 지칠 대로 지쳐서 전투력을 거의 상실하여 전황이 장기적 지구전의 양상으로 돌입하여 버렸다. 그러나 일본은 대만(臺灣)과 만주(滿洲)에서도 곤경에 처하여 진압군을 투입하고 있는 상황에서 한국에 증원군을 투입할 여력이 없었으므로, 오직 자칭 통감 증미황조와 일본군 한국침략사령관 대구보래(大久保來)에게 신속 진압만을 독촉하면서 그 무능을 질타할 뿐이었다.

이러한 상황에서 13도민군은 다시 전열을 가다듬어 대대적인 토벌작전을 전개하였으니, 1일에 경기·강원도민군의 경기

도의병장 연기우(延基羽) 장군이 2천여 명의 민군을 동원하여
장단(長湍)에서 일본군 한국침략사령부에서 직접 출동한 연대
병력과 치열하게 종일 전투하여 수백 명을 사살하고 질풍노도
처럼 진격하니 일본군이 완전히 궤멸하여 패주하였다. 또 같은
날 철원(鐵原)에서도 일본군을 토벌하였는데, 이 과정에서 이
종만(李鍾萬) 의병장과 이화경(李和京) 의병장이 포로로 잡혔
다. 13일에는 홍원유(洪元裕) 의병장이 5백 명의 민군을 거느
리고 포천(抱川)에서 일본군을 토벌하여 승리하고, 14일에는
강천필(姜千弼) 의병장이 700명의 민군을 거느리고 다시 철원
(鐵原)의 일본군을 토벌하여 대파하였다. 그리고 29일에는 경
기의병장 강기동(姜基東) 장군과 전성서(田聖瑞) 의병장이 2천
여 명의 민군을 거느리고 양주(楊州)에서 일본군을 토벌하여
대승하였다.

호영양남민군의 지도자 김동식 장군은 지리산의 본영을 굳
게 지키면서 사기진작에 힘써 토벌작전을 재개하였으니, 10일
에는 고산역(高山驛)에서 일본군을 토벌하였고, 13일에는 하동
(河東)의 일본군을 대대적으로 토벌하여 수십 명의 왜병을 사
살하였으나 불행히도 김응백(金應伯) 의병장이 포로가 되었다.
경상북도민군은 18일 울진(蔚珍)에서 일본군을 대대적으로 토
벌하여 승리하였으며, 정경태(鄭敬泰) 의병장이 600명의 민군
을 거느리고 관아(官衙)를 접수하고 친일파를 처단하였다.

황해도민군은 10일 정인국(鄭寅國) 의병장과 정대규(丁大奎)
의병장이 신계군(新溪郡)으로 진출하여 일본군을 요격하였고,
13일에는 성천(成川)의 일본군을 토벌하여 큰 성과를 얻었으
며, 24일에는 평산(平山) 누천(漏川)전투에서 왜군을 격파하였
다. 평안도민군은 9일 삼등(三登)에서 일본군을 토벌하고, 13일
에는 채응팔(蔡應八) 의병장 등이 거느린 1천여 명의 민군이

안변(安邊)에서 일본군을 토벌하여 많은 왜병을 사살하였다. 그리고 함경도민군은 29일 4천여 명이 원산(元山)의 일본군을 토벌하여 승리하고 관아(官衙)를 접수하였다.

융희 4년 5월 일본인이 한국에서 발행한 신문이 40종에 이르렀다. 남한에 가뭄이 심하게 들었고, 공주군(公州郡)에 큰 불이 나서 민가와 일본인 가옥 그리고 청(淸)나라 사람의 가옥을 포함하여 71호가 연소하였다. 또 일본 청삼시(靑森市)에 큰 불이 나서 7천여 호가 불탔다. 여자양정회(女子養貞會) 회장 김혜경(金惠卿)이 관리의 첩(妾)으로서 적처(嫡妻)의 학대를 원망하여, 이에 여러 부류의 첩(妾)들을 모아 단체를 조직해서 적처(嫡妻)와 동등권을 요구하였다.

일본이 경복궁(景福宮)을 분할하여 총 4000여 칸(間)을 매각하면서 매 1칸의 정가를 15원(元)으로부터 27원(元)까지로 정했는데 한국인과 일본인 원매자가 80명에 이르렀다. 이에 3분의 1을 일본인 북정청삼랑(北井靑三郞)에게 팔았다. 또 황해도 강령군(康翎郡)을 옹진군(甕津郡)에 통합했다. 그리고 일본인이 기로소(耆老所)의 보첩(寶牒)을 흠문각(欽文閣)으로 옮기고 그곳에 상점(商店)을 개설하였다. 우리의 상무(尙武)정신을 근절하기 위하여 일본인이 북관묘(北關廟)를 철거하고 그 소상(塑像)을 동묘(東廟)로 옮겼으며, 남산 아래에 새로 공원(公園)을 만들었다.

처음에 미국인 골불안(骨佛安)이 서울에 전차회사(電車會社)를 설립할 때에 역적 이완용(李完用)과 이윤용(李允用) 등이 태상황(太上皇 : 高宗)에게 권유하여 1백만 원(元)을 기부토록 하였는데 이완용이 40만 원을 횡령착복하고 골불안에게는 60만 원만 기부하였다. 그리고 골불안이 전차선로를 만들자 임금

(純宗)이 또 70만 원을 기부하였다. 그런데 작년에 골불안이 그 회사를 일본인에게 팔고, 두 번에 걸친 기부금을 궁중에 반납하면서 또한 이완용에게 맡겼다.

태상황은 골불안이 전차회사를 팔고도 기부금을 반납하지 않은 것을 괴이하게 여기고 사람을 시켜 골불안을 힐문하니, 골불안이 어새(御璽)를 찍은 영수증을 가지고 와서 바침에 곧 태상황이 평소에 날인하는 네모진 작은 도장이었다. 이것은 이완용이 작은 옥쇄를 도용한 것인즉, 이에 태상황이 대노하고 그 사건의 전말을 밝히니 평인(伴人) 조남승(趙南升)이 무거운 죄를 받을까 두려워하여 도망하였으나 마침내 잡혀서 이완용의 사주를 받았음이 드러났다. 이완용은 자기의 죄를 벗어나기 위하여 마침내 태상황이 갑오년(고종31년) 이래 배일(排日)한 여러 사건을 통감부에 폭로하고 전후의 문적(文蹟)으로 증언하면서 또 정부의 비밀소장한 하나의 철궤(鐵櫃)를 은밀하게 프랑스영사관으로 옮겨서 맡겨 두었다. 일본인이 프랑스 사람과 교섭하여 그 철궤를 얻어다가 열어보니 태상황시대의 외교문서와 각국에서 받은 문서가 모두 있었는데, 헤이그밀사사건의 문서도 나왔다. 일본인이 그 철궤를 일본정부로 보내고 태상황을 압박하여 조남승을 석방했다.

상항(桑港)에 거주한 한국인이 발행하는 신한민보(新韓民報)가 181호부터 영문(英文)으로 된 기사를 삽입하여 구미에 전포해서 우리나라의 실상을 알렸다. 전투와 전투로 단련한 13도민군은 용(龍)처럼 변화무쌍한 전술과 범(虎)같이 날쌘 돌파력으로 1당 백의 무력을 가지고 있어서, 비록 일본군이 삼단처럼 빽빽이 총칼을 세우고 있을지라도 마치 무인지경처럼 종횡으로 누비고 다녔으니, 우리 민족은 모두 민군의 용사를 영웅으로 받들면서 적극 지원하고 자주독립의 희망을 걸었다.

　5월 초에 경기도민군 연기우(延基羽) 장군이 일본군을 토벌하다가 매복부대를 만나 포로가 되었으나 곧 감시병을 모조리 박살하고 유유히 탈출하여 돌아왔다. 또 이범윤(李範允) 장군이 간도(間島)에서 독립군을 증모하니, 회령(會寧) 이북의 청장년 1만여 명이 호응하여 가서 독립군에 입대하였다.

　경기·강원·충청도민군은 중심세력이 의연히 건재하여 7일에는 포천(抱川)에서 일본군을 토벌하고, 15일에는 의정부(議政府)의 일본군을 격멸하였으며, 16일에는 경기의병장 강기동(姜基東) 장군이 2천 명의 민군을 거느리고 도봉산(道峰山)에 집결하여 양주(楊州) 노원(蘆原)에서 대대적으로 일본군을 토벌하여 승리하였다. 그러나 같은 시기에 충남 노성(魯城)의 일본군을 토벌하던 오문룡(吳文龍) 의병장이 포로가 되었고, 양평(楊平)의 일본군을 토벌하던 정윤득(鄭允得) 의병장, 정선(旌善)의 왜군을 토벌하던 김락여(金洛汝), 장단(長湍)의 왜적을 토벌하던 심용식(沈容植) 의병장이 포로가 되었다. 그러나 경기도민군은 흔들림 없이 조직을 즉각 재편성하여 강기동(姜基東) 장군이 대군을 지휘하여 양주(楊州)의 일본군을 격파함으로써 사기를 다시 진작하였다. 그리고 강기동 장군은 서울의 자칭 통감부를 토벌하기 위하여 단신으로 서울로 가서 적정을 탐지하다가 일본경찰에게 포로로 잡혔으나, 눈 깜짝할 사이에 일본순사들을 발로 차서 쓰러뜨리고 탈출하여 돌아왔다.

　호영양남민군의 지도자 김동식 장군은 지리산 본영을 굳게 지키며, 지리산과 덕유산 주변의 여러 군(郡)을 유격하면서 무수한 소전투(小戰鬪)를 다발(多發)적으로 전개하여 일본군을 곤경에 처하게 만들었다. 경상북도민군의 신돌석 장군도 태백산과 소백산의 본거지를 확고히 지키면서 소전투를 다발적으로 전개하였으며, 황해도민군도 7일 금천(金川) 탁영대(濯纓臺)

전투 이후 소전투를 다발적으로 전개하였다.

한편 함경도민군은 간도(間島)의 독립군과 연합하여 전투력을 크게 증강하였으니 이범윤(李範允) 장군의 부하로 조상갑(趙尙甲), 이승호(李昇鎬), 방병기(方丙基), 전제익(全濟益), 한진수(韓進洙) 등의 독립군 부대장들이 각각 부대를 이끌고 온성(穩城)과 종성(鍾城)의 일본군을 토벌하였다. 또 다음달 6월에는 간도의 독립군이 두만강을 건너와서 북한의 민군을 지원하여 일본군을 대대적으로 소탕할 계획이라고 선전하였다. 이에 북한 민군의 사기가 크게 고양하니, 일본군 한국침략사령부가 크게 놀라고 북부수비관구의 13사단과 경찰 및 헌병이 밤낮으로 비상계엄에 들어갔다.

이렇게 13도민군이 시종여일 용감무쌍하게 혈전을 전개하므로, 일본은 대군을 파병했어도 혼전만 거듭하는 전황을 크게 고민하다가 통감 증미황조(曾彌荒助)의 무능으로 결론을 내리고 즉각 해임한 다음, 일본 육군대신(陸軍大臣) 사내정의(寺內正毅)를 통감으로 임명하고 부통감은 산현이삼랑(山縣伊三郎)으로 경질하였다.

융희 4년 6월에 자칭 통감 증미황조가 1년도 못 되어 면직당하고 귀국하니 친일파 한창수(韓昌洙)가 증미황조를 위로하며 일본까지 따라갔다. 또한 김윤식(金允植) 등의 개화파가 송별시(送別詩)를 지어보내서 위로하였는데, 증미황조를 대신(大臣)이라 호칭하고 자기들은 소관(小官)이라고 스스로 일컬었다. 일본인이 이등박문의 장례식 때에 소위 추도 시구(追悼詩句)를 모은 책을 발간하여 각 관청에 보급하고, 또 이등박문의 시(詩) 300수를 모은 소위 유시집(遺詩集)을 간행하여 김윤식에게 의뢰해서 관리들에게 분배하였다.

경시청 관제를 개정하여 경찰권을 일본에 이속(移屬)해서 자칭 통감부(統監府)가 경시청(警視廳)을 경무총감부(警務總監部)로 확대 개편하고, 한국 내부(內部) 산하 경무국(警務局) 제관(諸官)을 모두 총감부(總監府)로 옮겼으며, 오는 7월 1일부터는 각 경찰서의 보고서와 총감부의 사령서(辭令書)에 일체 명치(明治)의 연월만 쓰고 융희(隆熙) 연호는 사용하지 못한다고 지령하였다.

산림측량(山林測量)의 기한이 이미 박두했는데도 민간에서는 일본의 정책에 저항하여 관망하다가 날짜가 촉박하니, 일본인이 마침내 사방으로 돌아다니며 사사롭게 측량하여 산림(山林)과 천택(川澤)을 가리지 않고 한번 그들의 손을 거치면 자기들의 소유로 인정을 받았다. 광주(光州)의 일본인들이 무등산(無等山)을 측량하려고 하므로 군수(郡守) 홍난유(洪蘭裕)가 주민을 격려하고 권하여 재판소에 12회나 소원(訴願)하여 중지시켰다.

전남 해남군(海南郡)으로부터 연해의 여러 읍(邑)을 관통하여 마산포(馬山浦)에 이르기까지 곧은길을 제외하고 마차(馬車)가 통행하는 곳은 모두 7~8장(丈)으로 넓히는 도로 확장공사를 시행하면서, 일본인 귀화인을 역부(役夫)로 써서 주민을 부역시키니 연도의 주민이 그 사나움에 분노하여 소요가 많았다. 경기도 진위(振威)를 비롯하여 그 근방의 여러 군(郡)이 모두 또한 그랬으니, 전국적인 현상이었다. 서울의 영희전(永禧殿)을 헐어다가 통감부 특허국(特許局)을 지었다. 매일신보사(每日新報社) 사장 영국인 만함(萬咸)이 사원 이장훈(李章薰) 등에게 4만 원(元)에 활판(活版)을 팔고 귀국하니, 이장훈이 주필(主筆)이 되어 신문사를 옮겨서 6월 14일부터 계속 발간하였으나 논설이 예전처럼 날카롭지 못했다.

　13도민군은 학대에 시달리는 우리 민중의 고통을 목격하고 또 찬란한 우리 문화가 여지없이 붕괴되는 참상을 목도하면서 오로지 독립전쟁의 승리만이 민족의 새로운 운명을 개척하여 영광스러운 역사를 재창조하는 길임을 확신하였기 때문에 항상 사기충천하였다. 옳지 못한 길은 천금이 생겨도 가서는 안 되고 옳은 길이면 생명이 위태로워도 가야만 된다는 정의로운 진리로 몸과 마음을 갈고 닦은 민군의 장병은 이미 정의의 화신이었고, 나라의 수호신이었으며, 독립전선의 영웅이었다.

　일본에 대한 원한이 많을수록 조국에 대한 애국심은 뜨거워지고, 일본군에 대한 적개심이 커질수록 동포에 대한 동정심은 깊어져서 차마 눈을 뜨고 퇴락한 민간마을을 지날 수 없었다. 이미 나라가 망하였으니 그 누가 고단하고 빈약한 서민대중을 보호할까! 이제는 오로지 우리 민군의 승전보만을 애타게 기다리며 한 가닥 희망을 가지고 사는 1천5백만 동포를 생각할 때에, 시각을 다투어 일본군을 토벌하지 않을 수 없었다.

　그리하여 13도민군은 불철주야 고군분투하였으니 민토(民討)가 아니고 천토(天討)였으며, 한국독립전쟁이 아니고 아시아의 독립전쟁이었다. 항일독립전쟁의 선구자 김동식(金東植) 장군은 지리산에 집결한 호영양남민군에게 훈시하기를, "우리는 지금 사악한 세력을 타도하기 위하여 정의의 총칼을 든 것인즉 우리 민군은 천하정의(天下正義)의 상징이다. 그러므로 우리의 사명은 신성하고 그 책무가 중대하니 각자 자애(自愛), 자중(自重)하여 아름다운 명예를 끝까지 더럽히지 말라."고 거듭 설파하였다.

　황해도민군은 6월 초순부터 곡산(谷山)에서 일본군을 토벌하여 수십 명을 사살하고 관아(官衙)를 접수하였으며, 12일에는 한정만(韓貞滿) 의병장이 1천여 명의 민군을 거느리고 해주(海

州)의 일본군을 토벌하였다. 16일 경기도민군은 광주(廣州)의 일본군을 토벌하여 큰 전과를 올리고 또 전라북도민군은 18일 익산(益山)에서 일본군을 토벌하여 크게 승리하였다. 황해도민군은 합동토벌작전을 전개하여 19일에는 평산(平山)에서, 20일에는 수안(遂安)에서, 21일에는 신막(新幕)에서 일본군을 연일 토벌하여 왜병을 무수하게 사살하고 대승하였다. 강원도민군의 채응려(蔡應麗) 의병장과 강두필(姜斗弼) 의병장은 1천여 명의 민군을 거느리고 22일 이천(伊川)의 일본군을 토벌하였고, 경상북도민군은 26일 예천(禮泉)에서 전투하여 일본군을 격파했다.

융희 4년 7월 전국이 장마권으로 들어가서 비가 계속 내리다가 남한에 대홍수가 나서 문산포(汶山浦)가 침수하고, 전주(全州)에 큰 물이 넘쳤는데, 특히 전남과 경북의 피해가 컸다. 청(淸)나라 곡부(曲阜)에 큰 바람이 불어 공림(孔林)의 잣나무 2천여 주(株)가 쓰러졌으며, 일본 북해도(北海道)의 유주산(有珠山)이 울다가 연기를 뿜고 화산이 폭발하였으며, 프랑스와 이탈리아에 폭풍우가 불고, 러시아에서는 호열자가 크게 번졌다. 미국 상항(桑港)에서는 큰 불이 났으며, 서반아에는 큰 지진이 일어났고, 독일에서는 홍수가 났다.

일본인이 중앙복음전도관(中央福音傳道舘)을 창설하고 사람을 유혹하여 입교(入敎)시키면서 설교하기를, "국가의 홍망(興亡)을 생각하지 말고 자신의 생사(生死)도 계산하지 말고 오직 일심(一心)으로 하나님을 믿으면 복음(福音)이 저절로 이르러 오는 것"이라고 주장하였다. 대저 이러한 종교 오도(宗敎誤導)의 술책을 쓴 까닭은 우리나라의 기독교인 가운데 안중근(安重根) 장군와 이재명(李在明) 의사 같은 독립운동가가 나왔기

때문에 이를 두려워하여, 그 충의(忠義)의 용기(勇氣)를 소멸시
켜 공허한 세계로 빠지도록 만들기 위함이었다.

자칭 통감 사내정의(寺內正毅)와 부통감 산현이삼랑(山縣伊
三郎)이 서울로 들어와서 경계를 더욱 엄중히 하였는데, 여러
역적 대신(大臣)들이 인천항까지 가서 환영했고 용열한 임금이
통감부(統監府)에 가서 접견하였다. 일본이 친일세력을 부추기
기 위하여 한국정부를 교사해서 시호(謚號)를 배급케 하였으니
김홍집(金弘集)은 충헌(忠獻), 홍영식(洪英植)은 충민(忠愍), 김
옥균(金玉均)은 충달(忠達), 어윤중(魚允中)은 충숙(忠肅), 정병
하(鄭秉夏)는 충희(忠僖), 안경수(安駉壽)는 의민(毅愍), 서광범
(徐光範)은 익헌(翼獻)을 주었다.

그리고 또 증직(贈職)을 남발케 하였으니 박영교(朴泳敎), 조
총희(趙寵熙), 김학우(金鶴羽), 조인승(曺寅承), 김규식(金奎軾),
권형진(權瀅鎭) 등에게는 모두 규장각(奎章閣) 제학(提學)을 증
직하고 권숙(權潚), 서상기(徐相耆), 신복모(申福模), 김봉균(金
鳳均), 이인종(李寅鍾), 변수(邊樹), 한선회(韓善會), 이창열(李
彰烈), 홍종헌(洪鍾憲), 안종수(安宗洙), 임병길(林炳吉) 등에게
는 모두 규장각 부제학(副提學)을 증직하였다. 서재창(徐載昌),
윤영관(尹榮觀), 백락운(白樂雲), 이병호(李秉虎), 박응학(朴膺
學), 하응선(河應善), 신중모(申仲模), 정행징(鄭行徵), 이건영
(李建榮), 이은동(李殷東), 백춘배(白春培), 오창근(吳昌根), 정
재관(丁在寬), 김병숙(金炳塾), 하원홍(河元泓), 엄주봉(嚴柱鳳),
조택현(趙宅顯), 장호익(張浩翼), 권호선(權浩善), 김홍진(金弘
鎭) 등에게는 모두 정3품(正三品)을 증직하였고, 김각균(金珏
均), 박제선(朴齊璿), 오감(吳鑑), 변성연(卞聲淵), 유형준(兪亨
濬), 박영빈(朴泳斌), 서광철(徐光轍), 김호연(金浩然), 장길윤
(張吉允), 오성모(吳聖模), 이용익(李鎔益), 김성운(金聖雲), 조

명선(曺命先), 이병학(李秉學) 등에게는 모두 6품(六品)을 증직하였다. 그리고 또 최익남(崔益男), 이상수(李象秀), 송익필(宋翼弼) 등에게는 모두 규장각 제학(提學)을 증직하였다.

13도민군은 오랜 장마로 대대적인 토벌작전이 불가능하고 또 큰 홍수로 근거지의 병영을 유실당했기 때문에 병영의 복구작업이 시급했다. 그리하여 7월의 전투는 국부적인 지역에서 소수의 병력이 접전하는 양상을 띠었는데, 불행히도 경기도민군의 강원호(姜元浩) 의병장이 포천(抱川)에서 일본군을 토벌하다 포로가 되었고, 또 이주보(李周甫) 의병장이 서울의 적정을 직접 정탐하다가 일본 헌병대에 포로로 잡혔다.

호영양남민군의 지도자 김동식 장군은 홍수로 유실된 지리산의 병영과 병기공장을 재건하기 위하여 노력하였으나 물자가 부족하여 진척이 더디고 또한 식량도 없어서 부대를 나누어 여러 곳으로 분산시키며 가을을 기다리기로 하였다. 그리고 지리산 본영을 떠나가는 장병에게 훈시하기를, "공자(孔子)가 말씀하기를 나라에 도덕이 없는데도 부귀(富貴)하는 것은 부끄러운 일이고 나라에 도덕이 있는데도 빈천(貧賤)한 것은 부끄러운 일이라고 하였으니, 오늘날은 무력으로 이웃 나라를 침략하고 다른 민족을 살육하는 패도(覇道)가 일어나서 도덕으로 다스리는 왕도(王道)를 짓밟고 있는 천하대란의 암흑시대이다. 따라서 이러한 시대에 국가를 잃은 국민이 나아갈 길은 개인의 출세나 가문의 번영이 아니고, 오직 나라의 독립을 쟁취하는 것뿐이므로 신명을 바쳐 독립전선을 끝까지 사수하라." 고 당부하였다. 그리고 특히 일본은 우리나라를 개방 망국(開放亡國)의 길로 유도하면서도 그 죄악을 호도하기 위하여 마치 개화는 진보인 양 거짓 선전하고 있으니, 결단코 그들의 술책에 넘어가지 말도록 대민 선무공작을 철저히 실시하라고 주위를 환기시켰다.

　융희 4년 8월이 되었다. 일본의 사주를 받은 매국노 역적의 정권은 7월에 이어 8월에도 계속 시호(諡號)와 관직(官職)으로 잃어버린 민심(民心)을 되돌리기 위하여 광분하였으니, 다음과 같이 사시(賜諡)와 증직(贈職)을 남발하였다.

　송익필(宋翼弼), 이중호(李仲虎), 이상정(李象靖)은 모두 문경(文敬), 최숙생(崔淑生)은 문정(文貞), 이예(李藝)는 충숙(忠肅), 윤승훈(尹承勳)은 문숙(文肅), 어유귀(魚有龜)는 익헌(翼獻), 민제장(閔濟章)·천만리(千萬里)는 충상(忠壯), 이양(李穰)은 충민(忠愍), 서명서(徐命瑞)는 정간(貞簡), 권정침(權正忱), 최익남(崔益男)은 충헌(忠獻), 한장석(韓章錫)·이상수(李象秀)·기정진(奇正鎭)은 문간(文簡), 신정희(申正熙)는 정익(靖翼), 엄세영(嚴世永)은 숙민(肅敏), 서상우(徐相雨)·김영직(金永稷)·장석룡(張錫龍)은 문헌(文憲), 조병식(趙秉式)·이순익(李淳翼)·조병필(趙秉弼)은 문정(文靖), 이헌영(李鑣永)은 문정(文貞), 김만식(金晩植)은 정효(靖孝), 이인명(李寅命)은 효헌(孝獻), 이유승(李裕承)은 정헌(靖憲), 성기운(成岐運)의 11세조(世祖) 성제원(成悌元)은 문강(文康), 박제순(朴濟純)의 부(父) 박홍수(朴洪壽)는 문단(文端), 정약용(丁若鏞)은 문도(文度), 서기(徐起)는 문목(文穆), 정렴(鄭濂)은 장혜(章惠), 남이(南怡)는 충무(忠武), 김달순(金達淳)은 익헌(翼憲), 권돈인(權敦仁)은 문헌(文獻), 이돈우(李敦雨)는 문정(文貞), 이시민(李時敏)은 효경(孝敬), 조석우(曺錫雨)는 문정(文靖), 남치헌(南致獻)은 숙헌(肅憲), 신헌(申櫶)은 장양(莊襄), 이규원(李奎遠)은 장희(莊僖), 성대영(成大英)은 정헌(貞憲), 성운(成運)은 문각(文恪), 안민학(安敏學)은 문정(文靖), 고순(高淳)은 효의(孝義), 임징하(任徵夏)는 충

헌(忠憲), 박지원(朴趾源)은 문도(文度), 유신환(兪莘煥)은 문장(文長), 이시무(李時茂)는 충민(忠愍), 김경복(金慶福)은 장양(壯襄), 이유장(李惟樟)은 문의(文懿), 소휘면(蘇輝冕)은 문량(文良), 정해택(鄭海澤)은 양의(襄毅), 김평묵(金平默)은 문의(文懿), 박문일(朴文一)은 문헌(文憲)을 내렸다.

그리고 관작(官爵)의 품계도 무수하게 내렸으니, 정2품(正二品)의 작위를 받은 사람이 저자에 모인 사람처럼 많아서 시장에 금관자(金貫子)가 품절이 되었는데, 윤덕영(尹德榮)은 그 친척 70여 명에게 직각(直閣)을 제수하였다. 이준용(李埈鎔), 윤덕영(尹德榮), 김윤식(金允植)은 모두 보국대부(輔國大夫)에 올랐다. 또한 완흥군(完興君), 이재면(李載冕)을 흥왕(興王)으로 봉(封)하여 그 집을 흥왕부(興王府)라고 칭하였다.

일본 동경에 우레를 동반한 폭우가 쏟아져 50년 이래의 대홍수가 나서 민가 14만 호가 침수되고, 전면적의 4분의 1이 물에 잠겼다.

대만(臺灣)의 원주민이 일본의 침략에 저항하여 의병(義兵)을 일으켜 독립전쟁을 계속하니, 일본이 오랜 포위습격전에 지쳐서 싸울 때마다 패배하므로 일본정부가 근심하고 두려워하여 마침내 대만에 투입할 결사대(決死隊)를 모집하였다.

우리 13도민군과 만주의 대한독립군은 일본의 침략을 끝까지 저지하고 우리나라의 독립을 되찾기 위하여 초지일관 흔들림 없이 혈전을 전개하였으니, 방방곡곡에서 날마다 크고 작은 전투가 끊이지 않았다. 경기도에서는 연기우(延基羽) 장군이 방탄복을 입고 토벌작전을 계속하고, 황해도에서는 이진룡(李鎭龍) 장군이 김정안(金貞安) 의병장과 한정만(韓貞滿) 의병장과 함께 용전분투했으며, 호영양남민군의 지도자 김동식 장군은 호남의병대장 문태수 장군과 전라북도의병대장 이석용 장군 등과 함께 지리산과 덕유산에서 태극기를 휘날리고 있었다. 태백산과 소백산에서는 신돌석 장군과 김상태(金相泰) 의병장, 정경태(鄭敬泰) 의병장이 맹활약하고 있었다. 그리고 만주(滿州)를 비롯한 해외에는 이미 많은 의병대장이 출국하여 독립군을 조직해서 활동하고 있었는데 유인석(柳麟錫) 장군, 이범진(李範晋) 장군, 이범윤(李範允) 장군, 홍범도(洪範圖) 장군, 차도선(車道善) 장군, 이상설(李相卨) 장군, 김서윤(金瑞允) 장군, 김기룡(金起龍) 장군, 이위종(李瑋鐘) 장군, 최재형(崔在亨, 또는 崔德憲) 장군, 엄인섭(嚴仁燮) 장군 등이 수만 명의 독립군을 양성하여 본격적인 토벌전을 준비하고 있었다.

8월 7일에는 함경도 고원(高原)의 양덕(陽德)전투에서 일본군을 격파했고, 9일에는 함경도 북창(北倉)전투에서 승리하였으며, 10일에는 토성(土城)의 일본군을 토벌하였다. 27일에는 또 풍산역(豊山驛)과 마전동(馬轉洞)에서 동시에 일본군을 격멸하고, 28일에는 삼등(三登)의 일본군을 토벌하였다. 황해도민군은 평산(平山)의 일본군을 토벌하였는데, 이 과정에서 불행히도 이진룡(李鎭龍) 장군의 부하 이택양(李澤陽) 의병장이 포로가 되었다.

일본은 2사단을 한국에 추가로 증파하면서 자칭 통감 사내정의에게 독촉하여 대한제국을 병탄하는 합방조약(合邦條約)을 조인케 하였다. 일본군은 한국과 대만에서 고전을 금치 못하고 더 이상 군사적으로 버틸 힘이 없자, 정치적으로 강제합방을 선포하여 13도민군의 독립을 열망하는 기세를 완전히 꺾어 군사적 압박에서 벗어나려고 발버둥을 쳤다. 그리하여 역적 이완용(李完用)과 자칭 통감 사내정의(寺內正毅)가 회동하여 한일합방협정(韓日合邦協定)을 조인하였는데, 그 내용은 다음과 같다.

"1. 한국의 임금은 완전히 그리고 영구적으로 한국 전체를 관할하는 일체의 통치권을 일본의 군주(君主)에게 양여한다.

2. 일본국 군주는 앞의 조항에 게재하여 양여한 것을 수락하고, 또한 한국을 일본에 온전히 병합할 것을 승낙한다.

3. 일본국 군주는 한국의 임금과 태황제(太皇帝 : 高宗) 그리고 황태자(皇太子) 및 그 후비(后妃)와 후예로 하여금 각각 그 지위에 따라 상당한 존칭과 위엄 및 명예를 누리고 또한 가지며 그 유지에 필요한 자금을 제공하기로 약속한다.

5. 일본국 군주는 공훈(功勳)이 있는 한국인에 대하여 적당히 표창해야 된다고 특별히 인정된 사람은 영예로운 작위(爵位)를 수여하고 또한 은사금(恩賜金)을 내린다.

6. 일본정부는 한국인에 대하여 앞에 기재한 병합의 결과를 책임지고 온전히 한국의 시정을 준수하며, 해당 지역에서 시행한 법규는 그 신체 및 재산을 위하여 충분히 보호하여 주고 또 그 복리의 증진을 도모한다.

7. 일본정부는 한국인에 있어서 성의 충실(誠意忠實)하고 신제도를 존중하는 상당한 자격자는 그 사정이 허락하는 범위 내에서 한국에 있는 일본관리로 등용한다.

8. 본 조약은 한국의 임금 및 일본의 군주(君主)의 재가를 거쳐야 하며 이에 공포일로부터 시행한다. 이상을 증거하기 위하여 양국 전권위원은 본 조약에 대하여 기명조인한다.

융희 4년 8월 22일
대한제국 전권위원 이완용
일본제국 전권위원 사내정의"

일본은 친일매국노를 교사하여 역천패륜(逆天悖倫)의 극악무도(極惡無道)한 범죄행각으로 한국의 국토와 인민과 주권을 모조리 삼키는 데 광분하여, 융희 4년(庚戌) 8월 29일(음력 7월 25일) 일본의 군주(君主)가 한국을 일본에 병합한다는 조서(詔書)를 발표하고 한국의 국호(國號)를 조선(朝鮮)으로 바꾼다고 하였다. 그리고 자칭 통감부를 소위 조선총독부(朝鮮總督府)로 개칭하여 한국의 대신(大臣) 이하 모든 관리를 총독부의 소속으로 편입하여 잔무를 정리케 하였다. 일본군주의 조서는 다음과 같다.

"나는 생각하건대 동양의 평화를 영구히 유지하기 위해서는 일본의 안전을 장차 보장해야 될 필요가 있고, 또한 항상 (한국독립전쟁으로) 혼란한 연원(淵源)을 돌아보건대 지난번 일본정부와 한국정부 전권위원으로 하여금 협정케 하여 한국을 일본의 보호 아래 두어서 (한국독립전쟁의) 혼란을 두절(杜絶)시키고 평화를 확보하려고 기도했다.

이래로 4년여가 경과했나니 그 동안 우리 일본정부는 한국의 시정을 개선하려고 예의 노력하였으나 그 성적이 또한 볼 만한 것도 있지만 한국의 현재 제도로는 아직도 치안을 완전히 유지하지 못하고 있다. (한국독립군에 대한) 두려운 생각이 매시간 일본 국내에 가득히 넘쳐서 일본국민이 그 집안에서도 불안해 하므로 진실로 공공의 안녕을 유지하고 민중의 복리를 증진하기 위해서는 분명히 그 현 제도를 혁신해야만 된다는 불가피성에 이르렀다.

나와 한국의 임금은 이런 사태를 보고 부득이 한국을 일본국에 병합하는 것이 시대와 형세의 요구에 대응하는 방법이라고 생각했다. 이에 한국으로 하여금 일본국에 영구병합토록 하였나니 한국의 임금 및 그 황실의 인원은 비록 병합한 뒤로도 마땅히 상당한 우대를 받을 것이고, 민중은 직접 나의 정치아래에 서서 행복을 증진할 것이며 산업 및 무역은 하여금 태평세월 속에 소원한 대로 발달하는 데 이를 것이다.

동양의 평화가 이에 의하여 그 기초를 더욱 공고하게 될 것임을 나는 믿어 의심치 않는다. 나는 특별히 조선총독(朝鮮總督)을 두어 하여금 나의 명령을 받들어 육해군을 통솔하며 제반정무를 총괄케 하노니 너희 일백 관료와 책임자는 나의 뜻을 잘 체득하여 업무에 종사하며 완급을 조절해서 서민대중으로 하여금 영원한 태평시대의 경복에 의지토록 기하라.”

그리고 일본군주는 일본군 한국침략사령부를 조선주차군사령부(朝鮮駐箚軍司令部)로 개칭하고 한국의 임금(純宗)을 왕(王)으로 책봉하여 창덕궁이왕(昌德宮李王)이라고 부르게 하였다. 또한 태황제(太皇帝 : 高宗)는 태왕(太王)으로 하여 덕수궁이태왕(德壽宮李太王)이라고 부르게 하였으며, 황태자는 왕세자로 하였다. 그리고 각 후비(后妃)도 왕비(王妃), 왕태비(王太妃), 세자왕비(世子王妃)로 고치고 이강(李堈)과 이희(李熹)는 공작(公爵)의 작위를 주었다.

이른바 경술국치로도 불리는 한일합방조약으로 대한제국(大韓帝國)의 황실(皇室)이 이 지경이 되었어도 우리나라의 국민은 아무런 반응이 없었으니, 지난 을사5늑약과 정미7늑약을 발표하던 때와는 사뭇 다른 분위기였다. 그것은 정미7늑약을 체결한 이후 매국의 역적들이 정권을 장악한 대한제국은 이미 민심을 완전히 잃어버린 허위(虛僞)정권이고 자칭 통감부의 괴뢰정권이었기 때문에 그들의 멸망에 대하여 아무런 애착이나 미련이 없었기 때문이었다.

그러나 13도민군은 이제 독립군으로 변신하여 일본과 정면으로 투쟁해서 기필코 독립을 쟁취하여 새로운 민주국가를 건설해야 되는 엄청난 사명을 가지게 되었다. 그리하여 유인석(柳麟錫) 장군은 만주에서 망명정부를 세우려고 준비하였고, 뜻있는 인사는 해외로 망명하여 독립의 기회를 기다렸으며, 양심적 지식인들은 실망하여 삶을 포기하고 방랑하였다.

매천(梅泉) 황현(黃玹)은 조선왕조가 외척의 세도와 개방망국(開放亡國)에 이르는 역사를 고종(高宗) 13년(1876년)부터 융희 4년(1910년)까지 44년간 편년체로 엮어 『매천야록(梅泉野錄)』이라고 이름하고, 9월 6일 합방소식을 들은 다음 다음과 같은 시를 지어 놓고 자결하였다.

새와 짐승이 슬피 울고 바다와 산도 찡그리거늘
무궁화 세계가 이미 멸망했구나
가을 등불에 책을 덮고 옛날 역사를 생각하니
세상에 지식인 되기 어렵도다.

그 동안 일본은 아시아의 평화를 위하여 한국의 독립과 개방이 필요하고, 한국의 독립과 안정을 위하여 일본의 보호가 필요한 까닭에 한국에서 항일독립전쟁만 그치면 일본군은 즉각 철수할 것이라고 누차 천명했었다. 그러나 일본이 마침내 그 침략의 마각을 드러내서 도리어 항일독립전쟁이 그치지 않으므로 이제는 한국의 독립을 영원히 박탈한다는 것이다.

그렇다면 동양의 평화와 한국의 독립은 애당초 일본의 한국침략과 아시아의 몰락을 재촉하는 술수를 감추기 위한 수식어에 지나지 않았음이 이제 백일하에 드러난 것이고, 이러한 일본의 득세는 결국 한국의 멸망이고 아시아의 비극이었음을 여실히 증명한 것이다.

　13도민군은 이로써 그 동안의 정의로운 항일독립투쟁에 대하여 정당성을 확보하게 되었으므로 본격적인 독립전쟁의 시기가 도래하였음을 선포하고 대대적인 일본군 토벌작전을 도모하였다. 그러나 일본은 육군과 해군을 총동원하여 무력지배를 더욱 강화하면서 입법, 사법, 행정권으로 한국민을 압박해서 독립세력을 집중 탄압하였기 때문에 13도민군은 독립군으로 재편성할 기회를 얻지 못했다.

　아직 10만 명의 산림학자양반과 1백20만 명의 유생(儒生)이 있지만 모두 특별사찰의 대상이 되어 일본군이 호시탐탐 박해를 가할 기회만 노리고 있고, 수백만 명의 의혈남아와 청년용사가 있지만 정탐군과 변장대와 밀정들이 날뛰었기 때문에 정보와 통신과 보급이 단절되었으므로 조직적인 세력화가 어려웠다. 더욱이 일본의 강제 합방으로 나라를 잃고 정부도 없는 망국민(亡國民)으로 전락한 인민대중의 정서적 불안과 적치(敵治)에 대한 공포와 미래에 대한 절망은 형언하기 어려울 정도였다.

　이러한 비극적 현실에서 13도민군이 취할 수 있는 길이란 최후의 1인까지, 최후의 1각까지 혼신의 힘을 다하여 독립전쟁을 계속하는 외로운 투쟁의 길뿐, 다른 선택의 여지가 없었기 때문에 각 부대가 자체적으로 즉각 독립군으로 전환하여 토벌작전을 계속 전개했다.

　일본은 한국의 독립군을 크게 고민하여 대대적인 무차별 살육전을 전개했으니, 하나는 경상북도 독립군에 대한 것이었고 하나는 황해도 독립군에 대한 것이었다. 그들이 기술한 내용은 다음과 같다.

　"11월 25일부터 12월 20일에 걸쳐 임시파견 보병 1연대와

헌병 경찰관으로써 안동(安東), 예천(禮泉), 영춘(永春), 봉화
(奉化)의 다각형 지역을 향하여 연합포위공격을 실시하였다.
그 방법은 대략 전년 전라남북도에서 실시한 포위습격의 요령
에 준하여 의병장의 검거에 주력하였다.

그간 도장관(道長官) 및 경무부장은 관내를 순시하여 포위습
격의 본지를 주민에게 알리고 군수 등을 독려한 결과 일본군
대는 다대한 편의를 얻어 김상태(金相泰) 의병장과 정경태(鄭
敬泰) 의병장은 잡지 못했으나 윤국범(尹國範) 의병장과 문성
조(文成助) 의병장을 포로로 잡았다."(朝鮮駐箚軍司令部 편, 소
위 『朝鮮暴徒討伐誌』 제6편 제2장, 2. 경상북도에 있어서의 토
벌)

"황해도에는 이진룡(李鎭龍) 의병장과 김정안(金貞安) 의병
장, 그리고 한정만(韓貞滿) 의병장이 활약하고 있어서 조선주
차군 사령관은 제2사단장에게 명하여 1910년 11월 하순부터
다음해 4월 중순에 이르는 약 4개월 동안에 그 지방에 대하여
대대적인 포위습격을 시행시켰다.

제2사단장은 보병 제29연대장에게 그 연대와 제65연대를 출
동하여 개성(開城), 남천점(南川店)에서 서흥(瑞興), 재령(載寧),
해주(海州), 탁영대(濯纓臺), 연안(延安) 및 배천(白川)의 다각
형 내 지역으로 향하여 포위습격을 실시, 장수는 잡지 못했으
나 독립군 190명을 포로로 잡고 총기와 잡품을 몰수하였다."
(同上書, 3. 황해도에 있어서의 토벌)

이러한 대대적인 일본군의 포위습격작전에도 용감무쌍한 우
리 13도 독립군은 신출귀몰한 전술전략으로 싸워서 일본군을
격퇴하였으니, 9월 29일에는 안동(安東)전투에서 왜적을 격멸

하고, 10월 28일에는 덕우(德隅) 장대(場垈)전투에서 왜군을 격파하였다. 또 11월 11일에는 온정원(溫井院)의 일본군을 토멸하였고, 11월 14일에는 영해(英海)의 일본군을 섬멸하였다.

지난 을사5늑약을 강제발표한 뒤로 경술국치까지 5년간 13도민군이 항일독립전쟁에서 보여주었던 위대한 투쟁은 우리 민족사에서 일찍이 보지 못했던 엄청난 항쟁사였고, 세계에서도 유례가 없는 조직적 무장투쟁이었다. 임진왜란 때의 의병은 정부의 지원을 받아 관군과 합세하면서 명(明)나라의 군사적 지원이 있었지만, 구한말 13도민군은 관군이 이미 해산당했을 뿐만 아니라 정부도 일본군의 앞잡이가 되어 오히려 민군을 적대시하였고, 또 외국으로부터 지원이 전무하였으니 오직 주민의 자발적인 지원과 협조에 의지하여 5년여 장구한 투쟁을 계속하였던 것이다.

그럼에도 불타는 애국심과 정확한 시국 인식에 기초하여 현대무기로 무장한 일본군과 정면전을 전개하여 백전백승하였으니, 아직 우리 독립군이 사방에 건재하던 1911년도의 일본군의 통계에 나타난 것을 보아도 13도민군이 일본군과 연 충돌병력만도 14만 명이 넘고, 우리 민군의 토벌 횟수가 3천여 회였으며, 일본군이 확인한 우리 민군의 전사자만도 17,779명이었다. 일본군의 피해도 이에 못지 않았으므로 이를 보복하려고 일본은 사로잡은 우리 민군의 장수를 모두 내란죄로 얽어 사형시켰으며, 그들이 노획한 총만 해도 일만 정에 육박한다고 하였으니, 양총 1정을 사는 데 소 한 마리가 소요된 것을 생각하면 실로 어마어마한 일이 아닐 수 없었다. 일본의 군주(君主)가 이러고도 동양의 평화와 한국의 발전을 위하여 한국을 합방했다고 말할 수 있겠는가! 13도 독립군은 하늘의 보우를 확신하면서 『시경(詩經)』의 천보장(天保章)을 소리 높여 합창하여 미래의 성공을 다짐했다.

　하느님이 보우하사 너희를 안정함이 또한 매우 확고하도다
　너희로 하여금 모두 두텁게 하시니 어떤 행복인들 내리지
않으리
　너희로 하여금 많이 더하게 하여 모든 것 이루지 않음이 없
으리라

　하느님이 보우하사 너희를 안정하여 너희로 하여금 최선을
다하게 하도다
　모두 다 알맞지 않음이 없어 하늘의 일백 가지 복록을 받으
리니
　너희에게 길이 복을 내리어 오직 날이 넉넉지 않으리라

　하느님이 보우하사 너희를 안정하여 일으키지 않음이 없도다
　산같이, 둔덕같이, 산등성이같이, 큰 언덕같이
　냇물이 바야흐로 이르러 오듯이 더하지 않음이 없으리라

　길한 날에 깨끗한 술밥을 만들어 이에 효성으로 음식을 차려
　봄, 여름, 가을, 겨울 조상님께 제사를 지내니
　너희들은 앞으로 오래 살아 끝이 없으리라

　신령이 이르러 너희에게 많은 복을 주도다
　인민이 진실하여 날마다 먹을 음식을 만드네
　모든 백성이 두루 너의 덕을 본받으리라

　달의 시위같이, 해가 떠오르는 것같이

남산같이 오래 장수하여 이지러지지 않고 무너지지 아니하며
소나무와 잣나무가 무성하듯이 너희가 두고두고 이어가지
않음이 없으리라.(『시경』小雅, 鹿鳴之什 天保 篇)

일본이 총칼을 앞세우고 아무리 한국독립군의 뜻을 꺾으려
고 해도 그것은 이미 총이나 칼로 꺾을 수 없는 가장 숭고하
고 가장 강인한 것이었기에 도저히 대적할 수 없었다.

호영양남민군의 지도자 석정(石井) 김동식(金東植) 장군은
흰눈이 내리는 12월까지 일본의 간악한 도적행위를 규탄하며
전국민이 궐기하여 일본을 타도하기 위하여 고심하다가, 의기
(意氣)가 꺾인 장병을 격려하고 또 인민들의 실의(失意)에 빠
진 의욕을 되돌리며 군심(軍心)을 경각시키기 위하여 12월 27
일 마지막으로 훈시하여 『주역(周易)』의 곤복(坤復)의 논리를
설파하고 그 머리를 바위에 처서 장렬하게 자결하였으니, 호영
양남민군에게 유언으로 남긴 훈시는 다음과 같다.

"맹자(孟子)가 말하기를 인간은 스스로 없수이 여긴 다음에
남이 모독하고 나라는 스스로 분란을 일으킨 다음에 남이 침
략한다고 하였으니, 이 순간 우리는 이 말씀을 되새겨서 끝까
지 우리만은 한국이 멸망했다는 생각을 털끝만치라도 가져서
는 안 된다. 끝까지 나라를 되찾겠다는 정신만 가지고 있다면
한국은 독립을 되찾을 것인즉, 그대들은 와신상담(臥薪嘗膽)의
고사를 모르는가!
천지(天地)의 음양(陰陽)운수는 돌고 돌아서 소인(小人)의 음
기(陰氣)가 극성할 때도 있고 대인(大人)의 양기(陽氣)가 극성
할 때도 있는 것인데, 소인들의 음산한 세력이 극성할 때에 바

로 대인군자의 양강(陽剛)한 싹이 나오는 순간이다. 그러므로
『주역』에서 박괘(剝卦) 다음에는 곤괘(坤卦)가 오고 곤괘(坤
卦) 다음에 복괘(復卦)가 온다고 설파하였으니 사시(四時)의
변화하는 절기로 비유하면 박괘(剝卦)는 9월로서 다섯 음효(陰
爻)가 위에 있는 하나의 양효(陽爻)를 박삭하는 현상이고, 곤
괘(坤卦)는 10월이니 순음(純陰)의 음기가 득세하는 현상이며,
복괘(復卦)는 11월 동지(冬至)달이니 아래에서 일양(一陽)이 발
동하여 위로 다섯 음효(陰爻)를 축출하기 시작하는 현상이다.
그러므로 공자(孔子)는 박괘(剝卦)에서 소인의 세력이 성장한
다고 경계하였고 복괘(復卦)에서는 천지(天地)의 마음을 보라
고 격려하였는데, 주자(朱子)는 또 서암도간시(瑞巖道間詩)에서
박곤(剝坤)의 시기에 절의를 지키라고 노래했으니 '바람이 높
고 나뭇잎이 떨어진 늦가을에, 날은 저물어 나뭇가지에 단풍잎
도 드물거늘, 오직 푸르고 푸른 골짜기 속에 나무가 있어, 세
모의 혹한에 마음과 일이 서로 어그러지지 않는구나'라고 하였
으며, 역시 곤복(坤復)의 시기에 희망을 가지라고 주자가 또
강매시(江梅詩)를 노래했으니 '큰 눈이 내려 하늘과 땅을 닫았
고, 극성한 음기(陰氣)가 아득히 찬 물가에 퍼졌으니, 그 누가
강남의 봄소식을 믿겠는가만, 이미 명년의 봄은 시작되었도다.'
고 하였다.
　이러한 진리는 영원히 변함이 없어 장차 천도(天道)가 변하
고 인간의 양심(良心)이 되살아난다면 사악(邪惡)한 일본은 반
드시 멸망하고 우리 한국이 독립하여 아시아의 아름다운 윤리
도덕이 회생할 것임을 확신하여, 여러 장병은 항상 자애자중
(自愛自重)하며 하소연할 데도 없는 우리 민족을 보호하고 협
동해서 기어코 원수를 갚아 오늘의 치욕을 씻도록 크게 도모
하라. 우리의 투쟁사는 하늘이 보고 있고 또 지하에 있는 독립

전쟁의 영령들이 지켜보고 있을 것이다.”

　나라를 빼앗긴 겨울 산 속에서 항일독립전쟁의 영웅 김동식 장군의 자결은 독립군 장병의 비통이고 나라를 잃은 민중의 경악이었다. 장군의 부하 장병들은 전북의병대장 이석용 장군과 상의하여 태극기로 관을 덮어서 지리산 줄기에 얼어붙은 땅을 파고 엄숙하게 영결식을 거행하고 호국의 신으로 받들며 독립전쟁의 필승을 맹세하였는데, 지리산 주변의 마을에서는 오래도록 아침저녁으로 지리산을 바라보며 백마를 탄 장군의 영혼이 되살아나기를 간절히 기원하였다.

항일독립전쟁의 영웅 김동식 장군

처음 찍은날 · 2001년 4월 20일
처음 펴낸날 · 2001년 4월 25일
엮은이 · 서정기
펴낸이 · 송영현
펴낸곳 · 살림터
주소 · 121-820 서울시 마포구 망원1동 57-413 (1층)
전화 · 3141-6553 (대표)
전송 · 3141-6555
전자우편 · sltslt@chollian.net
등록번호 · 제2-1008호 (1990년 5월 15일)

제판 · 으뜸애드래픽
인쇄 · 신화인쇄공사
제본 · 성용제책사

값 10,000원

ⓒ 서정기, 2001

▶ 잘못된 책은 바꾸어 드립니다.
▶ 엮은이와 협의하여 인지를 붙이지 않습니다.
▶ ISBN 89-85321-72-2 (03910)

덕유산 자락, 겨울의 대성산(大聖山)